2017-2018年中国工业和信息化发展系

U0574877

The Blue Book on the Development of
Software Industry in China (2017-2018)

2017-2018年
中国软件产业发展
蓝皮书

中国电子信息产业发展研究院　编著

主　编／曲大伟

副主编／潘　文　韩　健

人民出版社

责任编辑：邵永忠

封面设计：黄桂月

责任校对：吕　飞

图书在版编目（CIP）数据

2017－2018 年中国软件产业发展蓝皮书／中国电子信息产业发展研究院 编著；
　曲大伟 主编 . —北京：人民出版社，2018.9

ISBN 978－7－01－019789－0

Ⅰ.①2… Ⅱ.①中… ②曲… Ⅲ.①软件产业—产业发展—研究报告—中国—
　2017－2018 Ⅳ.①F426.67

中国版本图书馆 CIP 数据核字（2018）第 213454 号

2017－2018 年中国软件产业发展蓝皮书

2017－2018 NIAN ZHONGGUO RUANJIAN CHANYE FAZHAN LANPISHU

中国电子信息产业发展研究院 编著

曲大伟 主编

人 民 出 版 社 出版发行

（100706 北京市东城区隆福寺街 99 号）

北京市燕鑫印刷有限公司印刷　新华书店经销

2018 年 9 月第 1 版　2018 年 9 月北京第 1 次印刷

开本：710 毫米×1000 毫米 1/16　印张：22.75

字数：380 千字　印数：0,001—2,000

ISBN 978－7－01－019789－0　定价：95.00 元

邮购地址　100706　北京市东城区隆福寺街 99 号

人民东方图书销售中心　电话（010）65250042　65289539

前　言

一

早在 7 年前，原网景创始人马克·安德森（Marc Andreessen）在华尔街日报上发表文章，指出软件正在吞噬整个世界。这一论断在当时有些耸人听闻，但却一步一步地成为现实。现如今，伴随互联网、移动互联网在人类生产生活各个领域的全面渗透，各行各业的业务与创新正逐渐通过代码、互联网、应用程序来实现，以软件技术演进和产品创新为代表的新一轮科技革命和产业变革蓄势待发，软件技术和产品对于经济社会各领域业务运行的支撑功能愈发重要，其在应用领域的"赋能""赋值"和"赋智"作用表现也愈发显著，为全球科技创新和经济社会发展带来新的机遇和挑战。

从世界范围看，随着技术路线主导权、价值链分工、产业生态的竞争愈演愈烈，软件产业成为重要的战略布局。软件技术及开发能力已经成为主要科技企业的竞争聚焦，软件产品及相关服务亦成为产业发展的战略制高，软件应用正伴随互联网的快速发展成为经济社会全面进步的重要支撑。今天，在美国股市市值排名中居前列大多数都是软件企业，而包括 GE 在内的众多传统行业巨头也正在加速向软件企业转型。在此背景下，全球软件和信息技术服务业呈现出稳定增长态势，转型升级步伐亦在加快。根据 Gartner 发布的最新预测，2017 年全球 IT 支出将达到 3.5 万亿美元，较 2016 年增加 1.4%，是推动全球经济增长的重要领域。Statista 数据显示，2017 年，全球 IT 服务支出预计将达到 6736 亿美元，其中最大的市场是美国。数据表明，伴随软件服务化、平台化的不断深入，传统的 IT 服务正渐渐被捆绑服务的交付新模式所取代，导致单一信息技术服务业务的市场份额正在减少。具体来看，2017 年管理服务市场将超过 2000 亿美元，而受益于对灵活性、远程工作的需求增加，移动专业服务市场将达到 110.3 亿美元。此外，信息安全防护也受到更多的关注，信息安全服务的市场预计为 65 亿美元，预计到 2020 年，信息安全产品及服务市场规模将增加至 816 亿美元。

从全球软件产业分布格局看，美国、日本、欧洲等发达国家和地区，印度、中国等新兴发展中国家共同构成全球软件产业的主要分工体系。具体来看，美国拥有全球 1/3 顶尖软件人才，汇聚谷歌、微软、IBM、甲骨文等软件巨头，掌握着全球软件产业的核心技术、标准体系、游戏规则及产品市场。以爱尔兰、德国、英国为代表的欧洲软件行业在应用软件方面具有很强的开发能力，在工业软件、软件服务外包等领域拥有一定的优势。近几年亚太地区软件开发能力正在不断提升，软件产业规模一直保持两位数的年增长速度。此外，伴随软件产品在各行各业中的普遍应用，软件产业的市场空间也与地区经济发展活力密切相关，从全球来看，欧美发达国家的 IT 支出增速正在减缓，而中国、印度、俄罗斯、南非、巴西、印尼等国家的信息化建设则保持增长，为全球软件产业发展带来巨大的市场空间。

在开源等技术创新模式的推动下，软件业核心技术仍处在高速创新演进之中。开源软件是信息技术发展引发网络革命所带来的，面向未来以开放创新、共同创新为特点的、以人为本的创新 2.0 模式在软件行业的典型体现，开源软件已经成为整个互联网时代的支撑技术。Android 手机以开源操作系统 Linux 为基础开发；互联网公司、金融交易机构采用开源数据库 Mysql 作为数据库引擎；开源 Web 服务器 Apache 可在大多数计算机操作系统中运行，是最流行的 Web 服务器端软件之一，市场占有率达 60% 左右；开源安全开发包 OpenSSL 包括了主流的密码算法、常用密钥、证书封装管理功能以及 SSL 协议，在互联网上提供秘密性传输，广泛被网银、电商网站、在线支付、电子邮件等重要网站使用。目前，开源技术在云计算、大数据、人工智能、虚拟现实等新兴信息技术领域中正发挥越来越重要的基础性作用，开源技术已经成为软件技术创新的重要模式。谷歌、Facebook、IBM、微软、华为均加大在全球主要开源项目中的投入力度，成为推动全球软件技术创新的主要力量。

新兴领域主要指云计算、大数据、人工智能、虚拟现实、区块链、物联网等，这些领域在政策支持和需求增长的双重推动下，发展势头较快，正成为全球软件产业发展的新引擎。

——云计算：预计到 2020 年，全球云计算将达到 1435.3 亿美元，年复合增长率达 22%。美国是全球云计算服务市场的领导者，约占全球 50% 以上的市场份额。

——大数据：大数据已跨过基础设施建设带来的规模性高速增长阶段，进入应用发展阶段，在各行业应用逐步成熟，应用价值不断提升。预计 2017 年全球大数据产业规模将达到 3302 亿美元，到 2020 年，这一数据将达到 10270 亿美元。

——人工智能：在深度学习技术和开源平台的推动下，人工智能技术门槛逐渐降低，受到全球下游应用需求的迫切倒逼，人工智能赢得了加速发展的黄金期。根据乌镇智库发布的报告，预计到 2018 年，全球人工智能市场规模将达到 2700 亿美元。

——物联网：2017 年全球物联网总体支出将同比增长 16.7%，达到 8000 亿美元，预计到 2021 年，全球物联网支出将达到 1.4 万亿美元。

——区块链：据统计，2017 年上半年，区块链 ICO 融资总额达到 8.33 亿美元，远超区块链 VC 融资的 3.42 亿美元。另据 Elementus 统计，2017 年 7—11 月的 ICO 融资继续保持快速增长，短短五个月时间，融资总额已经超过 53 亿美元。

软件定义世界正在成为全球共识，软件技术和产品成为支撑经济社会各领域业务运行的基本工具。一方面，软件和信息服务加速向工业生产、电力、金融、交通、旅游、医疗、家居、电子商务、物流等各行业、各领域渗透融合，引发了多领域、多维度、深层次变革，拓展了大量新的市场需求；另一方面，软件技术加速与经济社会各领域业务深度融合，催生了云计算、大数据、移动互联网、物联网、人工智能、虚拟现实、区块链等一批新技术、新产品和新服务，形成新的经济增长点。

软件和信息技术服务业的竞争正从单一企业竞争演进到以聚合生态系统协同效应的全产业生态竞争，产品、资源和服务的生态化趋势日趋明显，软件向更加泛在、全面、广阔的生态圈演变，软件与硬件、内容与终端、服务与产品的一体化整合速度加快。未来随着软件和信息技术服务业在经济社会中的渗透力不断增强，软件服务将以主流平台体系为核心构造产业生态，市场竞争将从单一产品的竞争转变为基于平台的产业生态竞争，产业纵向、横向整合步伐加快，市场竞争格局、方式均将发生深层次的变革。

二

就我国而言，加快发展软件和信息技术服务业，是引领科技创新、驱动经济社会全面转型发展的重要力量，是建设制造强国和网络强国的关键支撑。2017 年 10 月，中国共产党第十九次全国代表大会在北京胜利召开，习近平总书记在会上作了题为《决胜全面建成小康社会夺取新时代中国特色社会主义伟大胜利》的报告（以下简称"报告"），报告全面阐述了我国经济社会发展的成绩和工作重点，也为我国软件和信息技术服务业创新发展提出了新要求和新指引，明确了使命和责任。

报告强调，要贯彻新发展理念，建设现代化经济体系，要"加快建设制造强国，加快发展先进制造业，推动互联网、大数据、人工智能和实体经济深度融合，在中高端消费、创新引领、绿色低碳、共享经济、现代供应链、人力资本服务等领域培育新增长点、形成新动能"。要"加强应用基础研究，拓展实施国家重大科技项目，突出关键共性技术、前沿引领技术、现代工程技术、颠覆性技术创新，为建设科技强国、质量强国、航天强国、网络强国、交通强国、数字中国、智慧社会提供有力支撑"。报告还指出，要推动形成全面开放新格局。要"以'一带一路'建设为重点，坚持引进来和走出去并重，遵循共商共建共享原则，加强创新能力开放合作，形成陆海内外联动、东西双向互济的开放格局"。报告提出，要加强产业人才建设，"建设知识型、技能型、创新型劳动大军"。结合十九大报告的新思想、新论断、新提法、新举措，我们认为在中国特色社会主义进入了新时代的历史时期，一定要进一步强化软件产业发展的使命感和历史责任感，把软件产业发展和践行习近平新时代中国特色社会主义思想相结合，和支撑助力中华民族伟大复兴相统一。

经过多年发展，我国软件和信息技术服务业规模、质量、效益实现了全面跃升，产业规模从 2000 年的 593 亿元增长到 2017 年的 5.5 万亿元，产业增速远超同期其他行业。产业创新十分活跃，向其他领域的辐射渗透作用日益显著，特别是软件新技术、新产品、新服务日益融入到经济社会各领域，已成为拓展数字经济发展空间、促进产业转型升级、推动经济持续增长的重要引擎。

站在新的历史起点，面对新形势，软件业要全面、深入贯彻落实党的十九大精神，强化责任担当，紧紧围绕制造强国、网络强国战略要求，不断提升全球产业竞争力、提升全行业应用价值：

一是要进一步加强核心技术攻关，提升产业支撑能力。核心技术是产业发展的原动力，也是构建产业竞争优势的关键环节。在国家政策支持下，我国初步建立了包括操作系统、数据库、中间件、办公软件等在内的国产自主可控基础软件产品体系，在党政军办公系统、电力、金融等受国家政策导向影响的领域，已经部分实现替代应用。然而，在关系国家安全和国民经济发展的重要领域的中高端应用方面，受自身技术水平、用户认可度等因素制约，产业应用十分有限。在桌面操作系统市场，微软、IBM 和 HP 占据 90% 以上的市场份额；在结构化数据库市场，甲骨文、IBM、SAP 占有 70% 以上的市场份额；在交易中间件市场，甲骨文占据了 90% 以上的市场份额。在当前我国操作系统等基础软件被国外事实垄断的大背景下，不仅底层技术没有安全保障，编译过程、基于操作系统平台开发的各种应用安全也难以保障，产业生态系统建设丧失话语权。

二是要加强软件和制造业的融合创新，服务实体经济发展。制造业是我国实体经济发展的主力军、主战场。当前，新工业革命在全球蓬勃发展，信息技术加速与经济社会各领域渗透融合，其中与制造业的融合尤为深刻。以互联网为代表的新一代信息技术加速融入生产制造全过程、产业链各环节和产品全生命周期，实现了信息流与技术流、资金流、人才流、物资流的全面深度互联，深刻改变着传统产业、传统产品和服务。当前，在我国主要工业领域中，国外工业软件占据主导地位，高端工业软件主要依赖进口，国内工业软件企业只能在国外的标准或成熟产品上进行二次开发，始终处于跟随状态，自身缺乏关键核心技术和产品，在产品化、工程化方面与国外企业差距较大。如何按照习近平总书记十九大报告的重要精神，加快建设制造强国，加快发展先进制造业，推动互联网、大数据、人工智能和实体经济深度融合，面向制造业的软件和信息技术服务融合应用支撑能力仍需进一步提升。

三是要坚持开放发展，培育新力量、创造新供给、开拓新市场。开源开放是软件和信息技术服务业技术创新和产业发展的重要主题。一方面，开源软件成为全球信息技术创新的主要途径，在云计算、大数据、人工智能等新兴软件创新中发挥极其重要的作用；另一方面，全球化发展是软件企业提升市场价值的重要路径，微软、SAP 等领军企业都是通过全球化发展不断成长壮大。当前，我国软件产业和企业发展取得了长足的进步，虽然企业数量众多，但规模整体偏小，国际业务拓展能力较为薄弱，企业在全球化资源配置、知名品牌打造、知识产权布局、标准战略引领等方面与国际龙头企业差距明显，也未能在云计算、大数据等新兴行业领域中成为全球引领。究其原因，一是我国软件出口大部分是嵌入式软件，以及附加值较低的一般应用软件和信息技术外包服务（ITO），市场价值有限；二是创新发展和市场开拓的环境还有待优化，软件市场配套服务能力不足，在标准、测评、培训等产业关键环节尚未完全实现与国际接轨；三是行业人才供给不足，特别是在新兴领域行业人才较为匮乏。

三

现阶段，我国软件产业规模、质量、效益都取得明显提升。未来几年，在全球科技革命和产业变革的大趋势下，产业发展迎来重要"窗口期"。按照十九大促进软件和信息技术服务业发展的相关重要指示精神，结合软件和信息技术服务业实际，我们提出"创新驱动、融合发展、协同共进、开放共赢"总体思路。通过创新驱动，着力提升软件和信息技术服务业的核心竞争力；通过加快融合发展，推动传统产业转型；通过坚持协同共进，增强产业发展的凝聚力；通过开放共赢，拓宽产业发展空间。具体来看，我们将重点做好以下四方面的工作：

一是突出抓好核心技术攻关，提升创新发展能力。强化"软件定义"，部署实施一批重大工程和行动计划，着力突破操作系统、数据库、高端工业软件等核心技术研发和应用，加快构建自主产业生态，进一步提升安全可靠软硬件产品成熟度，深入推进安全可靠信息系统推广应用。面向重点行业领域应用需求，进一步增强信息技术服务基础能力，加快培育信息技术服务新模式新业态，提升信息技术服务层级和水平。大力培育企业创新主体，以技术创新、应用创新、商业模式创新和管理创新并重，打造覆盖基础研究、技术研发、应用服务的全产业链创新体系。加快构建和完善开源生态和公共服务，深度融入全球产业创新圈和生态圈。加强软件人才蓄能和产业政策落实，不断完善创新发展环境。

二是突出抓好软件与实体经济融合，提升融合渗透能力。全面贯彻落实《关于深化制造业与互联网融合发展的指导意见》和《关于深化"互联网 + 先进制造业"发展工业互联网的指导意见》，大力推动软件技术与制造业等实体经济融合创新，促进工业云、工业大数据、工业互联网以及智能制造发展。加快研究制定并实施工业技术软件化三年行动计划，以重点行业、重点地区为切入点，推动企业基于云平台和工业 APP 库开发专业化应用软件，实现工业技术、知识的软件化沉淀和管理。研究制定出台推动面向制造业信息技术服务发展的指导性文件，推动信息技术服务向制造业拓展，向价值链高端迈进。面向重点行业领域应用需求，支持培育信息系统集成大企业，进一步增强信息技术服务基础能力。支持发展新型服务模式、新型在线运营服务，加快形成工程化、平台化、网络化信息技术服务能力，提升信息技术服务层级和水平。

三是突出抓好大数据、人工智能等新兴领域人才培养和产业培育，构筑经济发展新动能。加快布局大数据、云计算、人工智能、区块链等新兴领域，不断培育新产品、新业态和新模式，培育发展新动力。实施国家大数据战略，深入贯彻落实促进大数据发展行动纲要，支持大数据关键技术产品研发和推广应用，深入推进大数据综合试验区和产业集聚区建设，持续完善大数据产业标准化体系。贯彻落实好《云计算发展三年行动计划》，大力发展云计算产品、服务和解决方案，开展云计算应用示范，促进基于云计算的业务模式和商业模式创新，完善推广云计算综合标准化体系，提升云计算测评服务能力。加快部署人工智能、区块链、虚拟现实等前沿领域发展，抢占发展先机。支持企业与高校、科研机构建立人才联合培养机制，构建适应产业发展新形势的人才供给体系。完善公共服务体系，通过举办创新大赛等形式鼓励企业积极开展创业创新，加快提升技术能力。

四是突出抓好开发合作，加快企业"走出去"。充分把握"一带一路"等国家战略实施机遇，加强与重点国家地区、重点行业、重点企业、商务部门的交流与合作，探索建立信息沟通联络机制。支持龙头企业等建立完善海外运营机构、研发中心和服务体系，建设境外合作园区，统筹利用国内外创新要素和市场资源。鼓励发展跨境电子商务、服务外包等外向型业务，加快软件和信息技术服务出口。创新原创技术引进渠道和机制，深化与技术原创能力强的国家和地区的合作，提高产业"引进来"的合作层次和利用水平。支持企业、科研机构等积极参与软件和信息技术服务领域国际规则制定和标准化工作，提升国际话语权。举办国际性创业创新大赛，支持企业积极参与"一带一路"建设，参加国际会展、开展学术交流、境外投资、开展国际贸易、研发合作、海外高端人才及重大科技成果引进、教育培训、质量体系认证等，为企业国际化发展提供专业服务。

四

为全面掌握软件和信息技术服务业领域的发展动态，研判产业发展趋势和重点，赛迪智库软件产业研究所研究编撰了《中国软件产业发展蓝皮书（2017—2018）》。本书在总结中国软件产业整体发展情况基础上，从产业运行、行业发展、企业情况、重点区域、特色园区、政策环境等多个维度对中国软件产业发展进行剖析，并对2018年中国软件产业发展趋势进行展望。全书分为综合篇、行业篇、区域篇、园区篇、企业篇、政策篇、热点篇和展望篇共8个部分。

综合篇，在对全球软件产业发展状况进行研究的基础上，对我国软件产业的发展情况进行了阐述，分析了产业发展特点。

行业篇，选取基础软件、工业软件、信息技术服务、嵌入式软件、云计算、大数据、信息安全、人工智能、开源软件、区块链等10个行业进行专题分析，对各行业领域2017年整体发展情况进行回顾，并从市场、技术、竞争等角度总结发展特点。

区域篇，对环渤海地区、长江三角洲地区、珠三角地区、东北地区、中西部地区等区域进行专题研究，分析各区域产业整体发展情况、发展特点、主要行业发展情况和重点省市发展情况。

园区篇，选取中关村科技园区、上海浦东软件园、辽宁大连软件园、江苏南京雨花软件园、福建福州软件园、山东齐鲁软件园等代表性软件园进行专题研究，总结分析了各个园区的总体发展概况和发展特点。

企业篇，选取了基础软件、工业软件、信息技术服务、嵌入式软件、云计算、大数据、信息安全、人工智能、开源软件、区块链等 10 个行业细分领域的代表性骨干企业，分析其发展情况和发展策略。

政策篇，对 2017 年中国软件产业政策环境进行了分析，对《国务院关于深化"互联网＋先进制造业"发展工业互联网的指导意见》《新一代人工智能发展规划》《中国软件名城创建管理办法（试行）》等 2017 年有关软件产业发展的重点政策进行了解析。

热点篇，总结论述了 2017 年软件的热点事件，选取了类脑智能成为全球科技和产业创新前沿阵地、AlphaGo 不断迭代步入"摆脱数据"新阶段等热点问题，分别进行了事件回顾和事件分析。

展望篇，在对主要研究机构预测性观点进行综述基础上，展望 2018 年我国软件产业整体发展趋势、重点行业发展趋势以及重点区域发展趋势。

赛迪智库软件产业研究所注重研究国内外软件产业的发展动态和趋势，尽量发挥好对政府机关的支撑作用，对区域经济、软件园区（基地）、软件企业及产业协会的服务功能。希望通过我们不断的研究工作，对推动软件产业按照"建设数据强国和网络强国核心支撑"的总要求起到促进作用。

目　　录

综　合　篇

行　业　篇

区 域 篇

园 区 篇

企　业　篇

政　策　篇

热 点 篇

展　望　篇

综合篇

第一章　2017年中国软件产业整体发展状况

2017年，我国经济发展步入新常态，软件和信息技术服务业发展进入全面的转型调整期，行业业务收入保持平稳较快增长，呈现出稳中向好运行态势，创新能力不断提升，产业结构持续调整优化，云计算、大数据、人工智能、区块链等新兴领域增势突出，"互联网＋"持续推动软件与互联网融合创新，培育形成一大批新产品、新服务、新模式和新业态，企业市场综合竞争力稳步提升。

一、业务收入稳步增长，企业利润不断提升

2017年在全球政治环境不稳定因素增多、市场竞争空前激烈、国内经济步入新常态的背景下，我国软件和信息技术服务业整体运行态势整体保持良好。软件和信息技术服务业完成软件业务收入5.5万亿元，比上年增

图1-1　2011—2017年软件和信息技术服务业业务收入及增长情况

数据来源：工业和信息化部运行局，2018年1月。

长13.9%，增速同比提高0.8个百分点。从全年增长情况看，走势基本平稳。全行业实现利润总额7020亿元，比上年增长15.8%，增速同比提高2.1个百分点，增速高出收入增速1.9个百分点。从分季度数据来看，一至四季度利润总额增速分别为9.6%、14.2%、15.6%和21.2%，呈逐季上升态势。

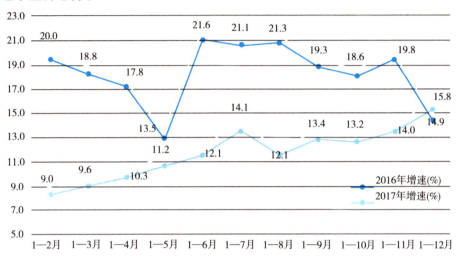

图1－2　2017年软件业利润总额走势

数据来源：工业和信息化部运行局，2018年1月。

图1－3　2013—2017年软件业务收入利润增长情况

数据来源：工业和信息化部运行局，2018年1月。

在国民经济增长压力不断加大的背景下，尽管软件行业增速相较往年有所放缓，但行业增速依然保持较高水平。软件产业的高成长性使其日益成为经济增长的重要引擎，为国民经济在新常态下保持平稳增长发挥着越来越重要的作用。从软件产业占 GDP 比重看，近年来，中国软件产业占 GDP 的比重不断上升，2005 年比重仅为 2.1%，2010 年达到 3.3%，2015 年增长到 6.4%，预计到 2017 年，该数值将达到 7.0%。

从软件产业占电子信息产业比重看，中国软件产业在电子信息产业中所占比重逐年提高，地位和作用不断增强。2017 年，软件业业务收入增速比电子信息制造业高出 0.7 个百分点，占电子信息产业的比重达到 28.7%。

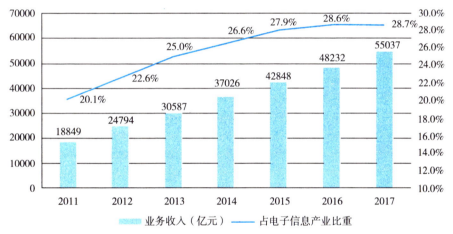

图 1-4　2013—2017 年软件业务收入占电子信息产业比重

数据来源：工业和信息化部运行局，2018 年 1 月。

二、IT 服务引领发展，软件产品平稳增长

服务化、融合化是软件产业发展的主流方向，2017 年，以服务化为典型特征的 IT 服务已成为我国软件产业发展的主力军，以融合化为典型特征的嵌入式软件增速有所放缓，支撑制造业创新发展的工业软件增速加快，各类信息安全软件产品收入保持高速增长。

信息技术服务保持领先，产业继续向服务化、云化演进。2017 年，全行业实现信息技术服务收入 2.9 万亿元，比上年增长 16.8%，增速高出全行业平均水平 2.9 个百分点，占全行业收入比重为 53.3%。其中，云计算相关的

运营服务（包括在线软件运营服务、平台运营服务、基础设施运营服务等在内的信息技术服务）收入超过8000亿元，比上年增长16.5%。

软件产品平稳增长，支撑保障能力显著增强。2017年，全行业实现软件产品收入1.7万亿元，比上年增长11.9%，占全行业收入比重为31.3%。其中，信息安全和工业软件产品收入均超过1000亿元，分别增长14%和19.9%。随着核心关键技术的突破，软件产业正向构筑有力的产业基础、推进信息系统安全可控、驱动工业智能化等方向迈进。

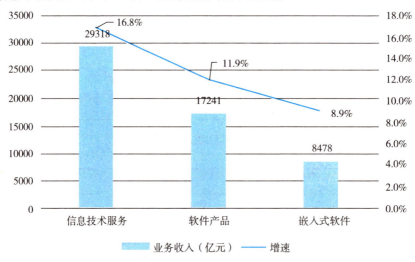

图1-5　2017年软件业分领域业务收入及增长情况

数据来源：工业和信息化部运行局，2018年1月。

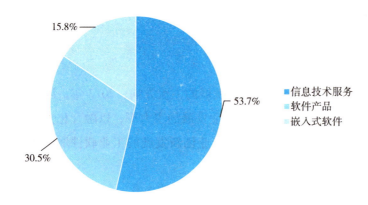

图1-6　2017年软件业业务收入构成

数据来源：工业和信息化部运行局，2018年1月。

软件技术加快向各领域渗透，应用服务能力不断提升。支撑电子商务快速发展，电子商务平台技术服务收入比上年增长 30.3%；助力集成电路产业发展，集成电路设计服务收入比上年增长 15.6%；加快向通信、医院、交通、装备等各领域渗透，嵌入式系统软件已成为产品和装备数字化改造、各领域智能化增值的关键性带动技术，全年实现收入 8479 亿元，比上年增长 8.9%。

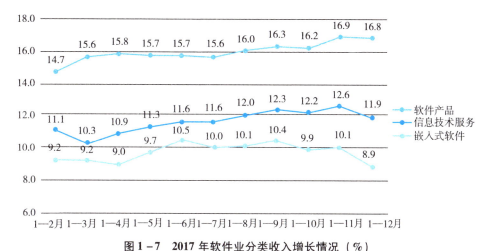

图 1－7　2017 年软件业分类收入增长情况（%）

数据来源：工业和信息化部运行局，2018 年 1 月。

三、软件出口增速提升，外包服务收入好转

受全球宏观经济形势弱势复苏、主要国家政治不稳定因素激增等因素影响，我国软件出口延续过去几年的低增长态势，第一季度增速出现较大幅度下降，随后增速缓中趋稳。2017 年，软件业实现出口 538 亿美元，同比增长 3.4%，增速比上年提高 2.4 个百分点。其中，外包服务出口增长 5.1%，比上年提高 4.4 个百分点；嵌入式系统软件出口增长 2.3%。

从 2011—2017 年我国软件出口增长情况看，我国软件出口规模增速持续放缓，2017 年略有回升。从出口规模来看，从 2011 年的 346 亿美元增长到 538 亿美元，6 年增长了 55.5%。2017 年软件出口的增速相较 2015 年高出 2.4 个百分点，但与 2013 年以前仍存在较大落差。

图 1-8　2011—2017 年软件出口增长情况

数据来源：工业和信息化部运行局，2018 年 1 月。

从月度出口增长情况看，除去第一季度，2017 年后三季度中国软件出口整体增势平稳，累计增速在 -1.0%—2.7% 区间波动，波动幅度为 3.7%。总体来看，软件出口不仅受到国外市场需求的影响，还与人民币汇率波动紧密相关。

软件出口的低增长使软件出口对产业的贡献率持续下降。2010 年以来，软件出口占软件业务的比重呈逐年下降的趋势，所占比重从 2010 年的 13.2% 下降至 2017 年的 6.4%，表明我国软件和信息技术服务业发展还主要依赖于国内市场，企业的国际业务开拓能力仍需增强，全球化发展水平还有待提升。

四、集聚发展态势凸显，中心城市保持领先

2017 年，全国 15 个副省级中心城市实现软件业务收入 3 万亿元，比上年增长 14.3%，增速高出全国平均水平 0.4 个百分点，占全国软件业的比重为 55.2%，比上年回落 0.3 个百分点；实现利润总额 4469 亿元，增长 19.1%，高出全国平均水平 3.3 个百分点，占全国比重的 63.7%。全国软件业务收入达到千亿元的中心城市和直辖市共 15 个，合计实现软件业务收入 4.3 万亿元，占全国的比重达到 78%。

图 1－9 2017 年软件业务居前十位副省级中心城市增长情况

数据来源：工业和信息化部运行局，2018 年 1 月。

五、东部地区稳定发展，中西部地区增速加快

2017 年，我国软件产业区域发展呈现出中西部增速快、东部地区持续领先、东北地区增速放缓的态势。作为我国软件产业发展的主要集聚地，东部地区完成软件业务收入 4.4 万亿元，同比增长 13.8%，占全国软件业的比重为 79.2%，比上年下降 0.1 个百分点；中部和西部地区增速较快，完成软件

图 1－10 2017 年软件业分区域增长情况

数据来源：工业和信息化部运行局，2018 年 1 月。

业务收入分别为 2497 亿元和 6187 亿元，分别增长 15.9% 和 17.3%，占全国软件业的比重为 4.5% 和 11.2%，比上年分别提高 0.1 和 0.3 个百分点；东北地区增速放缓，完成软件业务收入 2778 亿元，增长 7.1%，占全国软件业的比重为 5.1%，同比下降 0.3 个百分点。

从各区域软件业务收入增速来看，主要软件大省保持平稳发展，部分中西部省市快速增长。总量居前 5 名的广东、江苏、北京、山东、浙江共完成软件业务收入 3.5 万亿元，占全国软件业比重的 64%，分别增长 14.2%、12.6%、12.2%、14.3% 和 20.1%。部分中西部省市增长较快，如西部的陕西增长超过 20%，云南、青海增长达 40%，中部的安徽增长达 30%。

图 1-11　2017 年软件业务收入居前十位省市增长情况

数据来源：工业和信息化部运行局，2017 年 1 月。

六、从业队伍不断壮大，新兴领域人才紧缺

作为知识技术密集的产业，软件业呈现出绿色性、创新性、高增长性等特点，人才是产业发展的最关键要素。行业前沿领域的不断创新和软件产业的快速发展壮大不断吸引越来越多各领域各层次的软件人才集聚，软件从业人员队伍日益壮大。2017 年，软件和信息技术服务业从业人数接近 600 万人，比上年同期增加约 20 万人，比上年增长 3.4%。总体来看，软件行业人才需求依然旺盛，人才缺口仍然较大，我国当前的软件从业人员规模尚不能满足产业发展的需求。

薪酬是吸引软件人才的重要因素。据统计，从业人员工资总额增长14.9%，增速和上年基本保持一致，人均工资增长11.2%。软件业人均工资的增长将有效刺激人才培训机构，对行业发展带来较大利好。

图 1－12　2017 年软件业从业人员工资总额增长情况

数据来源：工业和信息化部运行局，2018 年 1 月。

伴随人工智能、区块链、边缘计算等新兴领域的快速发展和行业规模的持续扩大，相关领域软件人才缺口越发明显。从我国软件人才整体结构来看，呈现出典型的梯形结构，即行业领军人才极度匮乏，随着互联网进程的逐步加快，当前在大数据、人工智能等热点领域甚至出现了高中端人才全面短缺的现象。究其原因，一方面是由于高等教育机构在课程设置和师资资源配置方面存在一定的滞后性，无法跟上软件技术更新的频率，这就使得高等院校的毕业生必须补齐相关的技能，另一方面以市场需求为主线的职业教育规模仍然有待提升，尚不足以支撑产业的快速创新与发展。

第二章　2017年中国软件产业发展特点

一、产品创新能力持续增强

2017 年，以企业为主体、以核心技术为重点、以应用为导向的软件技术创新体系不断完善，技术创新在软件产业发展中的驱动价值更加凸显。随着云计算、大数据在技术、产品和商业模式方面的逐渐成熟，新兴领域相继进入应用落地和普及的阶段，新业态、新技术不断演变出更多综合性的新应用，带动软件产业创新变革。此外，人工智能、虚拟现实、区块链等技术演进持续加速，行业应用不断深入，为促进产业创新发展提供新的动能。在互联网等多个行业领域中，软件能力建设逐渐成为企业获取市场竞争优势的关键环节，软件技术和产品应用加速深化。

工业和信息化部运行局对重点软件企业的监测显示，2017 年全年软件企业研发投入强度接近 11%。据中国版权保护中心的数据，2017 年受益于软件产业快速发展、软件研发创新能力不断增强、版权保护意识提升、登记费停征等因素，我国软件著作权登记量突破 70 万件，比上年增长达 85%，呈现爆发式增长；大数据、云计算、人工智能等新技术迅速得到应用和扩展，产业活力不断增强。

二、骨干企业实力不断提升

在政策和市场的双轮驱动下，我国软件和信息技术服务企业市场竞争力不断提升，涌现出一批具有自主知识产权、知名品牌与相当收入规模的大型骨干企业，同时，软件和信息技术服务业也成为全国创新最活跃的区域，一大批创新性企业正在加速成长，企业竞争力不断增强。部分互联网企业借助其具有的人才、资金、市场等优势，在软件技术创新和模式、产品创新中发挥着重要作用，在全球企业市值前 10 强中，有 6 家企业属于软件和互联网领域，其中我国企业就有 2 家，分别为腾讯（市值 5725 亿美元，全球第 5）和阿里巴巴（市值 5256 亿美元，全球第 8）。

2017 年软件百强企业中，业务收入超过百亿元的企业达到 9 家，比上届增加 2 家；软件百强企业入围门槛为软件业务年收入 14.5 亿元，比上一届提高了 1.2 亿元，增长 8.1%。四成左右企业收入增长率超过 20%，阿里云、京东尚科等部分在云计算、大数据领域具有领先优势的企业增长突出，华讯方舟、大疆等部分在新兴领域具有核心技术的企业持续保持增长；百强企业共投入研发经费 1485 亿元，比上届研发投入增长 20.5%，研发强度（研发经费占主营业务收入比例）达 11.5%，比上届提高 1.9 个百分点，参与研发的人员数接近 39 万人，占总从业人员数的 48%，与上届相比增长 10%；软件百家企业的著作权登记量超过 2.5 万件，比上届增长 14%，占全国总数的 6%；百强企业中有 51 家企业从事跨国经营活动，在美国、日本、欧洲三个主要全球软件出口和外包服务市场中，百强企业竞争力有所增强，对美、日出口增长超过 100%，对欧洲出口增长 26%。

图 2-1　2011—2017 年软件收入前百家企业软件业务收入增长情况

数据来源：赛迪智库，2018 年 1 月。

三、新兴领域创新步伐加快

在云计算和大数据领域，技术、产品和商业模式更加成熟，应用快速普及，已经成为软件和信息技术服务业产业发展的重要组成，极大提升了软件对其他关联行业的支撑价值。此外，在人工智能、区块链、边缘计算等领域中，新业态、新技术不断演变出更多综合性的新应用，驱动软件产业持续创新发展。

在云计算、大数据领域，我国已经形成了相对完善的产业生态，产业体系更加完整。云计算领域形成了包括云平台提供商、云系统集成商、云应用开发商、云服务运营商共同参与在内的完整产业链，可以向市场用户提供丰富的新型产品和应用。大数据领域从数据采集、整合到价值挖掘、可视化的全产业链产业能力已经具备，数据交易、测评服务等产业生态环节更加完善。云计算、大数据的发展也带动了相关企业的快速成长，2017年软件业务收入百强企业中，在云计算、大数据领域具有领先优势的企业增长突出，阿里云和京东尚科的排名连续两年快速上升，软件业务收入增长均超过150%。其中，阿里云位列第14位，较上届提升33位；京东尚科位列第16位，较上届提升36位。此外，百度云也入围了百强名单，业务收入增长达到90%。

人工智能创新持续活跃，产学研联动创新态势基本形成，部分关键技术实现了突破。2017年，中国企业屡次刷新人工智能技术领域的世界纪录。阿里巴巴创造了全球权威机器视觉算法测评平台KITTI的世界纪录，并打破了国际权威肺结节检测大赛LUNA16的世界纪录。百度发布了"Apollo（阿波罗）计划"，向汽车行业及自动驾驶领域的合作伙伴提供开放、完整、安全的软件平台，帮助车企合作伙伴结合车辆及其硬件系统，快速搭建一套属于自己的完整的自动驾驶系统。以人工智能技术为核心依托的无人企业、无人仓库、无人商店均实现了快速发展。2017年7月，阿里巴巴在第二届淘宝造物节上推出淘咖啡，其集成了生物特征自主感知和学习系统，为消费者提供全自主、智能化的消费体验。

区块链技术研究机构不断增多，技术产品不断取得新进展。2017年，江苏"互信区块链研究院"在南京正式挂牌落户，中国电子信息产业发展研究院发起设立的赛迪（青岛）区块链研究院有限公司正式落户崂山区，重庆数资区块链研究院在涪陵区成立。在技术创新方面，Onchain发布智能合约2.0、跨链互操作协议、抗量子密码等一系列具有自主知识产权的区块链前沿技术，太一云推出中国版权链智慧保险箱4.0产品，服务国家级区块链版权应用。

根据汤森路透的统计，2017 年全球与区块链有关的专利申请共 406 项，其中我国有 225 项，处于全球绝对领先地位。在边缘计算等前沿领域，我国企业的创新力度也在不断加强。创新成果持续涌现。华为牵头成立了边缘计算产业联盟，发布了轻量计算系统和融合网关设备，形成了基于实时以太网 TSN 技术的整体解决方案。

四、软件跨界融合持续深入

软件技术与其他行业业务的融合更加紧密，软件正成为我国经济社会各领域创新发展的重要支撑工具，软件能力培育也成为各行业企业的必然选择，软件的发展为各行业带来巨大的创新空间。宽带网络的推广普及加快了软件向传统产业、现代制造业和现代服务业等领域的渗透。通过互联网这一载体，以软件为核心的信息通信技术最大限度地促进数据的流动和使用，信息数据成为新的生产要素，催生了移动电子商务、智能供应链管理、智能物流、智慧医疗等新兴产业，为提升社会管理和公共服务水平提供了技术支撑。

在软件和信息技术服务支撑下，传统产业技术创新和商业模式创新步伐持续加快，催生出一大批新生业态。在智慧城市建设中，依托于软件技术创新，智能水网、智能电网、智能交通、智能安防等一系列城市智能应用不断涌现，推动服务效率的不断提高，改善服务质量。此外，在商务、金融、物流、旅游等现代服务业领域，软件应用水平不断提升，软件定义持续深化。

随着市场需求的加速释放和政策环境持续向好，面向工业领域的软件和信息技术迎来难得发展机遇。软件在工业中的促进作用持续加强，产品和生产线智能化发展速度持续加快。软件等新一代信息技术在工业研发设计、生产流程、企业管理、物流配送等关键环节的应用不断深化，企业两化融合迈向集成应用新阶段。2017 年，工业技术软件化成为我国发展智能制造的务实选择和重要方向。共性基础平台层面，航天云网、三一重工、海尔等企业依托自身制造能力和规模优势，率先推出工业互联网平台服务，并逐步实现由企业内应用向企业外服务的拓展。行业通用平台层面，海尔建设 COSMO 平台，开发与工业技术相对应的功能模块及技术组件，实现在云平台上灵活配置形成定制化智能工厂解决方案。工业 APP 层面，国外的 GE、西门子、波音、NASA 等以及国内的海尔、航天科工、三一重工、徐工、华为等均高度重视通过发展工业 APP 来推动工业技术软件化。

五、全球竞争助推产业升级

2017 年，伴随软件技术产品的开源开放，新一轮全球化浪潮正在兴起，软件国际市场成为我国软件和信息技术服务业企业关注的重要领域。数据显示，2017 年我国软件业实现出口 538 亿美元，同比增长 3.4%，增速比上年提高 2.4 个百分点。企业方面，中软国际、东软等实力雄厚的骨干软件企业纷纷加快国际化布局，一方面积极开拓美、日、欧等发达国家市场，另一方面加快拓展拉美、非洲、东南亚等新兴市场，为发展中国家输出先进技术和成功商业模式。同时，加强与外企开放合作成为我国软件企业提升全球竞争力的重要战略。

软件和信息技术服务业骨干企业通过资本运作，不断提升其市场竞争力。当前，软件不仅是创新创业最为活跃的行业，也是资本市场中最为活跃的行业，并购活动非常频繁。用友、华胜天成等领军公司通过大规模国际化资本运作，通过收购在行业细分市场具有领先地位或掌握核心技术的独角兽公司，为全球化业务扩张提供有效帮助。2017 年，软件前百强企业软件业务出口达 210 亿美元。其中，软件百家企业在美国、日本、欧洲三个主要全球软件出口和外包服务市场中，竞争力有所增强，对美、日出口增长超过 100%，对欧洲出口增长 26%；但对东南亚、拉美、非洲等市场的拓展效果低于预期，出口均出现下滑。根据统计，软件百强企业中有 51 家企业从事跨国经营活动，其中有 33 家企业设有海外研发中心或子公司，有 10 余家企业开展了海外并购活动，实现在海外市场的新布局。

六、产业发展环境持续优化

党中央国务院统筹经济社会的发展，制订了一系列加快经济结构调整的战略部署，对软件产业发展方向、人才流动和资金流向等方面发挥了积极的引导作用。继《关于积极推进"互联网＋"行动计划的指导意见》《关于促进云计算创新发展培育信息产业新业态的意见》《促进大数据发展行动纲要》

等重要政策颁布和实施之后，2017 年，又有一大批支撑产业发展的新政策发布，国务院、工信部等部委相继出台了《关于深化"互联网＋先进制造业"发展工业互联网的指导意见》《关于进一步扩大和升级信息消费持续释放内需潜力的指导意见》《新一代人工智能发展规划》《信息产业发展指南》《中国软件名城创建管理办法（试行）》等多项产业政策，从支持企业创新、推动新技术新业态发展、推动产业集聚发展、促进融合发展特别是与工业制造业融合创新等方面为产业发展提供了有力支持，新政策的颁布将进一步拓宽产业发展空间，为软件和信息技术服务业发展营造良好氛围。

2017 年 1 月，工信部、发改委等相关部委相继发布了《信息产业发展指南》《软件和信息技术服务业发展规划（2016—2020 年）》《大数据产业发展规划（2016—2020 年）》《信息化和工业化融合发展规划（2016—2020 年）》，这些规划的发布为产业发展指明了重点，明确了工作内容和目标，为未来 5 年软件产业及其相关产业的发展提供了方向指引。其中，作为信息产业的顶层设计，《信息产业发展指南》明确提出未来 5 年我国信息产业的发展重点主要包括基础软件和工业软件、关键应用软件和行业解决方案，以及大数据、云计算和物联网，强调要"建立安全可靠的基础软件产品体系，支持开源、开放的开发模式"。

行业篇

第三章　基础软件

基础软件主要由操作系统、数据库、中间件和办公套件四个子领域构成，在整个软件和信息技术服务业体系中起到中流砥柱的作用，是信息技术产业安全领域的有力保障，同时也是信息技术产业核心竞争力最重要的体现。其中，操作系统可以细分为桌面操作系统、服务器操作系统和移动终端操作系统等；数据库主要分为两种，分别为关系型数据库和非关系型数据库；中间件是连接操作系统和应用软件的重要工具，包括消息中间件、业务中间件等；办公套件包括文字处理、表格制作、幻灯片制作、图形图像处理、简单数据库处理等方面的工作软件。2017 年，在操作系统领域，国产操作系统在桌面、服务器、嵌入式、移动端等各方面皆取得了较好的发展。在中间件领域，国产中间件技术和产品研发不断取得突破，市场份额得到提升；在数据库领域，核心技术不断创新突破，纯国产数据库应用持续推进；在办公软件领域，已有市场优势得以不断强化，市场占有率不断提升，新产品的研发和推广有力地扩大了市场影响力、品牌知名度。

基础软件是整个软件体系的基础设施，是信息技术产业核心竞争力最重要的体现，也是赢得市场竞争的主要手段。加快基础软件发展，对于加快软件和信息服务业自主发展，保障国家信息安全有重要意义。

一、发展情况

（一）操作系统领域

在国家高度重视和大力支持，尤其是"核高基"国家科技重大专项的支持下，我国操作系统发展取得积极成效。国产服务器操作系统和桌面操作系统均完成了自主可控相关产品的研发与技术升级，开发了中标麒麟可信操作系统、中标麒麟服务器操作系统、方德高可信服务器操作系统、红旗 Linux 桌面操作系统等，中标麒麟操作系统目前已经支持龙芯、飞腾等 5 款主流架构国产 CPU，并得到了 VMware 等主流平台的认证。移动智能终端操作系统领域，国内典型的互联网企业（百度、阿里、网易等）、终端企业（华为、联想、乐视等）、电信运营商等根据自身技术特长和发展策略，研发了 Yun OS、MIUI、EUI、Freeme OS 等移动端操作系统，并根据企业业务定位和销售特点积极开展了产业差异化布局。工控操作系统领域，嵌入式 Linux 系统及组态软件近年来获得了快速的发展，形成了包括紫金桥 Realinfo、纵横科技 Hmibuilder、世纪星、三维力控、组态王 KingView、MCGS、态神、uScada 等一批国产产品，基本实现了对国外产品的替代。云操作系统领域，百度、阿里巴巴、腾讯等互联网骨干企业的公共云服务平台已经具备了 1000PB 级数据处理能力，浪潮的云海云计算操作系统、华为的云操作系统 FusionSphere、无锡江南计算所研制的 vStar 操作系统等私有云解决方案操作系统取得显著进展。元心依托新兴架构，坚持自主可控，安全架构的发展方针，以元心 OS 移动版为基础研发的元心 OS，为党、政、军、企行业客户提供适用于移动办公、安全生产、移动执法、单兵作战等多种应用场景的终端。

在桌面及服务器操作系统领域，国产品牌在政府、国防、军事、金融、公安、审计、财税、教育、制造、医疗、交通、通信等行业得到了广泛应用，应用领域涵盖了我国社会经济建设中诸多方面。中标麒麟可信操作系统 V7.0 与思华科技 xView 完成互认证。此次认证，思华科技和中标软件通过相互的云计算认证和 NeoCertify CERTIFICATION 级别认证，不仅仅是基于产品功能和性能的测评认证，更是基于自主可控和安全可靠的测评认证。同时，中标麒麟操作系统再次毫无悬念地占据 2017 年度中国 Linux 市场占有率第一，这也是中标麒麟第七次蝉联冠军宝座。与此同时，在政府、金融行业市场占有率也再次稳居第一，同时中标软件有限公司荣获中国 Linux 市场成功企业称号，中标麒麟服务器虚拟化系统软件荣获创新产品称号。普华、深度、一铭、银河麒麟等国产操作系统在金融领域终端服务系统采购中占据了不小的市场份额。在个人消费用户市场，深度操作系统和一铭操作系统皆受到了业界好评，产品迭代更新的频率也在不断加快。

（二）中间件领域

2017 年中国中间件市场总体规模达到 62.2 亿元，同比增长 12.5%。受益于"十三五"规划，云计算、大数据、人工智能、数字经济相关的政策规划，中间件的需求随着行业信息化进一步提升也相应增大。预计随着新一代信息技术的进一步发展以及传统行业在数字经济催生下的升级转型，中间件市场规模将保持稳定增长，增速将保持稳定。预计2018年中间件市场规模将达到70.8亿元，同比增长为13.8%。

中间件作为基础软件产品，市场一直处于稳步发展阶段，随着政策扶持力度加大以及信息安全保障需求的增加，市场需求持续增长，但市场格局几乎变化不大。中间件是我国基础软件发展的厚重支柱，国内厂商虽然起跑略微晚于国际厂商，但是也在自身发展过程中结合市场实际需求，形成了比较完整的产品应用体系。随着各行业特别是电信、金融、政务、能源、交通、医疗、物流等领域网络化水平的不断提升以及物联网、云计算、人工智能等新兴技术带动行业的额外增长需求，国产中间件厂商市场扩张速度不断提升。东方通、普元、金蝶等公司产品转型发展力度不断加大，不断推出新型中间件产品的应用领域和应用范围。金蝶在国内市场已经开设了众多的分支机构，客户遍及港澳台地区。东方通通过渠道战略合作、OEM互惠合作、行业协定合作等多种合作方式，与操作系统、数据库厂家构建基础软件技术融合和市场资源共享平台来捆绑增强其自身的竞争力。普元中间件在政务、金融领域市场占有率不断攀升，并且受到了业界的广泛好评。此外，大量云计算公司如阿里、腾讯也均开始基于开源中间件研发自己的云服务中间件，为中间件市场注入新活力。中间件厂商普元、金蝶、东方通以及新兴云服务提供商也积极向云计算的PaaS服务商转变。

国产中间件成功应用于我国政府、交通、金融、证券、保险、税务、电信、移动、教育、军事等行业领域的信息化建设。东方通中间件产品已经广泛应用于军事、金融、电信、电子政务、电子商务、交通等多个行业。消息中间件产品TongLINK/Q是致力于解决多方应用系统之间信息互通、信息孤岛、应用数据丢失、网络环境差导致的数据传输不稳定、应用资源隔离、应用系统可扩展性等一系列问题的专业数据可靠通信产品。交易中间件TongEASY能够保证用户业务系统多个数据库及消息中间件间的数据一致性、正确性，适用于对数据正确性及可靠性要求极高、并且通常面向公众提供服务，并发量非常高、响应时间非常快的行业，如银行、电信、税务、公积金、医疗、证券、财务等各种涉及金钱、账务或关键数据的行业。负载均衡中间件 TongLB 在满足用户系统的负载均衡需求，提升系统可靠性、高效性、可扩展性及资源利用率的同时，其具有的高性价比特性还可以帮助用户有效降低系统的建设成本和维护成本，并且 TongLB 还具有使用简单、维护便捷的特点。金蝶中间件是网络化的 ERP 系统，主要用于实现企业内外事务性业务协作，打破企业和企业之间边界、资源与时空限制，实现企业内部多业务结构单位的 KPI 评分与考核，灵活处理企业内部多组织多架构下的用户分层权限体系，全面升级用户体验。金蝶 ERP 是云技术的企业管理服务平台，平台整体采用 SOA 架构，完全基于 BOS 协议组建而成，业务上支持全覆盖的多类子云，包括财务云、供应链云、制造云、全渠道云、移动办公云等。

（三）数据库领域

我国数据库市场目前仍以国外平台为主，国外厂商主要包括了 Oracle、IBM、微软、SAP 等，且国外品牌的市场份额一直在 70% 以上。近年来，在国家政策引导和支持下，国产数据库厂商发展迅速，核心技术不断进步，应用领域不断扩展，核心竞争力不断提升。以人大金仓为代表的国产数据库已经在医疗卫生、医院、教育、金融、通信、政府部门、军工国防、交通物流等十多个业务领域实现应用。此外，大数据、云计算、人工智能带来的技术革新使我国数据库厂商迎来了弯道超车国外品牌的发展机遇。基于深厚的数据存储、处理、挖掘和分析技术，国产数据库企业正在不断拓宽业务空间，并且在云计算、大数据、人工智能等新兴领域持续发力。

大数据平台目前已成为国产数据库厂商加快发展的主要手段，部分龙头企业通过创新业务领域、企业兼并与收购、与其他企业开展深度合作来提升其实力。2017 年，人大金仓推出了新型的分析型数据库 KingbaseES、金仓分析型数据库 KingbaseAnalyticsDB、嵌入式数据库 KingbaseReal、大数据平台 KingbaseDataPlatform 以及金仓商业智能平台 KingbaseBI。人大金仓的核心产品金仓交易型数据库 KingbaseES，具备高兼容、高可靠、高性能、高扩展、高安全、易使用和易管理的特点，是唯一入选国家自主创新产品目录的数据库产品，也是国家级、省部级实际项目中应用最广泛的国产数据库产品。在大数据时代，人大金仓以大数据基础平台、政府大数据、智慧城市大数据、大数据分析为解决方案主线，为各行业提供从数据建设的规划和设计咨询、大数据平台搭建到应用实施的一站式服务。基于大数据平台的搭建，配套深厚的数据存储、处理和分析技术，国产数据库企业正在云计算、大数据、人工智能等领域持续发力。

（四）办公软件领域

国内市场中办公软件领域因国外企业进入市场较早以及用户黏滞性较高仍占据了较大部分的市场份额，如微软 Office 是当前的主流办公软件套件，PDF 文件阅读中 Adobe 的份额还是用户第一选择。随着我国政府采购政策的出台和采购力度的不断加大，国产办公软件的发展也迈入了新的黄金期。在 Office 领域，金山 WPS 是国产品牌的骄傲，永中和普华也占据着一定的市场份额。在阅读器领域，福昕在业界声誉颇高，部分专用的阅读软件在如文献查找等专业应用领域颇受好评。

市场方面，国产办公软件在政府采购中占据主流，平均达到三分之二以上，在政务市场中，办公软件的国产化率已超过 50%。金山 WPS 在我国政府、央企、金融、能源、电信、交通等行业大型企事业单位得到了大规模的应用，占领了 60% 以上的央企市场。根据 2017 年的金山软件财报披露，金山 WPS 全年营收达到 3.98 亿元，而最大的营收来源于政府、中央直属企业、金融行业的采购。金山办公软件已经占到总收入的 14%，收益环比增长了 45%。实际上，在用户增值服务方面，金山 WPS 已经达到了 4 亿月活跃用户的全新商业生态。

在移动端取得突破是发展国产办公软件的重要途径。以国产办公软件金山 WPS 为例，至 2017 年底 WPS 移动版全球用户数已超过 2.5 亿，GooglePlay 拥有 23 万次五星评价，并保持排行榜同类产品第一。金山办公软件在移动和 PC 两端的月活跃用户总量已经超过 2 亿。此外在 AppStore 上也获得了编辑推荐。在安卓与 iOS 两大应用端的成功，也意味着 WPS 在移动端的表现已经全面超越了它的一生宿敌国际软件巨头微软。金山 WPS 在海外市场的声誉也日盛，海外 APP 好评囊括了美国、加拿大、俄罗斯、法国、德国、英国、澳大利亚、西班牙、意大利、土耳其、墨西哥、中东及北非市场在内的众多全球最重量级市场，这意味着金山 WPS 已经在全球办公市场有了一席之地。

海外市场开拓方面，以福昕软件为代表的企业拓展了大批全球客户。如微软、亚马逊、英特尔、IBM、三星、索尼、HTC、印象笔记、IKB 银行、纳斯达克、摩根大通、腾讯、百度、当当、360 等都在使用福昕的授权技术或通用产品。在荣誉奖项方面，福昕软件荣获美国多项业界殊荣，包括美国商业奖（American Business Awards）"年度新产品奖（New Product of the Year）"、CEO 世界大奖（CEO World Awards）"年度前瞻奖（Visionary of the Year）"和女性世界奖（Women World Awards）"年度女性高管奖"（Female Executive of the Year）。

二、发展特点

操作系统领域：在国家高度重视和支持下，服务器桌面操作系统、桌面操作系统、嵌入式操作系统、Linux 内核分析及新型网络化操作系统等成为支持的重点和方向。在国家大力倡导、政策扶持、采购帮扶以及企业自身发展需求推动下，大批企业纷纷加入到操作系统厂商的队伍中去。在桌面服务器领域，中标软件、中科方德、广西一铭、武汉深之度等公司都开发了基于 Linux 的自己的操作系统，在移动终端领域，阿里 YunOS 通过与电信运营商和手机厂商的合作不断开拓市场。国产操作系统在电子政务及国民经济要害部门得到了一定的应用和推广，国产替代作用日趋显著，市场占有率不断攀升，在部分行业已居于优势地位。在车载操作系统方面，阿里 OS 成功和荣威以及东风雪铁龙合作，规模化地应用在商业车载系统，开辟了智能车载系统的新市场。

中间件领域：中间件领域我国传统的中间件企业如东方通、金蝶、用友等企业在国产化替代方面所做的工作不断创新、屡创佳绩。一是研制推出了支撑政府应用的定制版中间件平台并获得应用，并在应用中不断完善、在应用中千锤百炼。跨层级、跨地域、跨部门的数据交换平台能力，集数据交换共享、交换目录、统一管控于一体，支持众多国家部委、省、市、区县等各级政务部门，实现了政务数据资源的交换共享和业务协同。二是积极拥抱互联网和新一代信息技术，不断在云计算、大数据方面推动产品迭代创新。在应用新一代信息技术及企业应用创新方面，中国与全球几乎同步；同时，基于更加理解国内企业、更了解国内市场实际情况的优势，通过技术迭代、产品创新和营销模式转型等手段，持续专注在企业和公共组织信息化领域的创新和发展，构建全新的互联网服务产品体系。

数据库领域：安全性高是我国数据库产品的主要特色，对保障国家信息安全起到重要的积极作用。一是产品创新，我国数据库企业在现有数据库产品体系的基础上不断推陈出新，围绕云计算、大数据、人工智能、移动互联网等新型信息系统环境不断推出新的服务，构建了以人大金仓、南大通用、神州通用和武汉达梦为第一梯队，山东瀚高等中小型数据库厂商为第二梯队的产业细分格局。二是增强安全功能，加快应用推广。大数据带来的技术革新为我国数据库企业创造了弯道超车国外品牌的机遇，国产数据库企业如人大金仓当前就正在积极布局，依靠研发新的数据库形式来推出新的产品和服务。

办公软件领域：一是依托政府采购逐步增加市场份额。政务市场是办公软件的主要应用环境，由于我国办公软件的安全性能较高，应用基本功能较为完善，在政府采购的牵引引领之下，国产办公软件的市场份额逐年提高。二是面向移动办公、云办公积极开展新型产品研发和业务模式创新。企业不仅利用互联网市场开拓市场渠道，同时积极研发新型移动平台办公软件、云平台办公套件，取得新兴市场的先机。三是加大国际化力度。在不满足国内市场的争夺基础上，海外市场也积极寻求更多的突破，尤其是海外移动端市场已经成为了国产办公软件提高影响力和获取增益的重要渠道，如 WPS 和福昕在 iOS 和安卓应用商店中广受好评，并且获奖颇丰。

第四章 工业软件

工业软件主要是指用于或专用于工业领域，为了提高工业研发设计、业务管理、生产调度和过程控制水平的相关软件与系统，包括基础工业软件与控制系统以及工业 APP 两大类。基础工业软件与控制系统包括面向工业领域的嵌入式实时操作系统、数据库、中间件等底层支撑软件，以及产品研发设计类软件、业务管理类软件、生产调度和过程控制类软件等。工业 APP，是用软件表达的工业应用程序，是推进工业技术软件化的核心能力和支撑，是工业软件的重要组成部分和创新发展的主要方向，包括云化的传统工业软件和新型工业 APP 两大类。随着新一轮工业革命兴起，软件在工业领域的"赋值、赋能、赋智"的作用日益凸显。2017 年，我国工业软件发展环境不断向好、产业保持良好增长态势、产业结构不断调整优化，工业软件产品收入较同期增长 19.9%，预计全年工业软件市场规模将达到 1600 亿元，我国工业软件进入快速发展期。

一、发展概况

（一）产业规模

2017 年，随着《国务院关于积极推进"互联网＋"行动的指导意见》《关于深化制造业与互联网融合发展的指导意见》《软件和信息技术服务业发展规划（2016—2020 年）》《信息产业发展指南》《互联网＋三年行动计划》等一系列政策文件的深入实施，和《深化"互联网＋先进制造业"发展工业互联网的指导意见》的正式发布，我国工业软件发展环境不断向好、产业保持良好增长态势。2017 年工业软件产品收入较同期增长 19.9%，增速高于全行业平均增速。据赛迪智库估算显示，2013 年至 2016 年我国工业软件市场规模分别为 855 亿元、1000 亿元、1150 亿元和 1350 亿元，2016 年我国工业软件产业规模同比增长约 17.5%，高于国内软件和信息服务业平均增速。受智能制造深入实施和软件定义不断深化的影响，赛迪智库预计 2017 年，我国工业软件产业规模将达到 1600 亿元，同比增长超过 18%。

表 4 - 1　2013—2017 年中国工业软件市场规模（单位：亿元）

	2013	**2014**	**2015**	**2016**	**2017E**
市场规模	855	1000	1150	1350	1600
同比上一年增长	17.5%	16.9%	15%	17.5%	18%

数据来源：赛迪智库整理，2018 年 3 月。

图 4 - 1　2013—2017 年中国工业软件市场规模（单位：亿元）

数据来源：赛迪智库整理，2018 年 3 月。

（二）产业结构

工业软件包括基础工业软件与控制系统以及工业 APP 两大类。基础工业软件与控制系统包括面向工业领域的嵌入式实时操作系统、数据库、中间件等底层支撑软件，以及产品研发设计类软件，如计算机辅助设计（CAD）、计算机辅助工程（CAE）、计算机辅助制造（CAM）、计算机辅助工艺规划（CAPP）、产品生命周期管理（PLM）、产品数据管理（PDM）等；业务管理类软件，包括企业资源计划（ERP）、企业资产管理系统（EAM）、客户关系管理（CRM）、人力资源管理（HRM）、供应链管理（SCM）等应用软件；生产调度和过程控制类软件，包括制造执行系统（MES）、高级计划排产系统

（APS）、安全仪表系统（SIS）、分散式控制系统（DCS）、数据采集与监视控制系统（SCADA）、能源管理系统（EMS）、各类 PLC 控制系统等。工业APP，是用软件表达的工业应用程序，是推进工业技术软件化的核心能力和支撑，是工业软件的重要组成部分和创新发展的主要方向，包括云化的传统工业软件和新型工业 APP 两大类。传统工业软件云化是指将工业研发设计、业务管理、生产调度和过程控制等相关的传统工业软件和系统向工业云迁移。传统工业软件存在软件成本、部署成本、运营成本高等问题，而传统工业软件云化，可以充分利用云计算的资源池化、弹性供给、按需付费等典型特征，以云服务方式代替软件授权购买形式，能大幅降低企业购买、部署和运营工业软件的成本。新型工业 APP 是指封装了工业技术、知识、经验的工业应用软件。准确地说，新型工业 APP 是指面向工业产品在设计、研发、制造、验证、保障等全生命周期不同阶段的应用需求，以定义工业产品或技术过程的方式封装工业知识及经验，并在工业云生态环境下建设、运营及共享应用的一类工业应用软件。

在基础工业软件和系统领域管理类软件仍保持市场主体地位。2017 年，我国工业软件市场仍以管理类软件为主体，其中，ERP 软件及解决方案占据绝大部分市场规模，并且随着云计算的加快发展，ERP、CRM 等管理软件加快向基于云平台的轻量化服务模式转变。目前，我国 ERP 市场主要参与企业包括用友、金蝶、浪潮、鼎捷、SAP 等中外企业，主要客户为重点行业的大型企业，以及消费和制造领域的中型企业。

生产调度类软件保持良好发展态势。受到一批新上大型工业基础设施建设项目的带动（如大型电站发电机组建设、高铁及地铁建设、大型钢铁企业搬迁升级等），MES 等生产调度和过程控制类软件产业规模高速增长。

研发设计类软件稳步发展并不断创新。研发设计软件作为工具在船舶、军工、汽车等行业用户中持续应用，使我国研发设计类软件维持稳定增长态势。同时，在重点行业的带动下，企业研发模式不断重塑，产生出基于软件平台的跨专业、跨地区协同等新需求，协同研发云平台成为了商飞等工业企业的关注重点，并且面向高端领域的设计和分析软件市场规模也加速增长。

智能制造系统解决方案需求持续释放。此外，随着智能制造深入实施，集研发设计、生产控制和业务管理等功能于一体的智能制造系统解决方案在装备、机械、航空航天、汽车、纺织等重点行业需求不断增长，应用模式也从以往以单机应用为主，向云—网—端结合的新模式转变，用户企业更加重视物联网应用和对数据的采集反馈，带动产业主体加快提升软件和服务的可移动部署及应用性能。

新型工业 APP 受到广泛关注。同时，2017 年，随着《深化"互联网＋先进制造业"发展工业互联网的指导意见》的发布，对工业研发设计、工艺规划、生产制造、经营管理、运维服务等全生命周期的工业知识、技术积累、经验体系等的显性化、模型化、代码化、工具化的新型工业 APP 也受到众多企业的关注和抢先布局。同时，作为工业应用软件的基础支撑的工业互联网平台也将进入快速发展阶段，形成了以海尔的 COSMO 平台、航天科工的 IN-DICS 平台、三一重工的树根互联等多个工业互联网平台为先导，多个国家级、企业级工业互联网平台蓄势待发的格局，为新型工业 APP 发展提供了良好的基础。此外，工业云、工业大数据、智能系统等领域也在 2017 年取得较大进展。

二、发展特点

（一）政策特点

工业软件作为软件产业的重要组成和智能制造的核心支撑，随着"软件定义"的不断深化和《中国制造 2025》的深入实施，工业软件发展环境不断向好。党中央、国务院以及各部委高度重视工业软件在推动软件产业进一步发展壮大和支撑智能制造发展的重要作用，出台的《中国制造 2025》《国务院关于积极推进"互联网＋"行动的指导意见》《关于深化制造业与互联网融合发展的指导意见》《软件和信息技术服务业发展规划（2016—2020 年)》《信息产业发展指南》《互联网＋三年行动计划》等一系列政策文件均将推动工业软件发展作为一项重点工作。同时，2017 年 10 月 30 日，国务院总理李克强主持召开了国务院常务会议，会上通过了《深化"互联网＋先进制造业"发展工业互联网的指导意见》，这为推动软件与制造业深度融合指明了方向，对促进工业软件发展、实体经济振兴以及数字经济发展具有重要意义。此外，工业和信息化部加紧《工业技术软件化三年行动计划（2018—2020 年)》的编制工作，大力推动基础工业软件和系统、工业 APP、工业大数据和工业智能系统等工业软件的发展。随着工业软件相关政策不断出台和政策红利的持续释放，工业软件发展环境将不断优化。

（二）企业特点

传统工业软件企业仍占主体地位。2017 年，我国基础工业软件和控制系统软件市场仍以传统工业软件企业为主体。如研发设计类软件参与主体仍以 Dassault Systems、航天神软、Siemens PLM、Autodesk、Synopsys、金航数码、Cadence、Mentor Graphics、Ansys、PTC 等为主；生产控制类软件参与主体包括 Siemens、Honeywell、南京南瑞、宝信软件、石化盈科、ABB、GE、和利时、Scheider、太极计算机等；业务管理类软件市场参与主体包括浪潮、用友、东软、SAP、Oracle、浙江大华、远光软件、北明软件、金蝶、启明信息等。

IT 企业、工业企业加快布局步伐。同时，随着《国务院关于制造业与互联网融合发展的指导意见》明确提出制造业是"互联网＋"的主战场，除传统工业软件企业外，越来越多的其他 IT 企业、工业企业进入工业软件市场领域。如 2017 年 7 月，航天科工与西门子签署工业互联网与智能制造战略合作协议，加快打造基于工业云的未来工业生态系统；2017 年 8 月，软通动力与西门子达成战略合作，共建智能制造创新中心，提升制造业企业 MES 集成服务，推进工业云解决方案落地；2017 年 9 月，华为与达索签署了合作谅解备忘录，推动达索系统 3DEXPERIENCE 平台上线华为云。此外，海尔、三一重工等工业企业以及阿里巴巴、腾讯、数码大方等互联网企业和软件企业也不断深化在工业软件领域的布局力度。

另外，随着工业技术软件化工作的推进，将有更多的互联网企业、软件企业、工业企业、供应链企业参与到工业软件市场中，形成多元化协同共进的发展格局。

（三）技术特点

网络技术深入应用推动工业软件向网络化方向发展。工业软件作为深化两化融合的重要抓手和推动制造业与互联网深度融合的关键，2017 年，工业软件技术加速与网络技术融合。工业软件技术与物联网技术融合方面，随着物联网技术的发展和智能制造的深入推进，智能工厂改造步伐不断加快，物联网器件和设备在生产线、车间、工厂甚至产品中应用越来越多，而工业软件也更多地开放了与物联网器件和设备的接口，实现了物联网数据采集、处理和交互。工业软件和工业互联网融合方面，2017 年《深化"互联网 + 先进制造业"发展工业互联网的指导意见》的发布，为工业互联网与工业软件的发展指明了方向，工业软件作为工业互联网平台的重要内容和价值出口，未来将与工业互联网协同发展。工业软件与移动互联网融合方面，2018 年，《工业技术软件化三年行动计划》将正式发布，借鉴消费端移动 APP 的发展经验和发展基础，工业软件技术将加速与移动互联网融合，传统工业软件将加速云化步伐，形成云端工业 APP 的形式，封装了工业技术、知识、经验的新型工业应用软件（新型工业 APP）将加速发展。

大数据技术成为支撑工业软件实现海量数据处理的重要手段。工业软件作为工业领域信息化、数字化、自动化、网络化、智能化的关键，其需要不断采集、存储并处理海量数据。而大数据技术作为从各种各样类型的海量数据中，通过清洗加工、分析挖掘、可视化处理等技术，快速获得有价值信息的技术及其集成，加速其与工业软件技术融合，是推动工业软件进一步发展和深化大数据在工业领域应用的必然选择。2017 年，工业大数据软件产品、服务、解决方案加速发展，工业大数据在工业产品研发设计、生产制造、管理决策、售后服务等全流程的创新应用不断深化，催生出一批新模式、新业态，在推动制造业生产过程优化、企业管理与决策优化、产品全生命周期优化、企业间协同制造、业务模式创新，进而加速制造业数字转型中的重要作用日益显现。

人工智能技术成为推动工业软件向智能化发展的关键支撑。随着人工智能技术加速发展，其不断从消费领域向工业领域渗透，推动工业软件不断向智能化方向发展。人工智能技术可实现可感知（对各类物理和虚拟计算环境进行建模并动态感知）、能学习（数据驱动的在线学习能力）、会演化（可信演化以适应各种场景变化）、善协同（群智化协同与跨媒体交互）等功能。而随着面向人机物融合的应用成为工业软件的重要应用方向，特定应用场景的机器学习方法和在线演化支撑机制将助推基于有限资源和人机交互进行在线学习和情境适应。将人工智能技术与管理类工业软件结合，为企业提供有效的智能数据分析，进而实现快速、智能和高效地运营并加速客户和合作伙伴的创新进程；将人工智能技术与运维工业软件结合，使用机器学习来对收集的传感器数据进行模式识别，可以带来节能或预防性维护等。2017 年 12 月，阿里巴巴发布了 ET 工业大脑，它可以运用数据驱动，提高企业的运作效能，如全球最大的光伏企业应用 ET 大脑使良品率上升了 1% ，每年效益提升数亿元；中国最大的轮胎生产企业与 ET 大脑合作之后，良品率上升了 5% 。

第五章 信息技术服务

一、发展情况

信息技术服务产业是软件产业和信息技术服务业的重要组成部分，根据国民经济行业分类（GB/T 4754 – 2011），可分为信息系统集成服务、信息技术咨询服务、数据处理和运营服务、集成电路设计及其他信息技术服务等。

（一）产业规模

2017 年，在国家政策、社会需求和产业资金不断改善和发展的驱动下，国内信息技术服务业继续呈现稳中向好运行态势，收入和效益同步加快增长，增速高于软件产业整体增速。根据工业与信息化部数据，我国信息技术服务业实现业务收入 2.9 万亿元，占软件产业比重达到 53.3%。

图 5 – 1　2013—2017 年我国信息技术服务业规模及增速

数据来源：工业和信息化部运行局，2018 年 2 月。

35

（二）产业结构

2017 年，信息技术服务业结构继续调整，产业继续向服务化、云化演进，为制造强国和网络强国建设提供重要支撑和保障。全行业实现信息技术服务收入 2.9 万亿元，比上年增长 16.8%，增速高出全行业平均水平 2.9 个百分点。其中，产业支撑电子商务快速发展，电子商务平台技术服务持续保持产业最突出增势，收入比上年增长 30.3%；云计算相关的运营服务（包括在线软件运营服务、平台运营服务、基础设施运营服务等在内的信息技术服务）收入超过 8000 亿元，比上年增长 16.5%；助力集成电路产业发展，集成电路设计服务收入比上年增长 15.6%。

（三）产业创新

2017 年，信息技术服务业创新能力持续增强，在技术创新和服务研发方面取得不错的进展和突破。企业着力加强研发，打造自主可控信息技术服务体系，发展基于云计算、大数据、人工智能等新技术的产业链，扩大有效供给和中高端技术支撑，更好满足市场需求的变化。

应用创新方面，由于互联网在各领域日益广泛深入和云计算技术加快产业化，各行各业以互联网为载体创新发展的需求迫切，我国信息化建设重点由基础建设向深化应用转移，助推信息技术服务加速向更多领域深度渗透，行业解决方案在产业转型、民生服务、社会治理等方面的支撑服务能力全面提升。

表 5-1　2017 年信息技术服务领域主要技术与产品创新

序号	企业	主要技术/服务创新	主要特点
1	微软	医疗行业解决方案	专注于医疗行业的全新计划与解决方案，整合云计算、人工智能、研究及医疗专业知识，助力医疗行业转型，与匹兹堡大学医学中心（UPMC）建立新兴战略研究合作伙伴关系。
2	IBM	IBM Watson 营销洞察（IBM Watson Marketing Insights）服务	利用 Watson 超级计算功能找出客户的关键模式和常见行为，旨在帮助营销人员了解客户的行为以及这些行为对业务成功的影响。该洞察服务是一项基于云的服务，其做法是通过分析客户与企业用户的互动、评估电子邮件通信、数字和社交媒体以及存储的信息，达到提取关键业务预测因子和方法的目的，最终用于提高针对性市场营销活动的有效性。

续表

序号	企业	主要技术/服务创新	主要特点
3	微软	Microsoft IoT Central 服务	作为一个完全托管的 SaaS（软件即服务）产品，能够进一步降低用户打造物联网方案的复杂度，客户和合作伙伴无须云计算专业知识，就能够获得强大的物联网方案。
4	IBM	区块链交易系统 IBM Z	新的交易系统采用能够运行 120 多亿加密云或数据库交易的区块链技术，旨在解决网络攻击和数据泄露问题。
5	杭州认知	中国临床应用人工智能解决方案	运用 IBM Watson 核心认知计算能力，完成国内唯一的适合中国临床应用的本地化版人工智能应用系统及基于人工智能的辅助诊疗互动平台，并已与国内数十家三甲医院签署合作协议，快速构建肿瘤临床个性化高端解决方案。
6	华为、中软国际	工业诊断云	针对不同产业及企业、各类模式、规模提供不同种类工业诊断服务，帮助企业、产业找到并针对性地解决问题。截至 2017 年智造云在广东和江苏两省，以战略合作模式，正在为第一批 2000 家制造企业提供诊断服务。

数据来源：赛迪智库整理，2018 年 2 月。

表 5 – 2　2017 年信息技术服务领域重要应用情况

序号	重要应用	主要内容
1	中国邮政储蓄银行	携手 IBM 推出基于区块链的资产托管系统。通过与 IBM 的合作，邮储银行采用超级账本架构（Hyperledger Fabric）将区块链技术成功应用于真实的生产环境。由于区块链具有信息同步、高度安全的特性，邮储银行的区块链解决方案免去了重复的信用校验过程，将原有业务环节缩短了约 60%—80%，大大提高信用交易的效率。
2	网商银行	通过与阿里云合作，采用量子技术在专有云上完成了量子加密通信试点，成为首个云上量子加密通信案例。阿里云也成为全世界第一家可以提供量子加密信息传送服务的云计算公司，也是领先的安全网络服务提供者。

续表

序号	重要应用	主要内容
3	北京市第二医院	应用海纳医信提供"影像共享平台"成为北京市第一家面向患者提供诊断级医学影像服务的医疗机构。通过该系统，患者做完影像检查后，经医生审核，医学影像和报告自动上传云端，患者收到手机短信提醒，根据提示链接，即可立即查看高清影像资料，省去了漫长等待的过程，实现高效就诊。
4	山东东岳集团	集团智能管控中心子系统正式上线，宝信软件承担了其智慧制造系统建设、开发与总集成的任务。整个项目全套采用了宝信软件实时数据库产品、MES 产品及管控系统平台，其中集团智能管控中心子系统对东岳能源管控系统（EMS）、生产管理系统（MES）、设备管理系统（FEMS）、ERP 等信息化系统进行有效整合，
5	中国农业银行	基于趣链科技底层区块链平台，上线了基于区块链的涉农互联网电商融资系统，并于 8 月 1 日成功完成首笔线上订单支付贷款。这是国内银行业首次将区块链技术应用于电商供应链金融领域。
6	中国建设银行	与 IBM 合作为其香港零售和商业银行业务开发和推出区块链银行保险业务平台，利用这种去中心化技术来简化 CCB（亚洲）的银行保险业务，这将实现实时共享的保险政策数据查看。

数据来源：赛迪智库整理，2018 年 2 月。

二、发展特点

（一）规模特点

业务收入保持稳定增长，持续领先全行业发展。2017 年信息技术服务业实现业务收入 2.9 万亿元，同比增长 16.8%，增速高出全行业平均水平 2.9 个百分点，占全行业收入比重为 53.3%，相较软件产品和嵌入式软件增速分别高出 4.9% 和 7.9%。"一带一路"、"互联网＋"行动计划、大数据等国家战略的推进实施，以及国家网络安全保障的战略需求，为信息技术服务业带来更为广阔的发展空间。随着信息技术服务业与社会各行各业间的跨界渗透的广度不断扩大，产业对国民经济社会发展的引领和支撑作用进一步凸显。

（二）结构特点

软件运营服务（SaaS）为产业整体创新发展带来新空间。随着基础设施的完善和市场教育的基本完成，国内外的软件运营服务落地明显加快，直接推动传统软件企业加快产业服务化转型的步伐。国际软件巨头微软、甲骨文、SAP 相继从内部部署、基于许可的软件向云端订阅形式转变，其业务已进入高速增长阶段。国内传统软件企业向云服务转型的进度不及预期，主要由于转型过程中需要面临组织架构、新老业务的利益等多层面的冲突。但是传统软件企业拥有庞大的客户群和成熟的软件产品线，在解决能力、对客户需求的把握等多个方面仍占据优势。管理型产品方面，用友网络的 SaaS 服务正逐步由轻型增量应用向重型存量软件应用服务延伸。行业型产品方面，恒生电子、广联达相继推出各自核心领域的云服务新产品。

系统集成业务加速向云端迁移。云计算不断赋予互联网新的内涵，深刻改变着各行各业的生产和运营模式，传统行业用户开始大量涌入云端，倒逼系统集成业务迅速跟进。2017 年，龙头企业的云转型战略布局已见成效。太极股份承建并提供运营服务的北京市级政务云平台于 2016 年上线，面向全市各委办局和部分区县提供基于云的服务，截至 2017 年 7 月，已有 58 家委办局的近 170 个业务系统部署在太极云内，同月太极云主机服务通过年度可信云服务认证。中软国际与华为云深度合作，从之前单纯为华为研发外包业务拓展到基于华为云的云服务、云解决方案和软件云开发，已与华为联合发布智造云解决方案，在江苏、广东等制造业发达省份开展工业大数据采集、诊断和应用服务，同时其 SaaS 业务发展初期已实现盈利并保持良好的增长态势。

（三）市场特点

信息技术服务加速向工业领域渗透。受益于我国制造业体量优势和转型升级过程中对信息技术服务应用需求的进一步释放，面向制造业的信息技术服务业发展潜力巨大，信息技术服务骨干企业不断加大对工业领域信息技术服务的投入和拓展力度。在重点行业加快网络化、智能化改造提升需求的带动下，面向行业的成套解决方案发展较快，如机械、航空、轨道交通等行业。同时，随着制造企业互联网化进一步深入发展，以及数据驱动业务发展的理念受到工业客户高度重视，平台化逐渐成为企业业务发展的首选方式。

服务外包新业态不断涌现。2017 年，外包服务形势稳中有增，增长5.1%，较上年提高 4.4 个百分点。基于互联网、云计算和大数据的服务外包模式创新不断，极大拓展服务外包的业务领域和层次，有效增加服务附加值的同时，催生了大量新的服务外包市场企业纷纷加快对新技术、新模式的研发应用。并且随着云计算、物联网蓬勃兴起，服务外包的离岸和在岸外包界线日益模糊，促使企业进入全球竞争格局，对服务外包企业开发技能、管理水平等各方面提出更高要求。

（四）企业特点

系统集成企业深度布局行业领域。受以云计算为代表的新一代信息技术浪潮带动，行业用户对信息化建设的要求不断提高，其对信息技术的认知已经从"IT工具论"转变为"以IT推动业务创新"。系统集成企业愈发重视自主技术的创新和行业知识的积累，不断加强核心技术研发与行业融合力度，随着业务布局的展开企业角色发生了质的转变，由单纯为客户提供交易型服务向双方业务合作共同成长转变，部分企业已成功转型为行业整体解决方案提供商。东软集团加速布局医疗与健康业务，2017年已与20多个城市签署大健康战略合作协议，承接16.45亿元的"辽宁省医学影像云"项目，并为多个城市打造大健康数据信息服务中心和影像云中心。9月，其参股公司东软医疗完成新一轮4.83亿元融资，主要用于加大高端医学影像设备的研发投入以及积极开展境内外并购。神州数码持续向智慧校园方向深度发展，已拥有超过3000家高教、职教、普教及教育机构等客户合作伙伴，并整合云服务、智慧校园、企业信息化融合服务平台、渠道合作伙伴的各方资源，12月其收购启行教育以期迅速进入国际教育市场。

第六章　嵌入式软件

工信部运行监测协调局发布的数据显示，2017 年我国嵌入式系统软件实现业务收入 8479 亿元，比上年增长 8.9%。随着新一代信息技术与制造业的广泛融合，电子信息制造业作为嵌入式软件的硬件载体，亦领先于全国工业。目前，嵌入式软件已成为产品和装备数字化改造、各领域智能化增值的关键性带动技术，在移动通信、消费电子、物联网应用、智能家居等不同领域均实现了产值递增。

一、发展状况

（一）产业规模

随着嵌入式软件成为产品和装备数字化改造、各领域智能化增值的关键性带动技术。根据工业和信息化部发布的统计数据，2017 年我国嵌入式系统软件实现业务收入 8479 亿元，比上年增长 8.9%。由于国内经济增速逐步放缓，以及移动通信终端、平板电脑等产业逐渐步入平稳区间，我国嵌入式软件系统增速亦有所降低，呈现稳定发展态势。

表 6-1　2014—2017 年我国嵌入式软件市场规模（单位：亿元）

	2014	2015	2016	2017
市场规模	6457	7077	7997	8479
同比上一年增长	24.30%	11.80%	15.50%	8.90%

（二）产业创新

智能手机市场逐步完善。目前国内智能手机市场商业模式明确并且较为完善，产品品牌呈现多元化发展态势，同时出现了多种国产化的智能操作系统软件，促进了手机产品向个性化、定制化方向发展。随着智能手机产品销量的提升，促进了本土智能手机操作系统软件的快速发展。当中国智能手机厂商开启互联网营销模式，并且在产品软硬件配置无法互相拉开差距时，更具创新的功能与设计则成为了产品的制胜关键。在加强产品设计的基础上，许多厂商也开始尝试通过提高产品服务，突出技术及设计实力优势，树立高端品牌形象，打造高端产品，这将成为中国智能手机厂商在未来占领市场先机的关键。例如，华为作为中国智能手机领军企业，打造荣耀、P10、Mate 9等系列高端旗舰产品冲击苹果三星所占据的手机高端市场，据华为2017年上半年业绩显示，华为全球500美元以上市场份额较2015年同期大幅提升了8.2%，中国500美元以上高端智能机市场份额提升至27.2%，说明华为持续高研发创新投入和聚焦中高端市场的战略得到市场充分认可。

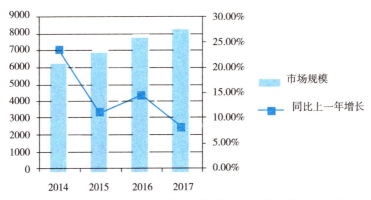

图6-1　2014—2017年我国嵌入式软件市场规模（单位：亿元）

数据来源：赛迪智库整理，2018年1月。

移动互联网与传统行业融合紧密。在"互联网＋"成为国家战略的背景下，互联网与传统行业不断深入融合，特别是在泛生活服务领域，医疗健康、教育培训、旅游出行等传统行业都在以互联网为抓手转型升级，由此促进移动互联网应用呈现向平台化和垂直化双向发展趋势。行业巨头通过各自的移动APP大范围的覆盖用户，围绕自身核心资源打造自主的生态圈。互联网应用向平台化、系统化迈进，移动化联网作为应用服务中枢，连接各类现实应用场景。例如，2017年6月，阿里YunOS开发者大会在上海召开，发布采用全新架构的YunOS 6，该系统拥有高效的系统内核、基于云的应用框架及先进的安全机制，实现互联网与汽车行业的融合演进。

物联网迎来快速发展期。随着芯片、操作系统及传感器等技术产品的不断革新，通信网络、云计算和智能处理技术的进步，物联网迎来了快速发展期。目前物联网应用已经渗透到智能家居、智慧城市等众多领域。比如海尔、格力、美的的智能家电，小米的扫地机器人，智能音箱，家庭化小型机器人等等产品的研发与生产。华为海思与台积电合作生产的 Boudica 120/150 芯片是其中的典型产品，该芯片搭载 Huawei LiteOS 嵌入式物联网操作系统，加速物联网终端智能化，最终建构大规模物联网商用部署与运营能力。

智能家居逐渐兴起。智能家居是以住宅为平台，利用网络通信技术、自动控制技术及智能硬件产品集成家居生活设施，构建日常家务管理系统，在整个系统内可包含平板电脑、电视、多种家电、温控等多种硬件产品及嵌入式系统。未来智能家居将依赖物联网和人工智能两项技术，一旦两大技术融合完成，未来的智能家居领域才能真正实现可行的产品方案。例如，海尔智能家居以 U－home 系统为平台，将所有智能家居设备网络化，实现"家庭小网""社区中网""世界大网"的物物互联，并通过物联网实现了 3C 产品、智能家居系统、安防系统等的智能化识别、管理以及数字媒体信息的共享。

二、发展特点

云计算、大数据、物联网以及工业互联网等新一代信息技术快速发展，激发了嵌入式软件行业对终端设备向网络化、智能化、轻便化转型的新需求，在此趋势下，传统嵌入式软件行业的产品开发及服务模式将迎来巨大的挑战以及全新的发展机遇。近年来，我国嵌入式软件产业在政府大力推动下，其应用领域深入拓展至政务、国防、金融、通信、工业等领域，并呈现出如下九大发展特点：

（一）产业规模持续稳定增长

受智能终端设备出量增速和物联网、智能硬件等新兴领域快速发展的影响，我国嵌入式软件产业规模处于稳定增长期。根据工信部统计数据显示，2016 年我国嵌入式系统软件实现收入 7997 亿元，同比增长 15.5%；2017 年我国嵌入式系统软件实现业务收入 8479 亿元，比上年增长 8.9%。随着移动通信、工业互联网、健康医疗、智慧交通、农业信息化、物联网等重点领域对嵌入式软件要求的不断提高和需求的不断扩大，"十三五"期间我国嵌入式软件产业仍将保持快速发展的良好势头。

（二）应用服务模式面临结构调整

目前，我国嵌入式软件产业正处于结构性调整的关键阶段。一方面由于受全球经济增长乏力的影响，传统的嵌入式设备包括各类家电、手机等出货增速趋缓；另一方面随着物联网、云计算、大数据、移动互联网、VR 等新兴技术和产业的快速发展，新型智能化产品正在加速占领市场并推动新的商业服务模式。新旧转换之间，嵌入式软件系统市场的结构也从传统上以各类控制软件为主，向针对各应用场景的嵌入式操作系统、嵌入式数据库和嵌入式信息服务应用转变。可以预见，在物联网、云计算、大数据、VR 等新业态快速发展的带动下，嵌入式软件产业在完成结构调整之后，必将迎来新一轮的爆发式增长，未来可能成为我国软件产业发展的重要引擎。

（三）智能终端市场创新活跃

嵌入式智能终端操作系统应用范围不断拓展，在移动智能终端、物联网、智能家居等领域应用创新不断涌现。在移动互联网产业链下，移动智能终端的重要性越发凸显，已经成为开展跨界竞争和多产业链环节运营的一个最佳切入点。2017 年，阿里 YunOS 操作系统与安卓和苹果并为三大移动操作系统，以非手机智能设备作为重点推进，先后推出 YunOS for TV、YunOS for Wear、YunOS for Car、YunOS for Robo、YunOS for Work 等系统版本，全新的 YunOS 6 开发框架（CAF）深度结合云能力，基于更强大的 Java 语言，开发无须安装、云端一体的 CloudApp，并全面支持包括语音识别、图像智能、位置服务在内的机器智能。2017 年，YunOS 将发展目光瞄向全球，首登国际舞台，在与国际品牌实现跨海合作中，为 YunOS 开启万物互联网生态全球化进程。此外，智能可穿戴设备、VR 头盔、便携式医疗设备等物联网终端软硬件产品纷纷落地，产品创新竞争日趋激烈。在智能家居领域，华为、京东、阿里、腾讯通过提供智能物联平台，推出自己的智能终端产品。小米则推出米家概念，主要以单品来打拼市场。而传统家电企业则是通过在自身优势产品添加互联功能提升用户体验。

（四）　与云计算技术结合日益深入

当前嵌入式系统的快速发展与云计算技术的逐渐成熟密不可分，云端的计算资源为嵌入式终端丰富的产品功能提供了重要的支撑平台。云计算对嵌入式系统的影响主要表现为：一是嵌入式操作系统原来多为独立运行，现在则主要通过网络连接到云端，其计算性能得到了极大的加强；二是为了满足云计算架构的需求，嵌入式设备更加注重资源管理虚拟化和硬件通用化。针对新兴技术产业的发展需求，嵌入式软件产业面临的主要技术困难是：日益增长的功能更新需求、灵活网络连接需求、移动终端的轻量化需求和多种类型的信息处理需求，而云计算技术的高速发展，可以很好缓解嵌入式系统面临的压力。例如，随着嵌入式软件平台计算性能的提升，机器视觉、智能语音等人工智能和模式识别算法将逐渐移植到嵌入式平台上，产生出芯片级的解决方案，在手机、机器人、可穿戴设备、智能家居产品、汽车等众多领域实现应用，比如在智能家居领域，海尔 U–home 就是国内采用云计算技术的典型代表。

（五）　工业 4.0 浪潮推动工业互联网操作系统迅速发展

国务院部署全面推进实施制造强国战略，将为嵌入式软件发展带来极为广阔的市场。从工业 3.0 到工业 4.0，广大的工业企业还是面临着信息孤岛、缺乏顶层设计、建设多个烟囱式的垂直应用、MES 软件项目普遍存在定制化程度高/推广困难等问题。企业虽然坐拥海量数据，但在生产数据、管理数据、运营数据的融合上遇难题，无法真正为企业创造核心价值。而新一轮数字化智能变革，自动化与 IT 技术创新融合，需要以工业大数据分析为核心的全生命周期服务、以工业互联和智能为核心的产业协同模式。在此背景下，工业控制系统迅速发展，在全球领域，各国纷纷加快布局工业互联网操作系统，工业控制系统领域的巨头都已开发和推出各自平台：GE 的 Predix、SIE-MENS 的 MindSphere、ABB Ability 等，工业互联网平台的竞争格局已经形成。我国的工业互联网操作系统也具备了发展基础，在面向边缘层、IaaS 层、PaaS 层的工业互联网操作系统均有优秀产品，例如中软 Linux3.0、红旗嵌入式 Linux、百度、阿里巴巴、腾讯等互联网骨干企业的公共云服务平台、航天云网 INDICS、海尔 COSMO 等。

（六）嵌入式软件满足大数据对于融合计算的需求

大数据处理需要海量的数据存储空间，并且需要频繁高速地对存储数据进行访问，存储与计算单元之间需要紧密结合，以尽可能提升存储访问性能，满足大数据处理对于存储的高带宽、低延迟要求。这几种技术可以在几个不同的层面形成融合：芯片级融合——主要的技术有 SoC（System onChip 系统级芯片）和 SiP（System in Package 系统级封装）等，例如，有集成 GPU、DSP 的 CPU SoC 芯片，也有集成 CPU 和 DSP 的 FPGA SoC 芯片等；板级融合——在同一个电路板设计中，集成 CPU、DSP、FPGA、GPU 等多种处理器芯片；系统级融合——在同一个系统架构中，融合多种具有不同计算技术的板卡，可以面对应用的变化进行更加灵活的现场组合。另外，很多应用在数据的不同处理阶段，需要多种计算技术进行辅助和加速，例如，结合 FPGA 等硬件加速单元，对于数据压缩解压缩、数据排序和查找等功能进行硬件加速等。因此，在很多场景下，都需要巧妙集成并平衡各种处理资源的融合计算平台来应对。嵌入式软件通过将不同计算技术融合在一起，可以成为面向细分大数据应用的优化平台，随着大数据应用的发展，这类产品将具有很大的市场空间。例如，恒为科技是最早开发并推广高端网络处理与嵌入式多核计算平台的厂商之一，在相关细分领域内技术水平与市场份额都较为领先，在国产自主可控领域，公司也是国内最早投入研发的厂商之一，在相关技术和产品上都处于领先地位，得益于公司重点培育的大数据加速领域和特种装备领域的市场开拓，2017 年，该公司的嵌入式与融合计算平台总体收入取得 33.75% 的增长。

（七）嵌入式计算的技术门槛不断提高

未来的嵌入式产品是软硬件紧密结合的设备，嵌入式芯片的复杂度在不断增加，同时嵌入式应用越来越需要多种处理技术的融合。更多的移动性和保持联网的需求对于设计提出了越来越苛刻的要求，在硬件设计、软件开发、机械结构、散热、工艺技术等多个方面都需要厂商有更多的技术积累。这些因素都在不断地增加嵌入式计算系统的开发难度和开发成本，行业的技术门槛在不断提高。比如，设计者只有通过不断选用最佳编程模型和改进算法，优化编译器，才能够精简系统内核、算法，并且降低能耗和软硬件成本，实现系统功能，这要求软件人员既能掌握嵌入式软件技术，同时又具有丰富的硬件知识。

（八）向智能系统及成体系系统演变

向智能系统演变。随着嵌入式处理器性能的增强、互联网、移动互联等技术的发展，嵌入式系统设备正在具备更强的处理能力和更好的网络互联性，逐渐演变成功能更丰富强大的智能系统。智能系统基于网络、高级操作系统和强大的处理器，可以灵活运行本地或云端的应用，更好地将物理世界与信息世界联结，将嵌入式系统提升到了下一个进化阶段。例如，高通广泛的设备采用率可以为用户提供三宗不同的人工智能子系统，包括 AdrenoGPU、HexagonDSP 和 KyroCPU。这些都是构成骁龙 845 芯片的关键部分，到 2018 年，预计会有相当多的产品使用这款芯片，比如三星 GalaxyS9 和谷歌 Pixel3 以及 Pixel3XL 等，预计到 2020 年，至少会有三分之一的智能手机芯片会内置人工智能处理器。

向成体系系统演变。成体系系统（system of systems，SoS）是具有关联性的多个系统，互相作用、互相联结且互相依赖，组成一个更大且更复杂的系统，融合成一个统一的整体。成体系系统是嵌入式系统与数字化网络两大领域的融合。一些行业的嵌入式计算系统将向成体系系统演变，例如在工业互联网、车联网等操作系统领域，有美国 GE 公司的 Predix 和德国西门子推出的 MindSphere 以及阿里 YunOS。

（九）视频处理领域向融合计算发展

视频处理行业主要的应用有视频编码、视频转码、智能视频分析等，这些应用对处理平台的需求都有向融合计算发展的趋势。由于视频处理的计算量大大增加，传统基于通用 CPU 计算的解决方案，在成本、功耗、密度等方面已经渐渐不能满足要求，需要借助 GPU 等专用硬件进行加速。GPU 是专门面向视频和图像处理设计的计算架构，用于实现视频分析算法可以大大提高计算的性能、降低功耗，具备非常大的技术优势。因此，融合了 GPU 等多种计算技术的融合计算解决方案，将在视频编转码、视频分析等领域得到很好的发展，具有良好的市场前景。未来，随着国家发改委等 9 个部委联合发布《关于加强公共安全视频监控建设联网应用工作的若干意见》，我国公共安全视频监控建设对视频智能分析的设备和技术需求都会有显著的增长，智能视频分析技术在安防行业，特别是平安城市领域得到越来越广泛的应用。

第七章 云 计 算

2017 年，我国云计算市场规模持续增长，工信部《云计算发展三年行动计划（2017—2019 年）》的印发和浙江等地"企业上云"行动计划的推出，进一步优化了云计算产业发展环境。据测算，2017 年我国云计算带动的上下游产业整体规模达 6000 亿元，预计到 2020 年，云计算及其相关产业市场规模将达到 1.4 万亿元，占到全球云计算市场的 10% 以上。随着全球云计算市场暴增，我国云计算市场正面临国际巨头与国内企业激烈竞争的发展格局。

从 2006 年至 2018 年经过 12 年的发展，在国家政策的逐步推动下，云计算已进入到广泛普及、应用繁荣的阶段，在数字化转型的大潮下，云计算助力政府、金融、教育、交通、能源、制造等行业进入全新的信息化时代。云计算系统运用了许多技术，其中以编程模型、数据管理技术、数据存储技术、虚拟化技术、云计算平台管理技术最为关键。按照应用环境，云计算可以分为公共云、私有云、混合云，按照云计算架构平台化方式，云计算主要服务形式为基础设施即服务（Infrastructure－as－a－Service，IaaS）、平台即服务（Platform－as－a－Service，PaaS）和软件即服务（Software－as－a－Service，SaaS），随着容器和物联网的发展，还出现了另外两种云计算架构方式 CaaS（Container－as－a－Service，容器即服务）、MaaS（Machine as a Service，物联网即服务）。

2017 年 4 月，为贯彻落实《国务院关于促进云计算创新发展培育信息产业新业态的意见》，促进云计算健康快速发展，工信部印发《云计算发展三年行动计划（2017—2019 年）》，提出计划在 2019 年，我国云计算产业规模突破 4300 亿元，云计算服务能力达到国际先进水平。这是我国首次提出云计算产业的发展目标，也充分肯定了云计算在发展大数据、物联网、人工智能等新兴技术中的基础地位。随着云计算相关政策的不断落实推进，我国云计算产业发展势头迅猛、创新能力显著增强、服务能力大幅提升、应用范畴不断拓展，已成为提升信息化发展水平、打造数字经济新动能的重要支撑。

一、发展情况

（一）产业规模

我国各行业正处于"互联网＋"和数字化转型阶段，云计算的应用进一步扩散，已从游戏、电商、移动、社交等在内的互联网行业向制造、金融、交通、医疗健康等传统行业转变。2017 年，我国云计算产业规模继续保持高速增长，根据测算，我国公有云市场规模约为 212 亿元，同比增长 46％；私有云市场规模约为 340 亿元。云计算的快速发展也带动上下游产业的协同进步，据统计，2017 年，我国云计算相关产业规模接近 6000 亿元。"十三五"期间，我国云计算产业仍将保持 35％左右的增长速度，到 2018 年云计算及其相关产业市场规模将达到 8000 亿元，到 2020 年将有望达到 1.4 万亿元，占到全球云计算市场的 10％以上。

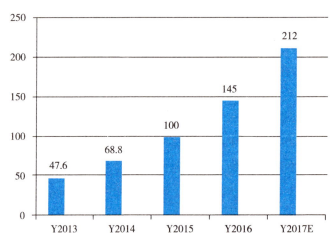

图 7 - 1 2013—2017 年我国公有云服务市场规模（单位：亿元）

数据来源：赛迪智库，2018 年 1 月。

（二）产业结构

从公有云服务的三个类别来看，2017 年，我国 SaaS（软件即服务）市场规模最大，占比约为 72％；IaaS（基础设施即服务）规模占比约为 19％，是我国云计算市场中增速最快的细分领域；PaaS（平台即服务）市场规模占比最小，约为9%。近年来，随着云服务平台的逐步成熟，基于云平台的软件服务发展势头显著提升，增速远高于基础设施即服务和平台即服务。

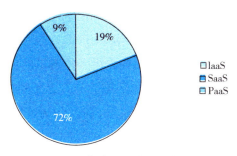

图7-2　2017年我国公有云服务架构占比

二、发展特点

（一）市场特点

国外云计算巨头联合抢占中国市场。目前，全球云市场由几大巨头把持，据 Gartner 在2017年发布的报告显示，全球公有云市场主要由亚马逊 AWS、微软 Azure、阿里云、谷歌云等几大巨头引领。2017年，各大云服务商在技术上不断寻求新突破，不仅持续推出新产品与新服务，还通过结盟快速积累规模效益，以争取更大的市场份额。2017年，亚马逊 AWS 先后与北京光环新网、宁夏西云数据签署战略合作协议，在中国设立独立的技术基础设施区域中心。此外，微软 Azure 与腾讯微信合作推出 Office 365 微助理，提供移动办公服务。国际云计算企业巨头通过与国内云服务商的合作，合规进入中国云服务市场，对现有云市场格局形成有力冲击。

国内云计算企业强化云生态体系建设。随着海外云计算巨头纷纷落地中国，国内云计算市场也在迅猛发展。国内阿里、腾讯、百度、三大运营商、华为等巨头企业先后开展云计算相关业务，在与国际巨头的市场竞争中，技术能力、市场规模均稳步提升。各巨头正纷纷打造以"我"为主的云生态，强化对云计算行业的掌控力。在我国云计算生态体系建设方面，从 IaaS 到 PaaS，阿里云都占据主导地位。早年，阿里云推动云合计划，计划招募1万家云服务商，共同构建生态体系，为企业、政府等用户提供一站式云服务。2017年10月12日，在2017杭州·云栖大会生态峰会上，阿里云宣布云合再次升级，首次将智能引入全球云计算生态。云生态将向全球合作伙伴更加开放，生态合作伙伴平台（APS）、云市场、云享服务平台都引入智能技术，并赋能合作伙伴"能力雷达"和专属业务团队等，体系更完善，势能更强大。腾讯将腾讯云作为构建互联网新生态的连接器，2017 年 11 月，在 2017 成都·腾讯全球合作伙伴大会上，腾讯称腾讯云将腾讯的优势和能力整合开放，已成为腾讯生态的最佳助力。在腾讯云平台上，从云服务器到云存储、数据库，从网站、视频等通用方案到游戏、电商、金融等细分方案，从大数据、优图天眼到安全、支付，各种能力和解决方案都能"按需"提供给开发者们，在这种"云化分享"的模式下，即便是小公司、创业公司也能迅速得到大公司的 IT 能力，从而快速成长。Gartner 最新发布的 2017 年全球公共云存储魔力象限显示，阿里云自 2016 年入榜后，2017 年强势上升，排名全球第三，进一步缩小了 Google 云差距，腾讯云则首次上榜。

全国各地"企业上云"稳步推进。在"互联网＋"等一系列战略推动和企业自身转型升级的迫切需求下，企业越来越重视信息技术的应用，而云计算无疑是企业更快部署信息化应用的"利器"，诸多行业企业成功上云已起到良好示范作用。国内云计算服务能力日臻完善，价格不断下降，为"企业上云"提供了较好条件。2017 年，浙江、江苏、山东等地纷纷出台"企业上云"专项政策，加大资金支持力度，加快推动企业使用云服务。浙江省创新建立了"上云企业出一点、云平台服务商贴一点、各级政府补一点"的联合激励机制，针对不同行业、不同规模及处于不同发挥阶段的企业，根据其信息化基础和个性化需求，制定差异化的企业上云策略，云计算厂商与各市、区县通力合作，制订企业上云辅导、实施方案，有序推动企业上云。截至 2017 年 9 月底，累积新增企业上云数已突破 8 万家。此外，工信部正研究制定"企业上云"政策措施和企业上云操作指南，从政策引导和操作指导方面加快推动企业上云。随着相关文件的出台，云服务商和企业将有序对接，配套支撑服务体系将逐渐完善，企业上云将在全国范围有步骤、有计划地展开。

（二）结构特点

服务模式：公有云竞争激烈，私有云需求增加，混合云成主流。随着云计算进入到发展的第二个 10 年，云计算产业格局风起云涌，公有云服务竞争愈加激烈，私有云服务市场需求不断增大，混合云逐渐成为云计算的主流模式。2017 年 11 月，IDC 公布数据，2017 年上半年我国公有云整体规模超过 10 亿美元，同比增长近七成，公有云厂商中，阿里云份额扩大至 47.6%，腾讯云 9.6%、金山云 6.5%、中国电信 6%、Ucloud5.5% 位列第二到第五，此外，百度和京东等互联网公司存在制胜的机会，而华为、浪潮等 IT 厂商，因具备实力和财力，同样不可小觑。

行业细分：政务云成主战场，金融云竞争激烈，医疗云稳步推进。随着云计算产业生态链的不断完善，行业分工呈现细化趋势，政务云、医疗云、金融云的快速发展都体现出行业云的发展潜力。2017 年 2 月，腾讯云以一分钱的价格中标厦门市信息中心外网云服务，希望通过更多增值服务模式获得长期合作价值，参与竞标的另有中移动福建公司、中电信厦门公司、联通云数据、厦门纵横；继腾讯云之后，中国电信也用一分钱拿下了辽阳市政务云项目。据中国政府采购网的数据显示，2016 年、2017 年两年，全国共有 131 个政务云招投标项目，浪潮中标 31 个排名第一，其余为电信 20 个、移动 15 个、联通 14 个。我国政务云市场形成了以浪潮、华为为代表的传统 IT 厂商，以阿里、腾讯为代表的互联网厂商，联通、电信、移动三大运营商，以及以太极为首的 IT 系统集成商的四大"阵营"。据测算，2017 年，我国政务云市场规模有望达到 170.8 亿元，未来将保持 20% 的年复合增长率。

表 7 - 1 2016 年、2017 年政务云招标统计一览表

年度	政务云招投标总量	电信	移动	联通	浪潮	太极	软通动力	其他集成商
2016	49	4	7	3	15	2	1	25
2017	82	16	8	11	16	6	1	30
合计	131	20	15	14	31	8	2	55

在金融领域，2017 年，在《中国银行业信息科技"十三五"发展规划监管指导意见（征求意见稿）》的推动下，相关监管规则和标准将落地和完善，针对银行业务的云计算技术、解决方案会更加成熟和安全，更多银行将基于业务需求启动上云进程。2017 年 3 月，兴业银行子公司兴业数金发布金融云服务，包括专属云、容灾云、备份云是三项基础服务，以及区块链云服务、

人工智能云服务和金融组建云服务。2017 年 6 月底，招商银行子公司招银云创在杭州发布金融行业云，包括金融云容灾、金融云应用监控、金融云安全、金融云运维等服务，初期面向中小银行等传统银行，未来将覆盖所有金融行业。

在医疗领域，为贯彻实施《关于促进和规范健康医疗大数据应用发展的指导意见》，国家最新提出"1 + 7 + x"总体规划，即建设 1 个国家健康医疗大数据数据中心，7 个健康医疗大数据区域中心，并结合各地实际情况，建设若干个健康医疗大数据应用和发展中心。在国家政策的引领下，福州、厦门、南京、常州作为首批健康医疗大数据应用及产业园建设国家试点，已形成了较为完善的医疗大数据发展体系。随着我国健康医疗大数据的逐步推动，云计算在医疗健康行业的应用也得到了快速发展，预计 2017 年中国医疗云市场规模可达 50.1 亿元，正处于快速发展阶段。

（三）融资特点

云计算企业融资总额接近百亿。在国家政策的大力支持下，云计算相关企业得到了极大的鼓励，也吸引了大量投资。2017 年，我国云计算领域一共有 20 家公司进行融资，融资总额约为 93.721 亿元，接近百亿规模。其中，金山云、华云数据、UCloud、数梦工场、青云和七牛云的融资额较大，单笔融资超过 5 亿元，且融资额在 560 万元与 20 亿元之间，分布较为广泛。

云计算企业融资轮数从 A 轮到 F 轮均有分布。云计算融资轮数越高，融资金额越大，如金山云的 D 轮 19.62 亿元、UCloud 的 D 轮 9.6 亿元、七牛云的 E 轮 10 亿元等。一般情况下，融资到 D、E 轮的公司，是已经发展相对成熟并有着一定市场的云计算厂商，新的大额融资，不仅表明了资本认可，也说明了云计算企业正处于快速扩张期。

北京和上海是创新型云计算企业聚集地。从融资的云计算企业分布上看，北京有 10 家公司，占据总数的一半，其次是上海，有 6 家，杭州、深圳、苏州、无锡则分别占据一家。由此可见，在云计算企业融资中，北京和上海凭借雄厚的经济实力、强大的资本和高技术人才，成为云计算创业公司的聚集地。此外，从投资方来看，大多数的云计算企业融资拥有 2—4 家投资方，除了青云 D 轮融资的 8 家投资方。在 20 起投资中，国内领先的云计算企业阿里和腾讯均有生态资本进入，阿里巴巴投资了 ZStack、数梦工场和七牛云，腾讯产业基金则投资了灵雀云和星环科技。阿里和腾讯的投资大多数属于生态资本，将投资对象的优势产品或技术与自己的优势相结合，从而为企业提供更好的服务。

第八章 大 数 据

一、发展概况

（一）产业规模快速增长，迈入发展黄金期

2017 年，随着《大数据产业发展规划（2016—2020 年)》等重要政策发布实施，我国大数据逐步进入发展黄金期，产业规模呈快速发展态势。据赛迪统计，包括大数据硬件、大数据软件、大数据服务等在内的大数据核心产业环节 2017 年达到 4222 亿元，将在 2020 年超过 1.2 万亿元；大数据关联产业规模 2017 年达到 7 万亿元，将在 2020 年超过 11 万亿元；大数据融合产业规模 2017 年达到 5.5 万亿元，将在 2020 年超过 22 万亿元。从大数据核心产业结构来看，基于大数据的服务仍是核心产业的主体，其规模约占大数据核心产业规模的 90%。随着大数据在各行业领域的不断深入应用，大数据融合应用产业将迎来巨大发展空间，其增速将远超大数据核心产业本身。

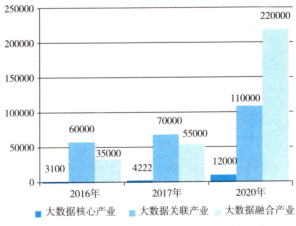

图 8-1 我国大数据市场规模（单位：亿元）

数据来源：赛迪研究院，2017 年 12 月。

（二）政策体系不断完善，产业环境持续优化

2017 年，中央和各省市接连出台多项大数据相关政策，为推动产业快速成长提供良好环境。国家工信部发布《大数据产业发展规划（2016—2020年)》，全面部署"十三五"期间大数据产业发展工作，加快建设数据强国。国务院发布《新一代人工智能发展规划》《关于深化"互联网＋先进制造业"发展工业互联网的指导意见》、工信部发布《促进新一代人工智能产业发展三年行动计划（2018—2020 年)》，加强大数据与新一代信息技术的融合发展；发改委等部门出台《关于促进分享经济发展的指导性意见》，促进大数据在新型经济领域的深入应用；网信办出台《中华人民共和国网络安全法》《个人信息和重要数据出境安全评估办法（征求意见稿)》、信标委出台《信息安全技术个人信息安全规范》，加强网络和信息安全、个人信息安全及隐私保护，推进大数据法治化进程。

同时，各省市对大数据的推进力度进一步加强，通过相关政策、项目、技术和应用推动大数据发展。一是建立组织机构。大数据不仅涉及电子信息制造、软件和信息服务、通信等信息产业，还涉及与各行各业的融合创新以及在经济社会各领域的深入应用，因此大数据发展需要能够统筹协调各个部门的专门管理机构。我国已有贵州、广东、上海、辽宁、四川、广州、兰州、成都等多个省市成立了大数据管理局，以便充分发挥政府部门的统筹决策作用和引导带动作用，在整合利用各方资源的同时，突破传统观念、部门利益等限制，快速推进大数据发展与应用相关工作，同时，各地成立大数据地方监管部门共 23 个。二是出台顶层设计文件。各省市纷纷出台促进大数据相关政策和配套措施，为推动大数据产业快速成长不断优化发展环境，北京、上海、广东、浙江、福建等省市均纷纷出台大数据相关产业规划和细分领域相关政策，北京、江苏、贵州等共 18 个省市已经颁布大数据相关政策法规。三是建立产业联盟。各省市积极引导建设以企业为主体，科研机构、高等院校、用户单位等共同参与的大数据产业联盟，加强对行业发展重大问题的调查研究，共同推进大数据相关理论研究、技术攻关、数据开放共享和创新成果应用推广，参与有关产业的政策制定。目前，我国已有大数据产业联盟 20 余个，在推进地方大数据产业发展、建设大数据平台、推进大数据项目实施等

方面发挥了重要作用。四是推动政府数据开放和数据交易。数据是政府掌握的核心资产，也是长期以来政府治理国家、服务民生的重要依托，许多国家的政府部门已成为本国最大的数据生产者和拥有者，社会各界对政府开放数据的需求也越来越强烈。目前，我国有北京、上海等省市建设了数据开放平台，尝试推动政府数据资源开放。营造数据资源交易流通的良好环境是推动大数据产业快速发展的基础。为促进企业（机构）间数据的流通、进一步发挥数据资源的增值作用，同时保护数据资源生产者、维护者的积极性，各省市纷纷试点数据交易所的建设，推动形成数据资产交易市场，以使得数据资源能够按照市场引导、价值驱动的方式在各利益相关方之间流动。目前，我国贵州、北京、辽宁等十余个省市建设了大数据交易平台。

表8－1 我国各省区市大数据政策梳理

地方	政策名称/措施
北京	《北京市大数据和云计算发展行动计划（2016—2020年）》
江苏	《大数据发展行动计划》 《江苏省云计算与大数据发展行动计划》
贵州	《贵州省数字经济发展规划（2017—2020年）》 《贵安新区大数据港三年会战方案》 《运用大数据管控、考核违法建筑的专项行动计划》 《以大数据为引领打造创新型中心城市的十大保障机制》 《以大数据为引领打造创新型中心城市监测评价指标体系》 《关于加快大数据产业发展应用若干政策的意见》 《贵州省大数据产业发展应用规划纲要（2014—2020年）》 《贵州省大数据发展应用促进条例》 《贵阳大数据产业行动计划》 《贵阳市关于加快推进大数据产业发展的若干意见》 《贵安大数据产业基地发展规划》 《贵安新区推进大数据产业发展三年计划（2015—2017）》
浙江	《杭州市政务数据共享开放指导意见》 《浙江省促进大数据发展实施计划》 《台州市关于加快大数据产业发展的若干意见》 《宁波市关于推进大数据发展的实施意见》 《温州市关于推进政府大数据平台建设的实施意见》

地方	政策名称/措施
上海	《上海市大数据发展实施意见》 《上海推进大数据研究与发展三年行动计划（2013—2015年）》 《2014年度上海市政府数据资源向社会开放工作计划》 《上海市政务数据资源共享管理办法》 《上海市政务数据资源共享和开放2017年度工作计划》
广东	《关于促进大数据发展的实施意见》 《关于运用大数据加强对市场主体服务和监管的实施意见》 《广东省实施大数据战略工作方案》 《广东省大数据发展规划（2015—2020年）》 《广东省促进大数据发展行动计划（2016—2020年）》 《广东省人民政府办公厅关于运用大数据加强对市场主体服务和监管的实施意见》
湖北	《湖北省云计算大数据发展"十三五"规划》 《湖北省大数据发展行动计划（2016—2020）》 《武汉市大数据产业发展行动计划（2014—2018年）》 《武汉市人民政府关于加快大数据推广应用促进大数据产业发展的意见》
重庆	《重庆市大数据行动计划》 《重庆市健康医疗大数据应用发展行动方案（2016—2020年）》
福建	《福建省促进大数据发展实施方案（2016—2020年）》 《关于运用大数据加强对市场主体服务和监管实施方案的通知》 《关于运用大数据加强对市场主体服务和监管实施方案》
陕西	《陕西省大数据与云计算产业示范工程实施方案》 《关于运用大数据加强对市场主体服务和监管的实施意见》 《延安大数据产业发展规划》 《陕西省促进和规范健康医疗大数据应用发展实施方案》
吉林	《关于运用大数据加强对市场主体服务和监管的实施意见》 《长春新区"十三五"大数据产业发展规划》
江西	《促进大数据发展实施方案》 《赣州市大数据发展实施意见》
内蒙古	《内蒙古国家大数据综合试验区建设实施方案》 《内蒙古自治区促进大数据发展应用的若干政策》

续表

地方	政策名称/措施
广西	《促进大数据发展行动方案》 《南宁市大数据建设发展规划（2016—2020）》
四川	《关于促进和规范健康医疗大数据应用发展的实施意见》 《四川省加快大数据发展的实施意见》 《成都市大数据产业发展规划（2017—2025 年）》 《成都市促进大数据产业发展专项政策》
沈阳市	《沈阳市促进大数据发展三年行动计划（2016—2018 年）》

数据来源：赛迪研究院整理，2017 年 12 月。

表8－2　我国部分地方大数据产业联盟建设情况

序号	联盟名称	联盟工作内容
1	中国大数据产业生态联盟	中国大数据产业生态联盟是由工信部指导，中国电子信息产业发展研究院牵头成立的国家级大数据产业联盟，致力于落实国家大数据发展战略，提升大数据核心技术能力、繁荣大数据产业生态、深化大数据行业应用和完善大数据产业发展环境，推动大数据产业的快速发展。
2	上海大数据联盟	上海大数据联盟是在上海市经济和信息化委员会、上海市科学技术委员会联合指导下，聚集大数据领域相关的数据资源、服务平台和数据应用等主体机构自愿组成的非营利性联合体。联盟以上海创建"全球科技创新中心"总方针为指导，按照"融合创新，服务示范"的宗旨，实现大数据技术和产业领域"传播、智库、金融"等三大平台服务功能，落实上海市大数据产业发展和技术创新的具体工作要求，围绕大数据技术链、产业创新链，实现产学研用等机构在战略层面的有效结合，通过资源共享、协同行动和集成发展，形成产业核心竞争力，有效提升上海大数据关键技术创新水平，推动大数据应用和产业发展。联盟秘书处依托上海超级计算中心和上海产业技术研究院联合开展工作。
3	中关村大数据产业联盟	宗旨是把握云计算、大数据与产业革新浪潮带来的战略机遇，聚合厂商、用户、投资机构、院校与研究机构、政府部门的力量，通过研讨交流、数据共享、联合开发、推广应用、产业标准制定与推行、联合人才培养、业务与投资合作、促进政策支持等工作，推进实现数据开发共享，并形成相关技术与产业的突破性创新、产业的跨越式发展，推动培育世界领先的大数据技术、产品、产业和市场。

序号	联盟名称	联盟工作内容
4	中关村大数据交易产业联盟	以推动数据资源开放、流通、应用为宗旨，努力构建中关村乃至全国大数据流通、开发、应用的完整产业链。主要工作包括建立大数据交易规范、制定大数据交易标准、研究建立大数据定价机制、发挥桥梁作用。
5	中关村—滨海大数据产业技术创新战略联盟	组织成员开展核心技术攻关、建立大数据公共技术创新平台、建立人才联合培养机制、促进科技成果转化、协助联盟成员开拓市场等。
6	京津冀大数据产业联盟	推动和维护京津冀大数据产业及应用的健康、有序和可持续发展。该联盟将积极组织有关单位推广应用新产品新技术，加强产业链整合；将组织会员单位和社会力量研究京津冀大数据的发展战略、管理体制等理论和实践问题，并向政府和有关部门提出建议。
7	深圳大数据产学研联盟	开展深化产学研交流合作，推动公共服务平台建设、推动重点实验室建设、制定国家技术标准等一系列工作，致力于推动南山区乃至深圳市大数据产业的领先发展。
8	深圳市大数据产业联盟	推动深圳市大数据产业进步、加强大数据产业链中相关企业的协同和合作，促进大数据技术的应用和推广，提升深圳大数据产业的整体发展水平。
9	深圳市宝安区大数据产业技术创新联盟	把大数据信息技术等列入重点领域及发展的前沿技术，加速突破产业瓶颈，推动宝安区进入大数据信息产业的新阶段，通过联盟合作攻关，突破共性核心技术，做优做强电子信息产业，依靠自主技术创新和产业发展解决目前所存在的问题，为宝安区乃至深圳市的经济发展提供强有力的技术支撑，为实施国家和地方发展战略目标提供有效的产业支持。
10	贵州大数据产业和应用联盟	汇聚政产学研用各界资源，共同推进面向应用的大数据相关理论研究、技术研发、数据共享、应用推广，形成开发合作、协同发展的大数据技术、产业和应用生态体系。
11	贵州大数据产业联盟	按照"自愿、平等、合作"的原则，整合上下游产业链，构建产学研用共享机制，创新政企互动模式，打造国际平台，为汇聚各方资源，促进区域经济发展贡献力量。联盟的核心任务是以推进贵州省大数据技术进步和产业化为目标，建立上下游、产学研信息、知识产权等资源共享机制。

续表

序号	联盟名称	联盟工作内容
12	浙江省大数据应用技术产业联盟	集合浙江省技术、资源、资金等多方面的优秀力量，形成研发与应用企业间的交流、合作平台，共同解决联盟内企业面临的各种技术与资源的难题，充分保证大数据的科技成果快速有效转化。
13	钱塘工业大数据产业联盟	整合多方资源，打造政用产学研协同创新，通过研讨交流、推广应用、标准研制、人才培养、业务合作等工作，服务产业生态建设，协助制定工业大数据领域的发展政策，助推工业大数据的政产学研用协同创新。
14	山东大数据产业技术创新战略联盟	整合山东省内大数据产业研发的人才、科研、设备、存储、网络、计算、软件、用户等企业及团体的资源优势，形成联合开发、优势互补、利益共享、风险共担的产学研合作机制，推进大数据技术创新、业务模式创新和服务模式的创新，更好地实现大数据技术、应用和市场的整合，促进产业链上下游企业间的协同与合作，共同推动山东省互联网产业和软件与信息服务业的大发展。
15	山东农业大数据战略联盟	采用大数据研究手段，在搜集、存储气象、土地、水利、农资、农业科研成果、动物和植物生产发展情况、农业机械、病虫害防治、生态环境、市场营销、食品安全、公共卫生、农产品加工等诸多环节大数据的基础上，通过专业化处理，对海量数据快速"提纯"并获得有价值的信息，为政府、企业乃至各种类型单位的决策和发展提供支持，为公众提供便捷的服务。
16	中国工业大数据烟台产业联盟	推进烟台市工业大数据产业的成长和科研成果转化，建立产业上下游、产学研信息、技术解决方案和成功案例的资源共享机制，建立企业与企业之间、企业与政府之间沟通的平台，促进烟台市工业大数据产业发展。
17	陕西省大数据产业联盟	以促进陕西省大数据产业发展、提升产业集群创新能力和核心竞争力为宗旨，致力于打造陕西省大数据与云计算技术产业链、创新链和服务链，探索建立长效稳定的产学研合作机制，突破产业发展的核心技术，形成产业技术标准，搭建有效的合作交流平台。
18	陕西省大数据与云计算产业技术创新战略联盟	统筹协调陕西省内大数据与云计算技术和产业相关资源，以技术创新需求为纽带，有效整合产、学、研、用各方资源，充分发挥自身优势，通过对大数据与云计算核心技术的研究及自主创新，提升陕西省在大数据与云计算技术相关领域的研究、开发、服务水平，促进大数据与云计算技术标准的推广和应用，降低风险和成本，保护知识产权，促进联盟成员的共同进步，促进产业发展，实现共赢共荣。

续表

序号	联盟名称	联盟工作内容
19	四川大数据产业联盟	研究和探讨大数据行业研究和发展的理论、政策、模式、技术、管理及应用实践，为政府有关部门提供有利于行业发展的建议和依据；为从事大数据行业的企业提供管理咨询、技术创新、企业信息化、创业辅导、投资融资、产业基金、对外合作、会议展览和培训活动等服务，积极推进行业发展；建立信息及数据共享平台，全面有效地整合大数据行业资源，收集和发布从事数据行业的企业所需要的各种信息，为企业和机构开发新品、开拓市场、引进智力与技术提供服务；积极探索建立大数据行业的行业标准和规范，促进行业数据的交换、共享及深度利用。
20	四川崇州大数据产业创新联盟	将协调汇集地方、国家、社会数据，并提供信息储存及运营等资源。
21	重庆大数据应用产业联盟	开展面向行业应用、面向产业链建设、面向资源整合的工作，为促进重庆大数据应用的技术进步和形成产业做出力所能及的贡献。
22	重庆大数据产业技术创新联盟	以国家和地方大数据技术创新需求为导向，打造大数据生态圈，完善技术创新链条，引导创新资源向联盟成员聚集；组织联盟成员开展技术合作，突破大数据产业发展的核心技术，协助政府制定大数据产业行业规范、技术标准和产品标准；建立公共技术创新服务平台，分享大数据产业动态和技术创新市场需求；通过项目、课题以及联合技术攻关，培养大数据领域高层次人才。
23	广东省大数据技术联盟	大数据技术应用和产业发展，推进大数据技术应用，增强广东新兴产业的综合竞争能力。
24	江苏大数据联盟	围绕大数据技术链、产业创新链，运用市场机制集聚创新资源，实现产学研用等机构在战略层面的有效结合，形成产业核心竞争力，有效提升江苏大数据关键技术创新水平，同时也在积极策应江浙沪国家大数据综合试验区的创建工作。
25	南京大数据产业联盟	研讨交流、数据共享、联合开发、推广应用、产业标准制定与推行、联合人才培养、业务与投资合作、促进政策支持等工作，在大数据关键技术研发协作、数据资源公开应用合作、大数据挖掘协同等方面形成巨大的推动力。

续表

序号	联盟名称	联盟工作内容
26	甘肃省大数据产业技术创新战略联盟	将围绕大数据技术、产业、应用及服务等创新链，通过市场机制聚集各类资源，实现政府、企业、大学、研究院所等机构在战略层面的有效结合，形成大数据技术、市场、资本、人才等资源的有效融合；通过联盟内部资源共享，协同行为和集成发展，形成大数据产业上、中、下游之间和供需方之间的有效合作与对接，有效提升甘肃省大数据关键技术的创新水平，形成大数据技术、产业及应用的核心竞争力；通过大数据交易机制、共享交换平台和联合申报大数据项目机制的建立，实现大数据创新成果的快速产业化，从而推动产业结构优化升级，促进甘肃省经济社会又好又快发展。
27	东北大数据联盟	致力于大数据产业发展与应用推广的企事业单位，积极推动大数据技术与产业的自主创新与科学发展，努力掌握核心技术，坚持产学研结合及融合互动发展，共同促进大数据领域新技术、新产品、新业务的应用与市场的开拓，建设沈阳大数据产业基地。同时，在政府相关部门与行业主管部门的领导与指导下，积极研究制定大数据相关技术标准和规范，提出促进产业与应用发展的建设性意见，协助政府相关部门研究制定有利于大数据产业发展与应用示范工程建设的重大产业扶持政策和促进条例，反映联盟成员的意愿和要求，接受沈阳市经济和信息化委员会的业务指导和沈阳市软件和信息服务业协会的管理，为联盟成员在大数据相关行业发展和应用提供服务。
28	黑龙江大数据产业联盟	一是开展大数据的宣传推广，参与大数据产业人才的培养；二是提供咨询服务，支持大数据产业创业创新；三是全力推动大数据应用发展，助力大数据产业生态。
29	西南大数据联盟	积极推广新技术、新产品、新应用，促进数据融合、应用融合，包括加强产业链的整合。同时，还将共同推动和维护西南大数据产业及应用的健康、有序和可持续发展。
30	华南大数据产业联盟	解决数据孤岛遍布、通用行业标准和沟通平台缺乏的问题；联盟将通过整合和连接各方供需，促进行业交流，探索数据合作新模式。
31	宁夏云和大数据合作联盟	通过科学的合作机制和运营模式，形成集团优势。其中，联盟将开放性地做好云计算和大数据标准体系构建和制订工作，共同研究做好安全评测、电子认证、应急防范等云计算和大数据相关的安全保障基础工作，制定云和大数据安全技术实现和安全标准、服务规范。同时，将加快研发推广基于云计算和大数据环境下的技术参考实现、软件产品和解决方案，探索软件服务化的新型商业模式。

续表

序号	联盟名称	联盟工作内容
32	中国智慧城市大数据创新联盟	2016年7月中国智慧城市大数据创新联盟在成都高新区揭牌，旨在通过有效整合产、学、研各方资源和优势，搭建智慧城市相关企业和机构协同创新、市场合作、人才培养平台，促进大数据在智慧城市建设中创新应用，规范和引领国内智慧城市大数据标准化和技术发展。
33	数据中心联盟	2014年1月，由中国信息通信研究院联合国内三家基础电信运营商、十余家主要互联网企业、国内主要硬件制造企业以及若干科研单位和组织等60多家单位共同发起组建。主要工作：推动技术和业务研究，跟踪国内国际行业发展动态，为政府和企业制定发展战略提供依据。搭建信息服务平台，提供行业、市场等公共信息服务。依据国家的有关法律、法规和方针政策，结合产业发展需求，组织制订行业公约，加强行业自律等；根据主管部门要求，协助主管部门推动相关领域标准预研，并推动标准在联盟成员的贯彻实施；促进相关领域的国际交流合作活动；组织相关领域的管理、技术、人才、法规等方面的培训。
34	大数据（中国）产业联盟	聚合产业资源，促进商学互动，助力企业成长，推进经济结构调整，促进产业转型升级。
35	中国大数据应用联盟	是我国建立的首个以"推动大数据应用创新，建立大数据应用体系"为行动目标的大数据行业联盟。将围绕《促进大数据发展的行动纲要》部署的三个主要任务开展具体工作。还将通过标准制定、应用实践、行业评比等，引导行业逐步形成一批满足大数据重大应用需求的产品、系统和解决方案，为建立我国安全可信的大数据技术体系做一些前瞻性研究工作。
36	中国大数据应用（西北）联盟	为西北地区大数据应用相关行业提供帮助。
37	中国企业大数据联盟 BDU	是企业间的战略联盟，联盟宗旨是"开放、自律、务实、创新"，通过联盟，凝聚产业链上下游资源，吸引国内、国际先进企业、科研院所，营造良好的产、学、研、用协同发展环境。
38	中国农产品大数据联盟	建立中国农产品大数据联盟官方网站。网站集今日行情、信息雷达、数据报告、专家视点、联盟动态于一体。
39	中国互联网＋旅游景区大数据应用联盟	联盟以大数据应用为主线，探索"十三五"期间新型旅游服务模式，积极推进产业转型和服务升级。

续表

序号	联盟名称	联盟工作内容
40	中国旅游大数据联盟	将整合旅游行业及参与企业的资源,为各地旅游机构和景区提供大数据与新媒体传播的整合服务。
41	中国工业大数据创新发展联盟	依托中国首席信息官联盟跨行业、跨地区资源,充分发挥"CIO+"效应,整合多方资源,打造政用产学研协同创新平台,通过研讨交流、推广应用、标准研制、人才培养、业务合作等工作,服务产业生态建设,协助制定工业大数据领域的发展政策,助推工业大数据的政产学研用协同创新,切实推进两化深度融合相关工作。
42	工业大数据应用联盟	整合国际和国内工业大数据方面的优质资源,包括众多专家的理论、各企业家的实践经验等,总结归纳工业大数据在企业应用所需要具备的各方面能力,最终通过O2O培训、专家引入、企业应用指导、大数据综合分析解决方案提供的方式,助推企业实现由IT到DT的转型。
43	中国心血管大数据联盟	计划建成国家心血管疾病大数据平台。该平台能够高效存储、处理、分析挖掘电子病历、医学影像、临床检验数据等多类型数据信息,构建心血管疾病大型数据库和知识库系统;建立基于云存储与Hadoop心血管疾病大数据管理和分析平台,支持数据收集共享和分析利用;开发心血管疾病预警、预测、预后模型及临床决策支持系统,为提高心血管疾病的诊治水平提供大数据支撑。
44	健康大数据产业技术创新战略联盟	建立产学研用紧密结合、多领域科技创新、多元化投融资体系和多维度促进成果转化的有效机制,形成"产业需求为导向,企业创新为主体,共性技术为核心,检测认证为依据,专利产品为特色,技术标准为引领"的产业技术创新模式,大力推动大数据技术与我国的健康医疗事业融合发展,并为我国的健康医疗事业树立全新的价值评估体系。
45	中国城市大数据产业发展联盟	联合各城市整合多方资源,通过研讨交流、推广应用、标准研制、人才培养、业务合作等,服务大数据生态建设,协助制定大数据各领域的发展策略,助推大数据生态系统创新,推进各城市之间深度合作,跨行业、跨地区资源整合,充分发挥整合效应。联盟还将构建政策标准讨论平台,积极推动大数据领域产业政策、标准研究及大数据产业发展等工作。
46	信息通信大数据产业联盟	是国内首个专注于信息通信大数据产业资源整合与创新发展的开放行业组织,秉承着"助推产业,服务会员"的理念,结合发挥"政学产研用"的资源优势,致力于搭建信息通信大数据公共交流合作服务平台。通数盟成员单位包括了我国信息通信大数据产业链上、下游的有关政府部门、知名专家、社会团体、领军企业、科研院所、投资机构、主流媒体等。

序号	联盟名称	联盟工作内容
47	中国国际大数据产业联盟	旨在聚合大数据产业能量，以新形式、新理念、新方法，传播大数据行业信息，搭建大数据创新创业桥梁，推动大数据产业发展。
48	中国广电大数据联盟	搭建全国广电大数据平台并建设收视数据调查分析机构，实现数据共享、联合发布，探索广电行业协同发展的新业态、新模式。
49	语言大数据联盟	通过中译语通开放的亿万级语料及平台资源，为高等院校、科研机构、企事业单位的语言服务教学、实践、科研、业务等提供支持并开展合作，实现全球资源汇聚、交换和共享。
50	中国大数据金融产业创新战略联盟	开展大数据金融创新的理论和实践研究；建立政、产、学、研等一体化综合数据信息库，对企业提高自主创新能力、加快技术进步和产业优化升级提出建议，为政府的科学决策提供参考和依据；同时，联盟将加快大数据金融创新，对电子商务结算等，提供全国性金融技术指导与服务。
51	中国商业地产大数据联盟	有效整合商业地产大数据最强资源与最专业人才，推动商业地产的数据化升级。
52	中国法律大数据联盟	联合不同领域的组织机构和专家学者设立理事会和专家委员会，并联合成立中国法律大数据研究中心，编制《中国法律大数据蓝皮书》、组织法律大数据学术研讨会、构建法律大数据与云服务平台，对法律大数据与云技术进行深度分析、挖掘，探究法律大数据在法治国家、法治政府、法治社会一体化建设中的应用。

数据来源：赛迪研究院整理，2017年12月。

表8－3 我国各省市大数据交易平台建设情况

省市	时间	建设情况
北京	2014.12	"北京大数据交易服务平台"上线
	2014.6	中关村数海大数据交易平台
贵阳	2015.4	全国首个大数据交易所"贵阳大数据交易所"挂牌运营
		贵阳现代农业大数据交易中心
武汉	2015.7	东湖大数据交易所正式启动
	2015.7	长江大数据交易所揭牌
	2015.11	华中大数据交易所揭牌
	2016.7	华中大数据交易平台2.0上线，是国内首个以活数据交易为主的大数据交易平台

续表

省市	时间	建设情况
江苏	2015.10	徐州大数据交易所挂牌成立
	2015.12	华东江苏大数据交易平台成立
河北	2015.12	河北京津冀数据交易中心成立
河南	2016.7	汝州市大数据交易所揭牌
浙江	2016.3	2016年3月底，浙江省政府办公厅正式批文成立浙江大数据交易中心有限公司
	2016.6	杭州钱塘大数据交易中心揭幕，全国首个"工业大数据"应用和交易平台正式上线
陕西	2015.8	陕西省大数据交易所揭牌
	2015.8	陕西"西咸新区大数据交易所"正式挂牌
上海	2016.1	上海大数据交易中心正式成立
广东	2016.6	广州数据交易平台"广数Data hub"宣布正式上线运营，这也是华南地区首个数据交易服务平台
吉林	2016.4	浪潮四平云计算中心、大数据交易所正式揭牌
重庆		重庆大数据交易市场
哈尔滨	2016.6	由黑龙江省政府办公厅组织发起并协调省金融办、省发改委、省工信委等部门批准设立

数据来源：赛迪研究院整理，2017年12月。

（三）区域布局基本形成，综合试验区引领特色发展

我国大数据产业区域布局基本形成，以京津冀区域、长三角地区、珠三角地区、中西部和东北地区等五个集聚区格局发展特色。京津冀地区着力打造大数据走廊格局，已初步形成大数据协同发展体系；长三角地区依托上海、杭州、南京等地，持续推进大数据与当地智慧城市建设，以及云计算、人工智能等其他新一代信息技术发展深度结合；珠三角地区在大数据应用创新、产品研发及产业管理方面率先垂范、具有成效；中西部地区近年来实现跨越式发展，已成为大数据发展的新增长极；东北地区依托东北老工业基地基础，不断发展工业大数据。从区域发展水平看，各省市大数据产业发展水平差异较为明显，大数据产业发达省市大都集中在东部沿海地区。北京、江苏、广东、山东、上海、福建、浙江等排名前7的省市都位于东部沿海地区，主要

原因在于这些省市信息产业发展基础好，集聚了大批知名大数据、软件、电子制造等知名企业，大数据相关创新创业活跃，从而使得整个产业呈现较高发展水平。

在八大国家大数据综合实验区建设工作的带动下，我国大数据产业特色化发展不断深入。京津冀和珠三角跨区域类综合试验区注重数据的要素流通，以数据流引领技术流、物质流、资金流、人才流，以支撑跨区域公共服务、社会治理和产业转移为主线，促进区域一体化发展，如京津冀形成以北京强化创新引导，天津、张家口、廊坊等协同发展的"1+2+4"格局，目标是打造成为国家大数据产业创新中心、国家大数据应用先行区、国家大数据创新改革综合试验区、全球大数据产业创新高地。贵州、上海、重庆、河南和沈阳等区域示范类综合试验区注重数据的资源统筹，大数据产业集聚作用和辐射带动作用不断增强，有力促进区域的协同发展，实现经济的提质增效，如贵州大数据综合试验区稳步发展的核心基础就是加强资源统筹、顶层设计。内蒙古自治区的基础设施统筹发展类综合试验区，充分发挥其能源、气候、地质上的区域优势，对资源整合力度不断加大，在绿色集约发展的基础上，与东、中部产业、人才、应用优势地区合作逐步加强，实现跨越式发展。同时，结合地方产业发展和应用特色的大数据产业集聚区和新型工业化示范基地工作稳步推进，相关政策文件编制工作有序开展。

（四）企业布局细分行业，不断夯实创新基础

当前我国大数据企业业务范围不断拓展，几乎覆盖了产业链的各个环节。其中以从事大数据分析挖掘业务的企业最为集中，所占比例高达63.7%；从事数据采集业务的企业占比为37.4%；从事IDC、数据中心租赁等数据存储业务的企业比重最低，仅为8.5%；从事数据分类、清洗加工、脱敏等预处理业务的企业占比为27.8%；从事数据可视化相关业务的企业占比14.3%；从事大数据交易、交换共享等数据流通业务的企业占比18.3%。具体如图8-2所示。

同时，我国企业已经在大数据领域开始布局，不仅加强物理存储设备与处理能力的建设，也加快技术产品的研发与人才队伍的培养。在软硬件方面，国内骨干软硬件企业陆续推出自主研发的大数据基础平台产品，一批信息服企业面向特定领域研发数据分析工具，提供创新型数据服务。在平台建设方面，阿里、百度、腾讯等互联网龙头企业服务器单集群规模达到上万台，具备建设和运维超大规模大数据平台的技术实力。在智能分析方面，科大讯飞、第四范式等企业积极布局深度学习等人工智能前沿技术，在语音识别、图像理解、文本挖掘等方面抢占技术制高点。在开源技术方面，我国对国际大数据开源软件社区的贡献不断增大。面对各行业的特性需求和不同用户的个性化需求，企业不断地创新出新技术、新产品、新业态和新模式。

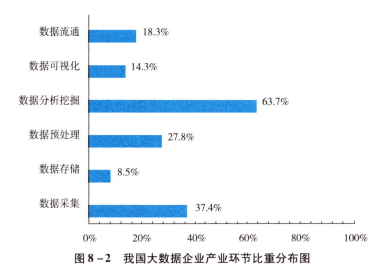

图 8 - 2　我国大数据企业产业环节比重分布图

数据来源：赛迪研究院整理，2017 年 12 月。

（五）行业应用深度融合，应用场景不断丰富

2017 年，大数据在各行业的全面深度渗透，应用场景不断丰富，有力地促进产业格局重构，驱动生产方式和管理模式变革，推动制造业向网络化、数字化和智能化方向发展。在政务领域，我国不断加强大数据在政府治理和社会服务领域的应用，整合宏观调控、税收监管、商事管理、信用体系建设、维稳、公共安全等数据资源，加快数据共享开放，提升政府治理能力，例如中兴智慧政务解决方案，通过智慧银川项目建立了 10 个数据系统，形成 13 个子模块，涵盖了智慧政务、智慧环保、智慧交通、智慧安全、智慧医疗、智慧社区、智慧旅游等多个方面，进行数据汇集、整合、分析挖掘，进行整合最终达到辅助政府决策的目标。在工业领域，通过运用大数据技术对工业

企业产生的海量数据进行分析挖掘，得到有价值的分析结果，实现工业与互联网等新一代信息技术融合创新发展不断深入，例如东方国信打造 BIOP 工业大数据平台，具备数据实时采集、数据整合治理等功能，可以实现从设备端到服务端的无缝衔接，通过整合现有生产端的 MES、ERP、CPS 等实时数据，统一汇总分析，提供实时监控、生产管理等多种生产运行管理的服务。在金融领域，我国积极推动大数据等信息技术在金融行业的广泛应用，培育发展了一批以网商银行为代表的新业态、新模式，推动金融产业不断转型升级，引领我国金融产业快速发展，例如 2017 年，百度开放大数据风控平台"般若"，实现信贷业务流程全覆盖，利用央行征信数据和百度数据将客户群的风险区分度提升 13%，并大幅提升识别骗贷团伙的成功率。

（六）资本市场规模增加，行业应用仍为热点

"大数据"逐渐渡过概念热炒期，大数据投融资并购活动热度趋于稳定。据不完全统计，2017 年前三个月，国内获得融资的大数据企业有 150 家，2016 年上半年、下半年、2017 年上半年国内大数据投融资金额分别为 326.61 亿元、455.34 亿元、556.83 亿元，显示国内大数据产业投融资的热度正逐渐下降，随着我国大数据产业格局日趋成熟，处在 A 轮（及之前）融资阶段的初创型企业占比有所减少，越来越多的企业走向了 B 轮甚至 C 轮的融资。大数据企业对资本需求更旺盛，特别是对高量级资金的需求上升迅速。2016 年到 2017 年对"高量级资金（1000 万元以上）"需求的大数据企业数量占比从 34.23% 上升到 65.31%，其中对"1000 万—5000 万元量级"资金需求的企业数量占比更是上升了约 10%。大数据投融资业务集中度更高，国内机构投资者更偏好于应用型大数据企业。2017 年交通和物流行业是最热点的投资领域，分别占总投资额的 44% 和 16%。其他相对热点的领域还包括金融、医疗、营销和汽车等。

表 8-4　国内 2017 年上半年大数据领域部分投融资事件汇总

企业	轮次	金额（万元）	投资方	细分领域
浮冬	Pre-A	1000	杭州电魂	电竞数据服务
神策数据	B	7000	DCM 领投，红杉资本跟投	大数据挖掘与分析

续表

企业	轮次	金额（万元）	投资方	细分领域
天眼查	A	13000	中小企业发展基金领投	大数据信息查询解决方案
新康医疗	C	8500	瑞盛投资	行业化应用
IT时代	A	10000	普渡资本	行业化应用
星环科技	C	23500	腾讯	大数据挖掘与分析
PingCAP	B	12000	华创资本	大数据存储与解决方案
热云数据	B	10000	泰达资本	移动大数据分析
中科点击	Pre-A	3500	贵阳市创投和高新区产业投资	大数据挖掘与行业化应用
杭州绿湾	B	30000	中植资本	行业化应用

数据来源：赛迪智库整理，2017年12月。

二、发展特点

（一）技术特点

开源技术仍是大数据技术创新的重要模式。开源是当前大数据技术创新的主要模式。根据初步统计，开源软件和开源工具包括计算软件、存储软件、查询软件、基础平台、平台管理、系统工具、数据应用等多个类型，覆盖了大数据服务产业发展的各个环节，利用开源软件，企业可以在短时间内构建起大数据应用平台，进而提供各类的大数据服务。2017年7月，在大数据开源软件领域，Spark 2.2的发布使得基于开源软件的大数据商业服务水平进一步提升，Structured Streaming的开发环境更加完善，将有助于端到端流应用程序的构建。根据开源中国的统计，截至2018年1月，数据库、平台管理等大数据领域的开源软件超过2000个。大数据领域开源软件的丰富和不断创新为大数据服务企业提供了必要的技术支持，是推动大数据服务产业发展的重要力量。

人工智能成为非结构化数据处理的利器。大数据服务中的核心环节是数据价值的挖掘，随着数据资源中非结构化数据的快速增长，传统的数据整合和处理方式已经无法满足大数据分析的需求，集合人工智能技术的大数据服务成为产业发展的重要方向。从数据对象来看，现有的大数据处理技术对于传统的结构化数据拥有较强的处理能力，而对于更多的非结构化数据，其处理难度则大大增强。从技术创新方向来看，拓尔思、东方国信等大数据领军企业均将非结构化数据处理作为其技术研发的重点，其主要思路均是将海量的非结构化数据转化为结构化数据。从技术路径上来看，人工智能技术是非结构化数据处理的重要手段，图像识别、自然语言理解等技术在大数据处理的应用更加频繁。

区块链技术正重构数据交易体系。区块链是指通过密码学方法产生相关联的一串数据块，以分布式方式实现集体维护可靠数据库的技术方案。本质上来看，区块链是一种点对点分布式账本技术，涉及数据库、安全加密、分布式计算、博弈论、共识机制等多种技术，区块链技术下的数据具有完整性、可靠性、连续性、永久性、可追溯性、精确性与透明性等特点，突出应用于有价值的数据流通方面。区块链技术最初是比特币的底层技术，2017年，区块链技术在智能合约等领域实现了应用突破，成为信息技术创新发展的热点领域。从数据交易、流通的角度来看，数据确权机制缺乏、分级分类管理机制缺失、数据追溯能力不强和数据安全保障体系不完善等突出问题已经严重制约了数据的流通，区块链技术基于其共识机制、非对称加密、分布式存储等特点为破解以上问题提供新的路径。2017年，公信宝利用区块链技术正在积极建立去中心化的数据交易所，通过区块链技术引入双向匿名、数据造假控制、信用贡献证明等机制，可以更好地保护个人隐私，实现点对点的数据交换。

（二）结构特点

数据获取仍然是产业发展的瓶颈。数据资源是大数据产业发展的基础，也是大数据服务的基本要素，只有拥有了丰富的数据资源，才能更好地发挥数据价值，建立以数据为核心的大数据产业生态。2017年，随着越来越多的企业特别是传统行业企业对大数据的认识更加深刻，行业数据积累量稳步提升，但是，跨行业的数据鸿沟依然存在，数据流通不通畅、不充分，大数据的价值挖掘仍面临较大困难。从产业结构来看，数据资源的开放利用至关重要，数据源服务商在大数据产业发展中处在重要位置。数据服务商通过对海量数据的采集、整合和预处理，形成了对整个大数据生态圈创新发展的基石。在此基础上，进而推动数据价值的挖掘和应用，并带动服务器等大数据硬件、大数据分析软件等产业的快速发展。从我国大数据产业发展现状来看，以互联网巨头为代表的互联网数据源服务商在产业发展中占据了主导地位，成为构建大数据生态圈的主力军。未来，随着大数据与各行各业业务的融合渗透，拥有海量数据的行业领军企业有望成为新的数据源服务商，数字交易标准的建立将带动数据资源在各行各业中的可信流通，带动大数据服务产业的快速发展。

初创公司主要聚焦大数据技术服务。从大数据服务各业态来看，大数据清洗和价值挖掘服务是大数据产业发展的核心环节，也是大数据服务中最具技术含量的领域。近年来，随着大数据技术的不断成熟和市场环境的持续优化，大批初创企业涌入大数据领域，力图在大数据产业发展浪潮中加速成长。但同时，由于大数据公司大多成立时间较短，自身业务产生并积累的数据量较少，定位为数据源企业和企业级用户的桥梁，主要业务是数据加工、数据价值挖掘业务，面向企业用户提供数据支持和服务，在大数据产业发展中处在中间环节。数据显示，硅谷80%的大数据企业正在从事数据清洗、整理和价值挖掘的工作，随着我国创新创业环境的持续优化，我国从事大数据清洗和价值挖掘服务的初创型公司也在持续涌现。

（三）企业特点

领军企业加速构建行业数据平台。由于数据源在大数据发展中处于基础性关键地位，拥有数据资源的企业在大数据发展中处于优势地位。从我国大数据产业发展现状来看，拥有海量互联网数据资源的百度、腾讯、阿里巴巴，以及拥有电信运营数据的电信运营商在大数据产业发展中处于领先地位。在拥有大量数据资源和大数据关键技术后，互联网大数据服务巨头纷纷开放大数据服务平台，为企业和个人用户提供丰富的大数据服务应用。百度凭借深厚的数据积累，在大数据服务领域占据一定的竞争优势，其提供的数据服务和产品包括了行业洞察、营销决策、客群分析、舆情监控、店铺分析、推荐引擎以及数据加油站等；阿里巴巴推出了大数据平台"数加"，在此基础上提供了20余个大数据产品，涵盖数据采集、计算引擎、整合加工、数据分析、机器学习、数据应用等数据应用服务；京东京东云推出了大数据服务平台——京东云数知，其依托京东云服务，以京东行业发展数据资源和计算能力为基础，打造形成面向社会公众的一站式大数据服务平台；网易推出了网易猛犸，其是一个一站式大数据管理和应用开发平台，覆盖了海量数据存储与计算、数据集成管理、应用开发及数据管理等企业大数据应用场景。

　　行业企业深耕行业应用需求提升垂直领域竞争优势。除了大型互联网企业之外，我国行业领军企业和深耕行业信息化的科技企业则聚焦于行业应用，研发面向特定应用场景的行业解决方案，为特定行业企业提供大数据服务。经过多年的积累与发展，金融、电信、政务、商贸等领域数据资源较为丰富，信息化发展水平较高，为行业大数据的发展提供了有利条件。在此背景下，垂直领域的大数据服务业呈现出快速发展态势，在营销、预测、预警、智能管理等场景下实现了应用。此外，随着网络强国战略的持续推进，工业大数据成为了国家关注的焦点，大数据"十三五"规划中也强调要建立工业大数据服务平台，推动工业大数据创新发展。2017年，伴随传统工业企业在大数据领域的业务拓展，一批面向工业应用的大数据服务平台也不断涌现。例如，三一集团利用其丰富的行业资源，打造了工业大数据服务平台——根云。当前，根云平台已经能够提供基于大数据的云服务，已接入能源设备、纺织设备、专用车辆、港口机械、农业机械及工程机械等各类高价值设备超40万台以上，采集近万个参数，创造了百亿的大数据应用价值。

第九章 信息安全

信息安全是指保护信息、信息系统和网络的安全以避免未授权的访问、使用、泄漏、破坏、修改或者销毁。信息安全技术是指用以保障信息、信息系统和网络安全的技术。信息安全产品是指保障网络安全的软件、固件或硬件及其组合体，能够提供网络安全相关功能，且被应用或者组合到网络信息系统中。信息安全服务是指为保障信息安全所提供的服务，包括信息系统安全的规划设计、咨询、测试评估、实施、运维，以及相关的预警、监测、响应、恢复、培训教育等服务内容。信息安全产业是指从事信息安全技术研究开发、产品生产经营以及提供相关服务的产业。

一、发展概况

(一) 产业规模

长期以来，国家高度重视信息安全技术及产业发展，2016 年 4 月 19 日，习近平总书记在中央网络安全和信息化工作座谈会上的讲话为产业发展指明了方向。2017 年 6 月 1 日，中华人民共和国网络安全法正式施行，为我国信息安全产业发展奠定了坚实的法律基础，成为引领我国信息安全产业发展的纲领性文件。总体而言，2017 年，在政策环境持续向好的大背景下，我国信息安全产业收入首次突破 2000 亿元，达到 2261.9 亿元，与 2015 年相比翻了2 倍多。

表 9－1 2015—2017 年我国信息安全产业业务收入及增长情况

年份	2015	2016	2017 (E)
业务收入（亿元）	997.5	1482.3	2261.9
增速（%）	33.6	48.6	52.6

数据来源：赛迪智库整理，2018 年 2 月。

（二）产业结构

2017年，随着我国信息产业的快速发展和新一代信息技术融合创新不断加速，我国信息安全产品种类不断丰富和健全，信息安全产品覆盖大数据安全、物联网安全、云计算安全、安全管理中心（SOC）、人工智能安全、区块链安全等众多领域，从芯片、数据、网络、平台、管理、应用到服务的信息安全产业链条逐步完善。

表9-2 2015—2017年我国信息安全产业结构分布情况

	2015年	占比	2016年	占比	2017年（E）	占比
产业业务收入（万元）	9974598	100%	14822253	100%	22618758	100%
其中：基础类安全产品	1504677	15.1%	2119582	14.3%	3053532	13.5%
终端与数字内容安全产品	1501756	15.0%	1867604	12.6%	3234482	14.3%
网络与边界安全产品	2191359	22.0%	2801406	18.9%	3980901	17.6%
专用安全产品	2167904	21.7%	3498052	23.6%	5632071	24.9%
安全测试评估与服务产品	369978	3.7%	533601	3.6%	949988	4.2%
安全管理产品	1052730	10.6%	1837959	12.4%	2284495	10.1%
其他信息安全产品及相关服务	1186194	11.9%	2164049	14.6%	3483289	15.4%

数据来源：赛迪智库，2018年2月。

结合信息安全业务发展特点，也可将信息安全业务分为硬件、软件及服务三大类型，硬件主要包括防火墙、入侵识别系统、入侵检测系统、统一威胁管理、硬件认证、智能卡等信息安全设备终端及产品；软件主要包括内容威胁管理、通信安全、事件管理、身份使用管理等系统；服务主要包括咨询服务、安装服务、运营、教育培训等。从当前产业实际来看，硬件占比最大，软件次之，服务最小，2017年，硬件、软件及服务的占比大约为5：4：1，但服务的比重呈现出逐年上升的态势。

表 9 – 3 信息安全硬件、软件及服务划分范围

信息安全业务	硬件	硬件认证、智能卡、安全工具、防火墙、SCM、入侵识别系统、安全路由器、安全网关等
	软件	身份认证管理、密钥、安全短板管理、事件管理、内容威胁管理、连接安全、端点安全、通信安全、防病毒软件、安全测试工具等
	服务	安全咨询服务、安全规划设计、安装服务、安全运营服务、安全测评服务、安全教育培训等

数据来源：赛迪智库，2018 年 2 月。

（三）产业集群

我国网络安全产业集聚效应进一步突显。2017 年，四川、北京、山东、浙江、陕西、广东、江苏、上海仍高居全国信息安全产业业务收入的前 8 位，占全国信息安全产业业务总收入的 90% 以上。从北京市来看，2017 年 12 月，北京市与工信部签署《关于建设国家网络安全产业园区战略合作协议》，围绕网络安全产业集聚、核心技术、实验环境、产品应用、成果转化、保障能力、人才引进、国际交流合作、产业政策九大领域开展部市合作，将依托国家网络安全产业园重点打造国家安全战略支撑基地、国际领先的网络安全研发基地、网络安全高端产业集聚示范基地、网络安全领军人才培育基地和网络安全产业制度创新基地，产业园区建设将引入行业重点企业、科研院所、高校等资源，打造政产学研用网络安全产业生态系统，开展网络安全防护体系技术研究，强化网络安全防护、态势感知、监测预警和应急响应等技术攻关，切实增强网络安全应急处理能力。

从四川省来看，早在 2015 年，四川省制定出台了《四川省信息安全产业发展规划（2015—2020 年）》，提出了全省信息安全产业发展的具体时间表和路线图以及近远期目标。围绕规划的目标和任务，2017 年，四川省大力发展安全网络系统及设备、安全信息产品研发和产业化，推动电磁频谱安全系统的发展；发展安全通信网络芯片、设备、系统的研发和产业化，推动 5G 安全虚拟专网，安全物联网芯片、设备及系统的发展，打造涵盖基础芯片、安全通信专网、安全软件及安全信息系统的高安全通信系统与应用，并以信息安全产业为切入点，加快推进国家级军民融合创新示范区建设。

此外，贵州省作为全国首个大数据综合试验区，高度重视大数据安全技术和产业发展，明确表示在贵阳经开区建设大数据安全靶场，同时快速推进大数据安全产业园建设，并设立"贵阳市大数据信息安全产业创业投资基金"。2017 年 3 月，继贵州省大数据发展领导小组之后，贵州省又成立大数据安全领导小组，从技术支撑、产业协同、追责问责等方面进一步提升大数据安全保障能力，彰显出发展大数据安全产业的决心。截至 2017 年底，贵州省围绕大数据安全产业已经签约一系列项目，主要包括奇虎 360 投资成立"贵阳 360 企业安全集团大数据情报分析公司"、上海畅星软件"贵阳车联网数据安全解决方案及云平台"、亚信安全"大数据安全管控平台"；众人科技"大数据 sotp 安全身份云"、公安部一所成立"信息安全等级保护测评中心贵阳分中心"、中国容灾备份创新战略联盟、中国网络安全产业联盟等。

（四）政策环境

随着信息安全在国家安全体系中的战略地位日益突显，国家高度重视信息安全相关政策和法律法规的制定，致力于营造有利于网络安全产业发展的政策环境。2017 年，为更好地贯彻落实《中华人民共和国网络安全法》，我国出台了一系列网络和信息安全相关的配套政策和实施细则。在战略顶层设计方面，2016 年 12 月，国家互联网信息办出台《国家网络空间安全战略》，成为我国网络空间安全治理的战略框架，也是我国网络强国建设的重要战略设计，进一步确立了网络空间的战略地位和国家安全的核心，倡导合作共治的责任担当，为我国网络安全产业的发展奠定了重要的战略基础。在产业规划方面，2017 年 1 月，工信部印发《信息通信网络与信息安全规划（2016—2020）》，提出重点从建立网络数据安全管理体系、强化用户个人信息保护、建立完善数据与个人信息泄露公告和报告机制三个方面大力强化网络数据和用户信息保护。在国际合作方面，2017 年 3 月，国家相关部门出台《网络空间国际合作战略》，成为未来指导我国参与网络空间国际交流与合作的战略性和纲领性文件。在工控安全方面，据工信部统计，2000—2016 年间共发现了 1552 个工业控制软硬件设备漏洞，涉及 123 家工控厂商，正确处理好工控安全问题已成为企业面临的严峻挑战，并且得到了国家的高度重视。2017 年 12 月，工信部印发《工业控制系统信息安全行动计划（2018—2020 年）》，提出到 2020 年，工控安全管理工作体系基本建立，工作管理机制基本完善；全系统、全行业工控安全意识明显增强；建成全国在线监测网络，应急资源库，仿真测试、信息共享、信息通报平台（一网一库三平台），态势感知、安全防护、应急处置能力显著提升；提升产业供给能力，培育一批影响力大、竞争力强的龙头骨干企业，创建 3—5 个国家新型工业化产业示范基地（工业信息安全），产业创新发展能力大幅提高的主要目标。

表 9 - 4　工控安全相关政策及治理动态

时间	政策及治理动态
2011 年 9 月	工业和信息化部出台《工业控制系统信息安全防护指南》
2016 年 5 月	工信部发布《关于开展工业控制系统信息安全管理体系建设》试点工作函
2016 年 6—10 月	公安部对全国范围内电力、通信、铁路、航空、航天、交通、石油、石化、核工业、矿山、冶金、水利、烟草、制造、邮电通信、环保、医疗、市政（轨道交通、城市燃气、热网、排水、污水处理）等 18 个重点领域的工控系统进行了全面检查
2016 年 7—12 月	中央网信办牵头对全国范围内关键信息基础设施进行网络安全检查
2016 年 10 月	《工业自动化和控制系统网络安全》等 6 项国家标准正式发布
2016 年 11 月	《中华人民共和国网络安全法》正式发布，并于 2017 年 6 月施行
2017 年 11 月	国务院出台《关于深化"互联网＋先进制造业"发展工业互联网的指导意见》
2017 年 12 月	工信部出台《工业控制系统信息安全行动计划（2018—2020 年）》

二、发展特点

（一）规模特点

产业规模继续保持高速发展态势。2017 年，预计中国信息安全产业规模将首次突破 2000 亿元，年增速超过 50％，远远高于同期软件和信息技术服务业 13.9％的增速。同时，信息安全产品服务化、网络化的趋势更加突显，信息安全服务收入的比重将进一步增大。面向政务、电子商务、金融、电信、工业制造、物联网等领域，针对信息安全规划咨询、信息安全策略分析、信息安全态势感知、信息安全审计服务、信息安全运维等服务需求更趋强烈，信息安全软硬一体化、融合化发展趋势更加凸显，信息安全服务业务将更加受到重视，所占产业比重将进一步扩大，后发优势将更加明显。

（二）结构特点

随着我国信息技术和信息化不断加速发展，信息安全形势十分严峻，用户 IT 系统环境愈发复杂，被攻击的脆弱点逐渐增多，安全产品静态防护效果依然变得十分有限，以安全服务为重点的安全防护体系显得更加重要，尤其是对信息安全咨询、测试、评估、运维等方面的服务需求呈现快速增长的发展势头。安全运维管理服务已逐渐将应急响应和系统维护、安全加固、安全检查等融为一体，并保持快速增长的发展态势。驻地安全运维服务、周期性巡检服务、渗透评估服务、安全加固服务等已成为安全运维管理服务的主要形式和重点方向。2017 年，除了传统信息安全市场蓬勃发展，信息安全技术创新发展以及信息安全产品完善率稳步提升之外，新兴技术的创新发展衍生出更多的信息安全新兴市场，新兴信息安全产品和服务的比重稳步提升，例如云计算、大数据、工业互联网、移动互联网、物联网、人工智能、区块链等新兴技术的创新发展在刺激信息安全需求发展的同时，也进一步提升了信息安全技术、产品以及服务的防护效率。

（三）市场特点

信息安全市场细分更趋专业化、特色化，且市场集中度进一步提高。随着信息安全政策的贯彻落实以及信息安全意识的不断提升，信息安全市场结合需求也衍生出更多的行业细分领域，企业的特色化、差异化发展态势更加鲜明。结合业务的侧重点，已经形成了网络安全、终端安全、数据安全、安全管理、应用安全以及新兴领域安全等众多业务类型，在大类的基础上又再次深化，衍生出更聚焦的细分市场。在信息安全市场纵横交错、点面结合的大背景下，具有技术创新实力的、专业性强的骨干企业逐步涌现，使得在细分领域市场的集中度不断提高。以 VPN 细分领域市场为例，排名前三位的深信服、启明星辰、天融信市场集中度高达 68.3%。

表 9-5　信息安全细分领域及代表企业

主要类型	细分领域	代表企业
网络安全	防火墙/UTM/安全网关	天融信、启明星辰、网神、绿盟科技、华为
	入侵检测、入侵防御	启明星辰、绿盟科技、奇虎360、天融信、山石网科
	VPN	深信服、天融信、蓝盾股份、卫士通、H3C
	上网行为管理	奇虎360、深信服、绿盟科技、华为、蓝盾股份
	网络安全审计	天融信、莱克斯、启明星辰、交大捷普、广州国迈
	网闸、安全隔离	奇虎360、北京安盟、天融信、启明星辰、天行网安
	防病毒	启明星辰、蓝盾股份、瑞星、杭州迪普、江民、亚信安全
	APT	安恒信息、科来软件、奇虎360、天融信、启明星辰
	抗DDOS攻击	绿盟科技、华为、中新网安、依迅信息、安全狗
终端安全	主机审计	北信源、汉邦、联软、蓝盾股份、启明星辰
	安全加固	安全狗、易路平安、中航嘉信、广州国迈、中软华泰
	身份认证	吉大正元、卫士通、格尔软件、天威诚信、信安世纪
数据安全	文档加密	亿赛通、北信源、卫士通、华途软件、启明星辰
	DLP	亿赛通、天融信、北信源、华途软件、思锐佳德
	加密机	江南科友、网御星云、天融信、三未信安、山东得安
安全管理	SOC	安恒信息、网神、启明星辰、天融信、东软集团
	运维审计	安恒信息、思福迪、绿盟科技、天融信、启明星辰
	等级保护工具	安恒信息、公安一所、锐安、国瑞信安、圣博润
应用安全	邮件安全、网站安全	绿盟科技、知道创宇、奇虎360、安恒信息、任子行
	WAF、漏洞扫描	安恒信息、启明星辰、绿盟科技、知道创宇、天融信
	反钓鱼、反欺诈	电信云堤、国舜股份、知道创宇、百度、阿里
新兴领域安全	移动安全	梆梆安全、爱加密、北信源、明朝万达、蓝盾股份
	工控安全	威努特、海天炜业、力控华康、中科网威、匡恩网络
	云计算安全	亚信安全、知道创宇、阿里云、绿盟科技
	大数据安全	奇虎360、瀚思、安恒信息、启明星辰、中孚信息
	物联网安全	卫士通、匡恩网络、奥联科技、力控华康
	舆情监控、态势感知	白帽汇、天际友盟、美亚柏科、奇虎360、阿里云

新兴领域市场空间不断拓展，需求持续释放。当前国内信息安全市场除了传统的网络安全、终端安全、数据安全等领域，以移动安全、工控安全、云安全、大数据安全、物联网安全、安全态势感知等为代表的新兴领域市场

不断涌现，且呈现出高速的发展态势。在云安全方面，当前针对云管理平台、企业 SaaS、PaaS 平台的攻击日益加剧，在云计算虚拟化、服务外包及资源共享、多租户的安全隔离等方面安全需求不断提高，针对云环境下的虚拟化安全产品和服务具有广泛发展前景。在物联网安全方面，随着万物互联时代的来临以及物联网领域各种协议标准失效的问题，物联网设备安全风险剧增，使得面向物联网厂商提供身份认证、可信芯片、加密通信等安全技术、产品和服务的市场需求日益扩大。

（四）技术特点

量子通信成为我国信息安全保障的重要技术手段。我国量子通信技术和产业化处于全球领先行列，国内涌现出潘建伟、姚期智等多个量子通信技术团队，同时在量子通信产业化方面也步入快速发展阶段。量子通信在保障信息安全方面具有重要优势，受到国家领导人的高度重视。2017 年 11 月 10 日，习近平主席在 APEC 峰会上强调量子通信，并指出"我们正迎来新一轮科技和产业革命，数字经济、共享经济在全球范围内掀起浪潮，人工智能、量子科学等新技术不断取得突破，亚太不能等待和观望"。从技术应用来看，量子通信在信息安全领域具有重要应用价值和前景，量子密码通信传递的不是信息本身，而是传递密钥，其不仅可用于军事、国防等领域的国家保密通信，还可以用于政务、电信、金融、能源等国家关键行业领域重要数据的传输通信。

云安全已成为主流的信息安全防护技术。随着云计算应用的日趋深化以及企业上云步伐的不断加快，云安全已经成为信息安全领域的主流技术，当前主要包括云计算安全和安全云服务两种模式。云计算安全主要是保护云计算自身的安全，为云计算中心的安全运营提供一系列安全产品和服务，主要产品包括虚拟防火墙、虚拟数据库审计、虚拟安全管理、访问控制等。安全云服务主要是通过云计算中心高性能特征提供高效、便捷的安全服务，主要服务包括高抗防 DDOS 攻击、漏洞扫描平台、CDN、缓存加速等。

第十章　人工智能

　　人工智能（Artificial Intelligence，简称 AI），也被称为机器智能，是指利用机器去实现必须借助人类智慧才能实现的任务或行为，其本质是对人类智能的模拟、延伸甚至超越的一门新技术学科。人工智能是全球公认的尖端领域和创新前沿，有着超乎想象的广阔前景，其能够推动多个领域的变革和跨越式发展，对传统行业产生颠覆性影响，并催生新业态、新模式，引发经济社会发展的重大变革。人工智能可分为基础层、技术层和应用层三层，涉及的产业领域包括了底层硬件设备如芯片、传感器等，底层软件平台如数据资源平台、计算平台，核心技术产品及服务如机器学习、自然语言理解、视觉识别系统，面向行业应用的产品和服务如智能客服、虚拟助手、行业解决方案等，以及智能终端设备如工业机器人、服务机器人、智能硬件设备等。从产业的视角来看，狭义的人工智能是指基于人工智能算法和技术进行研发和拓展应用的企业，主要提供人工智能核心产品及服务以及行业解决方案；广义的人工智能则是包括计算、数据资源、人工智能算法和计算研究、应用服务在内的企业。本文重点聚焦于狭义人工智能产业的发展。

一、发展情况

　　2017 年，人工智能呼声依然高涨，我国人工智能产业发展势头良好，政策环境不断优化，技术创新势头高涨，行业应用逐步深入，产业化能力稳步提升。在 2017 年的"AI World2017 世界人工智能大会"上，国家工业信息安全发展研究中心发布的中国人工智能产业发展指数显示中国人工智能产业发展呈现加速增长态势。其中，2017 年我国人工智能产业发展指数为 75，比 2016 年增长 44.23%，比 2015 年增长 102.70%。

（一）产 业 规 模

人工智能作为重要的基础性信息技术研究方向，其发展并不是完全独立的，而呈现出与其他信息技术方向协同演进的特征。近年来，一是深度学习等人工智能核心技术实现了大幅突破。已有的深度学习算法越来越成熟，算法的准确性、鲁棒性越来越好，并在产业化应用中取得了优异的成效，视觉及图像领域是深度学习算法应用最广泛效果最好的场景。二是移动互联网、物联网、大数据、云计算等新兴信息产业也呈现出快速的发展态势，与人工智能的发展形成了协同进步态势。移动互联网、物联网的发展为人工智能模型形成提供大量的数据资源；云计算的快速发展使得计算能力得到大幅提升，智能模型的生成速度大幅加快；大数据的发展为人工智能提供了更多的应用场景。三是高性能芯片提供更强大的计算能力。通用型深度学习芯片已经步入产业化阶段，根据特定应用场景进行定制开发和优化的处理器、硬件加速器，例如专门用于安防视频或无人驾驶汽车领域的芯片产品层出不穷，支撑人工智能在各行业领域的深入应用。

在各方的推动下，全球人工智能及其相关产业产业规模持续提升，根据初步测算，2017 年，全球人工智能市场规模约为 2000 亿元，其中，中国智能语音产业规模将达到 101.4 亿元，年复合增长率超过五成，达到 63.6%，占全球智能语音产业规模的比重由 2012 年的 5.6% 大幅增加到 17.1%。到 2020 年，全球人工智能市场规模预计将达到约 3700 亿元，年均增速接近 20%。我国人工智能市场规模将达到约 330 亿元，年均增速将达到 35%。其中，语音服务的市场规模将达到 160 亿元，约占到全部市场的一半。

（二）技 术 创 新

近年来，我国科研机构和高等院校结合产业发展状况和趋势，不断加大人工智能领域研究，为关键技术突破、企业人才输送等方面提供了重要支持。基础技术方面，我国在人工智能芯片、底层算法、机器学习和语音识别等领域取得了具有创新竞争力的成果，人工智能技术将在越来越多的应用场景中落地。2017 年，中国企业屡次刷新人工智能技术领域的世界纪录。2017 年 5 月，阿里巴巴 iDST 团队将其车辆检测的准确率拉升至 90.46%，刷新全球权威机器视觉算法测评平台 KITTI 的世界纪录；7 月，阿里巴巴 iDST 又凭借

89.7%的平均召回率打破国际权威肺结节检测大赛 LUNA16 的世界纪录，夺得世界冠军。创新应用方面，2017 年 4 月，百度发布"Apollo（阿波罗）计划"，通过提供开放、完整、安全的软件平台，旨在帮助自动驾驶领域的合作伙伴快速搭建一套属于自己的完整的自动驾驶系统。创新生态支撑方面，2017 年 7 月，由北京大学、中关村视听产业技术创新联盟等倡议的"人工智能产业技术创新战略联盟"在京成立；10 月，阿里巴巴宣布成立探索人类未来科技研究院"达摩院"，向未来技术创新方面投入千亿资金，进行覆盖人工智能、物联网和金融科技等多个前沿科技领域的基础科学和颠覆式技术创新研究。人才培养方面，2017 年 9 月，中国科学院大学人工智能技术学院成立，是我国在人工智能领域首个开展教学和科研工作的新型科教融合学院。

另外，美国权威杂志《麻省理工科技评论》在 2017 年 6 月公布 2017 全球最聪明 50 家公司榜单，进入榜单的公司具有"高精尖科技创新"与"能够保证公司的利益最大化的商业模式"的完美融合，中国包括科大讯飞、腾讯、大疆创新、阿里巴巴和百度等 9 家公司进入该榜单，其中科大讯飞排名全球第六，国内第一。其中，科大讯飞旗下的语音助手被评论为中国版的 Siri，并克服了方言、俚语和背景杂音，可将汉语精准地翻译成十几种语言。

（三）区域分布

从地域来看，由于人工智能产业属于典型的智力密集性行业，我国人工智能企业主要集中在北上广等智力资源丰富的区域。根据亿欧智库发布"2017 年中国人工智能产业发展城市排行榜"显示，北京在各项指标的优异表现使其得分远超其他城市，稳居第一；上海排名第二，当地成熟的市场环境以及政策的迅速跟进为培育人工智能打下了坚实根基；深圳和杭州聚集了一大批高科技公司，业已积淀了良好的创新创业氛围，分别排名第三、第四。广州排名第五，伴随 IAB 计划的出台，以及南沙人工智能产业基地的建设布局，其发展速度有望加快。南京、成都、天津、合肥、武汉分列第六到第十位。其中，南京经开区、合肥声谷、武汉光谷等片区都制定了专门的 AI 培育行动计划。这批城市有较好的经济基础和科技实力，本着因地制宜的策略，结合本地独有优势切入人工智能，正在迅速跟进这项新兴技术。

从分项指数来看，北京 AI 初创企业数为 497 家，是全国最多的城市。无论是 AI 成熟企业数量还是初创企业数量北京均遥遥领先于其他城市，达到上海的两倍。北上深杭广均占据前五位置。

（四）产业结构

从人工智能产业结构来看，我国人工智能领域有三类企业：一是拥有大量的数据资源，从数据出发，不断强化人工智能核心算法，并率先将人工智能技术应用到其自身业务中。典型企业包括百度、阿里巴巴、腾讯、京东等。作为近几年在人工智能领域投入最多的企业之一，百度建立了深度学习研究院。研究院包含北美硅谷人工智能实验室、北京深度学习实验室和北京大数据实验室，自成立以来共开发获得了 270 余项神经语言程序学领域专利和超过 120 项的深度学习专利。阿里于 2017 年 3 月推出了"ET 医疗大脑"和"ET 工业大脑"，ET 医疗大脑可在患者医学影像、精准医疗、新药研发、药效挖掘、健康管理等领域承担医生助手的角色，ET 工业大脑主要参与新能源、化工、环保、汽车等制造业领域的人工智能改造，加快了人工智能商业化速度。当年 7 月，阿里又推出了 AI 智能语音终端设备"天猫精灵 X1"。2017 年 3 月，基于大数据和对庞大用户行为的积累，腾讯发布了深度学习平台 DI－X，平台集数据开发、训练、预测和部署于一体，适用于语音识别、自然语言处理、图像识别、机器视觉等领域。二是拥有人工智能核心算法，并依托技术优势不断强化底层数据和计算基础，发展各类面向应用的产品和服务。这类人工智能企业通常专注于产业链垂直领域，典型企业如智能语音市场的领先企业科大讯飞，专注于安防领域人脸识别的商汤科技和 Face＋＋，聚焦于中文语音搜索的出门问问，语音识别领域的领头羊云知声，消费级视频识别技术的开拓者 Video＋＋等。三是从应用端出发，面向各类应用场景开发相应的智能服务产品和解决方案，并以此为基础不断强化基础储备和技术能力。以初创企业为主，如地平线机器人、旗瀚科技、智位科技、科沃斯等机器人企业，臻迪科技等无人机企业，华大基因、碳云智能等智能医疗企业等等。

二、发展特点

(一) 政策特点

当前全球人工智能产业快速成长，发展趋势明显加快，主要发达国家纷纷出台人工智能相关政策文件，力争在新的科技浪潮中抢占制高点。2017年，美国计算机协会（USACM）为解决人工智能算法歧视，发布了算法透明和可责性七项原则；为探索机器人和人工智能民事立法路径，欧盟议会通过"关于制定机器人民事法律规则的决议"，为全球首个此类别决议；德国发布的《自动和联网驾驶》报告，提出了自动驾驶汽车需要遵守的20条伦理规则；爱沙尼亚提出机器人法案，赋予人工智能代理人法律地位。

我国各级政府一直高度重视人工智能技术创新和产业发展。2017年，我国从中央到地方，出台了一系列支持人工智能技术创新和产业发展的政策和支持文件。2017年3月召开的两会中，首次将"人工智能"写入政府工作报告中。7月，《新一代人工智能发展规划》的出台标志着顶层设计框架搭建完成，规划提出，到2020年我国人工智能总体技术和应用与世界先进水平同步；到2025年人工智能基础理论实现重大突破；到2030年人工智能理论、技术与应用总体均达到世界领先水平，我国将成为世界主要人工智能领域的创新中心。10月，十九大报告提出推动人工智能与实体经济深度融合。12月，《促进新一代人工智能产业发展三年行动计划（2018—2020）》发布。行动计划从推动产业发展、落实行动步骤角度出发，对《新一代人工智能发展规划》提出的相关任务进行了细化和落实，以新一代人工智能技术的产业化和融合应用为重点，推动人工智能技术和实体经济的深度融合。同时，上海、北京、重庆、广东等地市也专门针对人工智能产业发布相关政策，见表10–1。

表 10 - 1　2016 年各省市人工智能相关政策

序号	省市	政策文件	相关表述
1	上海市	《关于本市推动新一代人工智能发展的实施意见》	到 2020 年，人工智能应用不断深化，打造 6 个左右人工智能创新应用示范区，形成 60 个左右人工智能深度应用场景，建设 100 个以上人工智能应用示范项目；前沿理论和关键技术研发能力显著提升，在部分关键领域达到世界先进水平，建设 10 个左右人工智能创新平台；建成 5 个左右人工智能特色产业集聚区，培育 10 家左右人工智能创新标杆企业，人工智能重点产业规模超过 1000 亿元。
2	北京市	《北京市加快科技创新培育人工智能产业的指导意见》	到 2020 年，北京新一代人工智能总体技术和应用达到世界先进水平，部分关键技术达到世界领先水平，形成若干重大原创基础理论和前沿技术标志性成果。
3	重庆市	《人工智能重大主题专项通报会》	重庆市已启动人工智能重大主题专项，未来 3 年，计划吸引全社会创新实体投入上千亿元开展人工智能技术创新及应用示范。
4	浙江省	《浙江省新一代人工智能发展规划》	力争到 2022 年，浙江在人工智能基础前沿理论、核心技术、支撑平台、创新应用和产业发展等方面取得重要进展，人工智能总体技术与产业发展水平全国领先，并与国际先进水平同步。具体来看，在技术研发方面，获得核心发明专利 500 项以上，主导或参与制定人工智能技术标准规范 10 项以上；在产业规模上，形成人工智能核心产业规模 500 亿元以上，带动相关产业规模 5000 亿元以上；在应用上，人工智能技术在制造、交通、金融、医疗、教育和政务等领域率先应用和推广。
5	安徽省	《安徽省人工智能产业发展规划（2017—2025 年）》（征求意见稿）	到 2018 年，力争人工智能核心产业规模达到 80 亿元，带动相关产业规模 300 亿元；到 2020 年，力争人工智能核心产业规模达 130 亿元，带动相关产业规模 450 亿元；到 2025 年，力争人工智能核心产业规模达到 350 亿元，带动相关产业规模 2200 亿元。
6	贵州省	《智能贵州发展规划（2017—2020 年）》	提出到 2020 年，智能贵州发展取得阶段性进展，初步建立智能贵州发展框架，初步形成智能应用基础设施和人工智能产业链。

续表

序号	省市	政策文件	相关表述
7	江西省	《关于加快推进人工智能和智能制造发展若干措施的通知》	确立了江西人工智能产业发展的主攻方向为人工智能产品、智能制造装备、人工智能和智能装备应用及服务四个领域。围绕以上四个主攻领域，《措施》进一步提出推动产业发展的十一条措施。
8	黑龙江	《黑龙江省"十三五"科技创新规划》	提高新一代信息关键技术和核心产业的自主发展能力，重点开展物联网、大数据、人工智能与虚拟现实等新一代信息技术及系统的研究开发，加快推进人工智能、虚拟现实和增强现实等新技术新装备在工业、医疗、文化、健康、生活、娱乐等行业转化应用，培育新兴产业。

数据来源：赛迪智库整理，2018 年 1 月。

（二）投融资特点

投融资方面，人工智能投融资热度不断提升，创业环境加速优化。人工智能作为信息产业创新发展的前沿领域，不断吸引国内外投资机构的高度关注。一方面，国内外科技巨头加大了在人工智能领域的投资和布局，重大投资不断涌现。另一方面，大量的社会资本青睐人工智能领域的投资项目，争相分享行业发展带来的红利。赛迪顾问数据显示，2017 年前三季度，在人工智能领域，我国共有 107 个项目获得投资，获得投资总金额 201.2 亿元左右，相比 2016 年全年，实现 48.6% 的增长。在全球市场上以 Intel、百度等巨头为主体的人工智能收购案例共计 22 起。

从技术领域的角度看，计算机视觉、无人驾驶和智慧医疗领域获得投融资资金较多。计算机视觉、机器人和智慧医疗领域成为投资热门领域，投资频次较高。其中计算机视觉技术最为成熟，无论是投资频次还是投资金额均处行业第一。机器人领域，投资频次较高，但通常处于初创期，项目规模偏小。在互联网造车运动下，无人驾驶热度持续升温，资本投入力度较大。智慧医疗成为新型热点，无论是企业数量还是融资规模相比 2016 年均实现快速增长。

从地域分布的视角看，获得投资的人工智能初创企业近半数位于北京，数量上具有绝对优势，上海和深圳其次。杭州初创企业数量与深圳差距不大，但融资能力与一线城市差距不小。资金主要聚集流向北京、长三角和珠三角地区，达到总投资额的90%以上。

从投资轮次上看，绝大多数项目处于发展初期，天使轮与A轮投资较多，占比投资案例总数近七成份额。但A轮及以前轮次的投资金额偏小，B轮项目通常融资金额较大，占比超过总投融资金额的一半以上。2017年比较突出的投融资案例有，7月，商汤科技完成B轮融资，融资金额达到4.1亿美元；9月，明码生物科技B轮融资2.4亿美元；10月，旷视科技（Face＋＋）C轮融资4.6亿美金，刷新全球人工智能领域单轮融资最高纪录。其他典型投资案例见表10－2。

表10－2 2017年国内典型投资案例

序号	企业名称	融资轮次	融资金额	所属领域	时间
1	达阔科技	A轮	1亿美元	机器人	2017.02
2	用钱宝	C轮	4.66亿元	智能投顾	2017.03
3	出门问问	D轮	1.8亿美元	智能语音	2017.04
4	海尔家居	B轮	9.5亿元	智能家居	2017.05
5	依图科技	C轮	3.8亿元	计算机视觉	2017.05
6	小鹏汽车	B轮	22亿元	无人驾驶	2017.06
7	特斯联科技	A＋轮	5亿元	智能家居	2017.07
8	Geek＋	B轮	6000万美元	机器人	2017.07
9	商汤科技	B轮	4.1亿美元	计算机视觉	2017.07
10	Momenta	B轮	4600万美元	无人驾驶	2017.07
11	寒武纪 Cambricon	A轮	1亿美元	人工智能芯片	2017.08
12	云知声	战略投资	3亿元	智能语音	2017.08
13	roobo智能管家	B轮	3.5亿元	机器人	2017.09
14	联影医疗	A轮	33.3亿元	智慧医疗	2017.09
15	明码生物	B轮	2.4亿美元	基因测序	2017.09
16	旷视科技	C轮	4.6亿美元	人脸识别	2017.10

数据来源：赛迪智库整理，2018年1月。

另外，中国已经成为全球人工智能领域并购的主要参与者，对外并购事件频发。以百度、阿里巴巴、腾讯为首的互联网巨头实施了多起海外并购。

2017 年典型的我国企业跨境并购案例见表 10 - 3。

表 10 - 3   2017 年典型的我国企业跨境并购案例

序号	收购主体	收购企业	融资轮次	融资金额	所属领域	时间
1	百度	xPerception	收购	未透露	机器视觉	2017.04
2	百度	KITT. AI	收购	未透露	语音唤醒、语音交互	2017.07
3	启明、百度、华创等	TigerGraph	A 轮	3100 万美元	人工智能	2017.11
4	腾讯、好未来等	Wonder Workshop	C 轮	4100 万美元	儿童机器人	2017.10
5	阿里巴巴等	Magic Leap	D 轮	5.02 亿美元	增强现实（AR）	2017.10
6	复星	NAGA		1336 万美元	智能投顾	2017.03
7	复星	Bondit	战略投资	1425 万美元	智能投顾	2017.10
8	埃斯顿	Barrett	股权收购	900 万美元	机器人	2017.04

数据来源：赛迪智库整理，2018 年 1 月。

（三）应用特点

人工智能技术在各个行业领域有着广阔的应用空间和价值，其中，在安防、金融、汽车、家居、医疗、健康、教育、物流、出行等领域已经有了较为成熟的应用。但由于各行业信息化水平存在差异，智能服务的发展层次不尽相同。

一是安防是人工智能应用最成熟的领域。从应用的实际需求出发，人工智能技术在安防领域的应用场景众多，比如人脸识别、车牌识别、身份证比对、被动人像卡口、嫌疑人照片检索等应用。一方面可对图像视频进行自动分析、识别、跟踪、理解和描述，并利用计算机视觉和视频监控分析方法对摄像机拍录的图像序列进行自动分析，从而指导和规划行动；另一方面可通过云端大数据分析进行基于机器学习的价值挖掘，可以综合分析多维度的元数据来进行情报检测。2017 年 6 月，SpeakIn 势必可赢与广东省公安厅合作建立"智能声纹系统联合实验室"，共同投入研发公安业务和安防领域的人工智能产品和系统。

二是金融成为我国人工智能应用先锋。在金融领域，人工智能可用于身份验证、市场分析、商业智能、人力资源管理、客户服务、风险控制、反欺诈、反洗钱、金融分析和交易等。人脸识别技术已应用在柜台人脸识别辅助、ETM 可视化柜台、远程开户等场景；智能视频分析技术应用于 ATM 及自助厅自动报警；语音识别、语义识别技术应用于机器人大堂经理。2017 年 6 月，蚂蚁金服首度向金融机构开放其最新的人工智能技术，推动金融理财更快进入智能时代。2017 年 7 月印发的《新一代人工智能发展规划》提出，建立金融风险智能预警与防控系统。可以说，无论是从产业规模、技术创新，还是政府的重视程度，我国"AI + 大数据 + 金融"都具有明显的优势。

三是自动驾驶加速落地。在汽车领域，围绕智能驾驶汽车人工智能在三个关键环节均有所应用和体现：一是环境感知，二是路径规划与决策，三是高精度定位和地图。在该领域，百度、乐视等企业已经开展了卓有成效的实践。2017 年 4 月，百度宣布推出无人车开放平台阿波罗。相关数据显示，目前百度已与超过 60 家车企展开战略合作，其解决方案（L3）已被配置于 200 多款车型上。

四是人工智能在医疗健康领域的应用出现蓝海。在医疗领域，人工智能的应用已经非常广泛，包括语音识别、医疗影像、生物技术、可穿戴设备、医院管理、健康管理、风险管理等领域。随着当下语音识别、图像识别等技术的逐渐提升，基于这些基础技术的泛人工智能医疗产业日趋走向成熟，进而推动了智能医疗产业链的技术进步和快速发展，一大批专业企业应运而生。同时，人工智能和医疗健康的结合也是"双向驱动"的。一方面，人工智能的众多基础技术在医疗健康领域可以得到优秀的商用价值体现；另一方面，创新型的人工智能技术也给医疗创新带来了更多机会。尤其是通过把传统的离散生理信息通过机器学习等技术整合起来，医疗领域未来的个性化和导向化趋势将更加明确和快速地到来。2017 年，专注于医疗影像的人工智能公司推想科技获得了亿元级的投资。同时，以医疗影像云平台为主要业务的公司，如医渡云和汇医慧影等公司，也开始涉足人工智能领域。

第十一章 开源软件

一、发展情况

（一）整体情况

2017 年，我国开源软件发展水平与欧美等发达国家的差距在不断缩小，整体规模呈现稳步增长态势。根据 2017 年度《GitHub 开发者报告》统计，2017 年我国参与维护管理的开源项目数已超过 30 万，相关项目的整体质量、收藏数量、代码提交、信息反馈相较前几年已经有了显著提升。在 OpenStack 等顶级开源项目方面，中国开发者的参与程度与贡献也逐年增加，国内企业与个人对开源的重视程度不断提升。根据我国最大的开源社区开源中国统计表明，近年来在开源中国上托管的开源软件数量不断上升，截至 2018 年 2 月，社区已经收录了 9055 个中国本土开源软件，且大多数正处在活跃发展期。

我国开发者在国际社区中的活跃度持续提升，竞争实力也在逐渐增强。据 2017 年度 GitHub 开发者报告统计显示，仅 2017 年我国加入 GitHub 开源社区的开发人员数目已经超过 70 万。在 Linux、Apache 等基金会，来自中国大企业如华为、阿里巴巴、360、腾讯等开发者正产生着越来越重要的影响。

（二）项目情况

2017 年，我国的开源项目在本土开发者的主导下获得了极大发展，Deepin、Ubuntu Kylin 等 Linux 操作系统发展取得长足进展，Amaze UI 等项目也受到开源爱好者的广泛关注。

优麒麟（Ubuntu Kylin）是 CCN 开源软件创新联合实验室支持开发的开源操作系统，产品自从正式发布以来，一直处于活跃发展状态，团队也在不断保持更新。2017 年 2 月，优麒麟 16.04.2 发布，提供 4.8 内核和新硬件支持。2017 年 4 月，优麒麟 17.04 正式版及银河麒麟社区版发布，不仅在系统内核、特色应用、合作软件上都有较大更新，最大的变化在于默认搭载全新的轻量级桌面环境——UKUI。同年 11 月，UKUI 正式登陆 Debian 的官方仓库，成为第一款由中国团队主导开发并进入两大国际主流社区的桌面环境，为全世界 Debian/Ubuntu 发行版及衍生版的用户，提供了一款全新的可选桌面环境。与此同时，基于 Linux 的搜狗输入法自 2014 年发布以后迎来了 2.2 版本的更新。

Echarts 是基于 html 5 Canvas 开发的一个 JavaScript 图标库，能为用户提供生动、直观、可定制、可交互的数据可视化图表，由百度商业前端数据可视化团队主导开发。2017 年 11 月，团队发布了 3.8 版本，在此次版本更新中，加入了树图，支持横向布局、纵向布局、径向布局；新加入了 SVG 渲染支持（beta 版）的支持，从而可以根据自己的需要，选择 SVG 或者 Canvas 作为渲染引擎；代码的模块系统改用 ES Module，从而能够受益于 tree shaking 减小bundle 的体积；同时开放了构建脚本协助用户进行自定义模块、语言的构建。

其他我国开发者主导的开源项目进展情况（见表 11 – 1）。

表 11 – 1　我国主要开源项目发展情况

项目名称	描述
JFinal	基于 Java 语言的极速 WEB + ORM 框架
DWZ	基于 jQuery 实现的 AjaxRIA 开源框架
Dubbo	阿里巴巴公司开源的分布式 RPC 服务框架
Druid	阿里巴巴开源的数据库连接池
ECharts	基于 Javascript 的数据可视化图表库
禅道	开源项目管理软件
Dos. ORM	目前国内 . Net 用户量最多、最活跃、最完善的国产 ORM
fastjson	Java 语言实现的 JSON 解析器和生成器
JEECG	基于代码生成器的 J2EE 快速开发平台
iBase4J	基于 JAVA 的分布式快速开发平台

数据来源：赛迪智库整理，2018 年 1 月。

（三）社区情况

近年来，我国开源社区发展速度较快，CSDN、开源中国等国内社区吸引了越来越多的中国开发者与开源爱好者。开源联盟组织创立了"开源社",主要成员包括了我国的开源企业、开源社区,还有开源爱好者,旨在为中国开源软件和开源硬件的正确使用、授权许可、社区建设及治理进行知识普及提供相关服务。随着"开源社"的成立,国内开源软件的发展生态得到不断完善,我国开源软件的发展将迈向崭新台阶。与此同时,企业参与到开源社区的积极性较之前几年有大幅提升,包括腾讯、百度、阿里巴巴、华为在内的高科技企业都与国内外开源社区建立了良好的合作关系,共同促进开源社区的发展。

项目社区方面,随着 Deepin 操作系统受到世界各国 Linux 爱好者的广泛关注,其项目社区——Deepin 社区的发展势头迅猛。该社区是由武汉深之度科技有限公司发起、建立并提供运维,是深度(Deepin)操作系统的社区网站。该社区专注于 Linux 和深度(Deepin)操作系统在全球的应用和传播,除了举办线上活动外,社区会在线下组织丰富的互动和开源普及活动。社区目前主要的功能包括邮件列表、社区论坛、社区百科(Wiki)、国际化工具、BUG 管理、代码管理等。2017 年 9 月,一年一度的深度开发者与用户大会(Deepin Developer & User Conference,简称 DDUC)再次吹响了号角。2017 年大会的主题为"Join us,Connect FOSS(Free Open Source Software)"。截至2017 年底,Deepin 社区已举办了七届用户与开发者大会,获得了全国各媒体和合作伙伴的广泛关注。

综合社区方面,典型的代表——开源中国社区发展迅速。开源中国成立于 2008 年 8 月,是目前国内最大的开源技术社区,拥有超过 200 万会员,社区涵盖开源软件库、代码分享、资讯、协作翻译、码云、众包、招聘等内容,为广大 IT 开发者提供了一个理解、交流、学习开源技术的平台。近年来社区的发展更加多样化,目前已形成社区、码云、招聘、众包等四大主要板块,其中:社区板块主要提供包括资讯发布、代码托管、代码质量管理、用户论坛、软件下载、Maven 中央仓库在内的多项功能及服务。码云板块能为中国广大开发者提供团队协作、源码托管、代码质量分析、代码评审、测试、代码演示平台等功能,创立于 2013 年。它能免除繁杂的开发环境部署并节省成本,帮助软件开发者提高生产效率。截至 2017 年,"码云"已累计超过 70 万开发者,承载超过 100 万个项目,已然成为国内颇具影响力、活跃专业的代码托管平台。招聘板块是依托开源中国社区创立的一个为 IT 技术人员提供求职招聘服务的垂直领域平台，它基于开源中国社区 10 年的积累数据，旨在为程序员、开发者、企业构建高效交流与联系机制，能在求职者允许的情况下，自动将简历与求职意愿推荐给 HR。众包板块于 2015 年 9 月 15 日正式上线，能让传统企业、政府机构、初创团队更机动灵活地处理中短期软件开发需求，也让优秀的开发者能够轻松地塑造自己的品牌，目前，已发展成为共享经济下的软件发布、项目发包接包、悬赏开发、雇佣开发者的服务平台。

二、发展特点

（一）政策特点

政策环境不断优化。2017 年，中国政府对开源的认识进一步提升，对开源软件发展的政策支持力度在不断加强。《信息产业发展指南》明确提出："支持企业联合高校、科研机构等建设重点领域产学研用联盟，积极参与和组建开源社区"，"支持开源、开放的开发模式"，重点推进云操作系统等基础软件产品的研发和应用。《软件和信息技术服务业发展规划（2016—2020 年）》中提到："发挥开源社区对创新的支撑促进作用，强化开源技术成果在创新中的应用，构建有利于创新的开放式、协作化、国际化开源生态"，"支持建设创客空间、开源社区等新型众创空间"，要实施软件"铸魂"工程，重点"构筑开源开放的技术产品创新和应用生态"。这些表述充分说明，开源软件是未来中国软件和信息技术服务业的持续快速发展的重点，也是不断提升中国信息技术创新水平的一个重要基础。

（二）应用特点

随着企业与个人参与开源运动的热情的显著提高，我国开源软件的应用程度与范围不断加深加大。2017 年，国内软件行业的整体发展愈发成熟，软件正版化工作不断推进，考虑到运维成本与企业自身发展需求，不少企业纷纷开始尝试开源软件，用以取代传统商业软件，开源软件市场份额得到较大提升。在高科技企业方面，利用开源软件可帮助企业构建符合自身需求的、灵活的基础信息体系，从而稳步提高运营效率。与此同时，开源软件使用协议能让企业避免遭受其他商业软硬件公司的制约，让企业在发展中拥有更多的自主权，这种情况在移动互联网、云计算、大数据等新一代信息技术领域中尤为多见，企业利用开源软件来构建基础信息服务能力，通过软件集成向用户提供个性化的服务。在人工智能领域，开源技术甚至已成为促进其发展的主要推手，例如，百度自主研发的 Paddle 框架，已成为继 TensorFlow、Caffe 之后又一具有行业影响力的深度学习算法框架。在基础软件领域，国产桌面/服务器/智能终端操作系统凭借开源的 Linux 内核，实现了向国际企业的快速追赶。例如，目前国内广泛收获好评的 MIUI 与 YunOS，均是基于 Linux 开发或定制。与此同时，由于我国企业参与开源项目的经验正逐渐累积，利用开源软件促进企业发展的模式渐渐明晰，这又反过来进一步刺激了我国企业回馈开源项目的力度与积极性。

（三）生态特点

我国开源生态加速成熟，各界对开源的理解不断加深。2017 年，我国开源软件发展生态正处于从量变推动质变的关键时期，在各社会和政府各方努力下，我国开源爱好者、参与者、应用者对开源软件的认识也在不断提升，对开源的模式、理念、趋势有了更加准确的把握，这主要体现在以下两个方面：一方面，越来越多的开源从业者意识到，开源社区是推动整个开源软件发展的最大主体。因此社区建设力度得以不断加大，企业对社区的参与与扶持也明显增加，阿里巴巴、华为、腾讯、百度等骨干企业成为其中的典型代表。它们培育的社区文化已成为近年来我国开源软件发展的最大亮点，同时也让我国开源社区的服务功能大幅提升。正是由于科技巨头的持续参与，让开源软件增强了对从业者、开发者的吸引力，有效汇集了更多的国内外开源力量。另一方面，国内对开源软件协议的理解不断加深，对协议的遵守与重视情况明显好转。一直以来，国内的开源软件开发者、应用者对于开源软件协议的理解与重视程度不够，极大损害了我国在开源领域的国际声誉。当前，有越来越多的业内专业人士开始关注我国在开源软件领域内的协议遵守情况，从业者的自我约束与对开源协议的理解尊重在不断增强。

第十二章　区　块　链

区块链（Blockchain）是通过去中心化的方式，由多个网络节点集体维护一个分布式数据库的技术方案。数据存储在区块中，区块按时间顺序先后生成，每个区块中包含了过去一段时间内网络上所有交易信息，区块与区块相连成链条构成区块链。

从技术角度看，区块链是在点对点网络上构建一个分布式数据库系统，利用非对称加密算法对每一个区块进行加密，区块相连形成区块链。从货币角度看，区块链数字货币系统的分布式共享账本系统，一段时间内的账务交易信息被加密打包成一个区块，区块顺序相连形成账本系统。从互联网经济角度看，区块链是网络空间中各类互联网资产的分布式管理系统，一段时间内任何数字化、智能化的资产的注册、存储和交易被加密打包成区块，区块相连形成分布式资产管理系统。

按使用权限和认证方式，区块链可分为公有链、私有链和联盟链三类。公有链是指所有参与节点按照系统规则自由接入网络，节点间通过共识机制参与区块链组织结构。公有链提倡去中心化，用以构建全球价值网络的支撑平台，其极端形态有可能会发展为借鉴区块链思想的下一代互联网。私有链是指只有被授权的部分节点才能参与发布区块的一种组织形式。私有链中每个节点的权限不同，通常建立在某个组织内部，并根据组织要求设定系统运行规则，保留了区块链的部分去中心化特性。联盟链介于公有链和私有链之间，通常由若干机构联合发起，是指只有被验证的节点才被允许发布区块的一种组织形式，被验证后的节点具有完全对等的权限，可在非完全互信的情况下实现数据的可信交换。联盟链可能被应用到未来各个行业，或者在某一行业内部存在多条联盟链。

一、发展情况

（一）产业规模

区块链所涉及的主要产业领域为软件和信息技术服务，大多数的区块链技术提供商可以提供区块链相关的软件产品和信息技术服务如系统集成等。但围绕比特币等数字货币的产生和交易，可以衍生出包括芯片、矿机、钱包、交易平台、信息服务等诸多产业形态。

从产业结构上来看，区块链产业可以分为三个层次。第一层为底层技术及基础设施层，包括了底层的区块链基础协议以及相应的硬件设备等，如公有链开发及运行商、比特币矿机制造商、区块链路由器提供商等。第二层为通用技术扩展层，主要是在底层平台上进行技术扩展，从而让区块链更加易用，相关的业务形态包括了高速计算、智能合约、信息安全、数据服务、BaaS、防伪溯源等。第三层为行业应用层，主要是将区块链技术与行业应用场景相结合，提供面向行业应用的解决方案，如金融、娱乐、物联网、医疗、能源等。

从产业规模上来看，2017 年，全球区块链产业形态不断成熟，产业结构持续完善，在资本的助推下产业规模持续增大。根据行业情报公司Reportbuyer公布的报告，2017 年全球区块链市场规模达到 4.12 亿美元，到 2022 年将达到 76.84 亿美元，年均增长率达到 79.6%。根据赛迪智库的初步测算，2017年我国区块链核心产业规模约为 7 亿元，此外，相关硬件设备产业规模接近150 亿元，关联服务产业规模约为 25 亿元，预计未来五年，我国区块链核心产业规模增速将超过 100%。

伴随区块链技术的不断成熟和资本市场的热捧，2017 年我国区块链行业成为吸引人才、企业、资金等产业要素的主要领域，区块链企业加快成立与发展。根据天眼查得到的统计数据，截至 2017 年 12 月 29 日，我国区块链行业相关注册公司达到 3862 家，其中，广东注册的区块链企业最多，占比超过60%，西藏最少，仅有一家。根据中国区块链生态联盟统计的数据，截至2017 年 11 月，我国从事区块链相关业务的公司数量为 361 家，其中北京最多，达到 67 家。从区块链行业应用来看，涉及金融区块链技术服务的企业数量最多，为 115 家，其他主要涉及领域包括了电子认证、供应链、身份认证、物联网、网络安全等。从企业成立时间上来看，65% 以上的企业均为 2017 年新成立的。

区块链的快速发展深刻影响着传统互联网企业，2017 年，百度、阿里、腾讯等互联网科技企业均加大了在区块链领域的布局，积极加入相关组织并布局相关业务。例如，2017 年 10 月，百度金融加入 Linux 基金会旗下超级账本（Hyperledger）开源项目，并成为该项目核心董事会成员，推动全球区块链技术开源标准制定。2017 年 3 月，阿里巴巴与普华永道达成了跨境食品溯源互信框架的合作，将通过区块链等新技术建立透明可追溯的跨境食品供应链，发展更为安全可信的食品市场。2017 年 4 月，腾讯研究院正式发布腾讯第一份区块链方案白皮书，依托区块链技术探索开展支付与金融应用的腾讯互联网金融业务。

（二）产业环境

与传统企业融资渠道单一不同，在区块链项目及企业发展中可采用首次代币发行（ICO）来获得融资，其主要特点是融资标的为加密代币，参与融资方获取到的也是加密代币。根据统计，在 2017 年上半年，全球区块链行业 ICO 融资总额达到 8.33 亿美元，远高于 VC 融资额（3.42 亿美元）。下半年，大量的 VC 机构开始直接投资区块链项目的 ICO，ICO 成为了 VC 参与区块链行业发展的重要投资途径，此外，越来越多的区块链专项基金在下半年大量成立，并将资本迅速地投入到区块链项目中。根据 Coindesk 发布的数据，2017 年全年 ICO 总额达到 37 亿美元，其中 9 月份是全年中 ICO 融资额最高的月份。从 ICO 项目类别来看，区块链基础设施依然是 ICO 项目的主要方向，其他方向包括了交易与投资、金融、支付、数据存储等。

在政策支持方面，我国国家和地方政府都高度重视区块链产业的发展，出台了一系列的政策文件。2017 年 6 月，贵阳市印发《关于支持区块链发展和应用的若干政策措施（试行）》，文件从主体支持、平台支持、创新支持、金融支持和人才支持五个方面以量化指标的形式明确了对从事区块链创新研究的企业和个人进行扶持的标准。2017 年 12 月，广州黄埔区、广州开发区率先出台广东省内首个区块链产业扶持政策——"区块链 10 条"。根据统计，截至 2017 年 12 月，国内共有浙江、江苏、贵州、福建、广东、山东、江西、内蒙古、重庆等 9 个省、自治区和直辖市发布围绕区块链的指导意见，多个省份已经将区块链列入"十三五"战略发展规划。

表 12 - 1　区块链相关政策统计表

主体	日期	相关文件名称
国务院	2016.12	"十三五"国家信息化规划
国务院	2017.7	新一代人工智能发展规划
国务院	2017.10	关于积极推进供应链创新与应用的指导意见
工信部	2017.1	信息产业发展指南
工信部	2017.1	软件和信息技术服务业发展规划（2016—2020 年）
贵阳市	2016.12	贵阳区块链发展和应用白皮书
南京市	2017.3	南京市"十三五"金融业发展规划
杭州市西湖区	2017.5	打造西溪谷区块链产业园的政策意见（试行）
宁波市	2017.5	宁波市智能经济中长期发展规划（2016—2025 年）
贵阳市高新区	2017.5	促进区块链技术创新及应用示范十条政策措施（试行）
杭州市	2017.6	关于加快推进钱塘江金融港湾建设的实施意见
贵阳市	2017.6	支持区块链发展和应用的若干政策（试行）
南京市	2017.7	关于加快科技金融体系建设促进科技创新创业的若干意见
青岛市市北区	2017.7	关于加快区块链产业发展的意见（试行）
赣州市经开区	2017.7	"区块链金融产业沙盒园"发展扶持政策（试行）
江西省	2017.9	江西省"十三五"建设绿色金融体系的规划
深圳市	2017.9	扶持金融业发展若干措施
重庆市	2017.11	关于加快区块链产业培育及创新应用的意见
黄浦区、广州开发区	2017.12	促进区块链产业发展办法

数据来源：公开信息、巴比特、赛迪智库，2018 年 1 月。

（三）应用创新

目前为止，金融领域是区块链技术介入最多，也是需求最大的一个领域。在金融企业和科技企业的共同努力下，2017 年，我国金融区块链应用逐步展开，Fintech 成为金融界产品及业务创新的主要方向，区块链在企业内部的部分业务领域已经开展一些探索和尝试。据不完全统计，国内银行业已有农业银行、邮储银行、招商银行、光大银行、微众银行等推出基于区块链的金融应用，涉及资产托管、跨境清算、公益捐款、联合放贷等方面，还有多家银行仍在研究区块链应用，但尚未发布产品。在跨境支付与汇款领域，2017年，我国银行正在积极探索基于区块链的跨境支付系统，招商银行通过区块链技术改造的跨境直联清算已经落地，微众银行等其他金融机构正在积极推动区块链应用到跨境业务领域。2017年3月，招商银行通过首创的区块链直联跨境支付应用技术，为前海蛇口自贸片区注册企业南海控股有限公司通过永隆银行向其在香港同名账户实现跨境支付，是我国首笔的区块链跨境支付业务。在资产管理领域，2017年，我国银行已经关注到区块链在资产托管中的巨大价值，部分银行已经上线了基于区块链的资产托管业务系统，此外，区块链技术服务企业数字资产管理的相关业务也在顺利开展。根据公开信息，2017年1月，中国邮政储蓄银行宣布推出基于区块链的资产托管系统，该系统选取了资产委托方、资产管理方、资产托管方、投资顾问、审计方五种角色共同参与的资产托管业务场景，实现了托管业务的信息共享和资产使用情况的监督。在供应链金融领域，2017年，通过行业企业与区块链技术服务企业的合作，一批基于区块链的供应链金融服务平台相继启动或上线，成为我国供应链金融业务创新的重要方向。例如，布比与互联网金融平台钱香合作共同打造基于区块链技术的黄金珠宝终端供应链金融平台，点融网和富士康集团旗下金融平台富金通合作推出了一个名为"Chained Finance"的区块链金融平台。

区块链是我国医疗行业创新发展的一个重要关注点，在地方政府和行业领军企业的共同努力下，一批专门面向医疗行业的区块链应用平台相继启动。代表性的项目包括阿里健康与江苏常州市合作推动的"医联体＋区块链"试点项目以及佛盈盘古与佛山禅城区共同启动建设的禅城区"互联网＋"医疗平台。从整体应用态势来看，医疗领域区块链应用还处在刚刚起步阶段，部分合作项目停留在预研、设计阶段。

在全球首个电子存证区块链联盟"法链"的推动下，我国电子存证领域区块链应用快速发展，在多个细分领域涌现出了一批应用案例，例如法大大联合阿里云邮箱推出了基于区块链技术的邮箱存证产品、众签科技与中证司法鉴定中心合作推出了"存证云"司法鉴定平台、北京合链共赢科技开发的文档存证系统等。

在慈善领域，区块链基础产品研发取得一定突破，互联网企业基于区块链的慈善平台已经上线，区块链应用正在逐步展开，并不断取得进步。产品研发方面，善圆科技设计研发了慈善组织联盟链。互联网平台方面，蚂蚁金服已经将区块链技术应用于支付宝爱心捐赠平台，壹基金、中国红十字基金会等知名公益机构的公益项目已经在该平台中上线，部分项目实现了实时账目公示。

在政务应用方面，由于我国各地政府信息化发展水平不一，对区块链等新兴信息技术的应用理解有限，仅有佛山、贵阳等地在积极探索开展区块链政府服务应用，其中佛山禅城区区块链政务应用已经率先落地。2017年6月，广东省佛山市禅城区推出"智信城市"计划，这是基于区块链技术的创新应用成果，属于全国首个探索区块链政务应用的县区。

区块链在我国征信领域的应用已经受到了业界的高度关注，行业组织也相继成立，在区块链技术服务公司和征信企业的共同推动下，区块链征信平台的研发取得了一定成果，部分平台已经开始上线运营。如银通征信旗下的云棱镜、公信宝（杭州存信数据科技有限公司）都在开发基于区块链技术的征信平台，解决行业数据交换难题，而甜橙信用（天翼征信有限公司）与布比（北京）网络有限公司打造的国内首个区块链征信平台也积极建设中。

二、发展特点

（一）政策特点

政策方面，区块链及其相关产品的政策存在典型的二向性。在数字货币及ICO领域，我国已经明确将ICO全面禁止，来规范整个区块链代币市场。2017年9月，我国互联网金融风险专项整治工作领导小组办公室向各省市金融办（局），发布了《关于对代币发行融资开展清理整顿工作的通知》整治办函〔2017〕99号，全面叫停国内ICO项目，规范了我国民间数字货币市场。一个月之后，我国所有的数字货币交易市场全面关停。这些举措，一方面让数字代币的交易和管理更加规范，引导市场资金转向实体经济；另一方面，全面打压了我国部分企业或团队借助区块链概念的炒作及诈骗，规避大量金融分险。而在区块链技术创新和产业发展领域，国家相关部委及地方政府则高度重视，出台了一系列政策文件以支持区块链的产业发展。例如，在国务院发布的《"十三五"国家信息化规划》中，将区块链技术同人工智能、虚拟现实一起列为需超前布局的战略性前沿技术，提出要加强基础研发和前沿布局。而包括浙江、江苏、贵州等多个省市也将区块链产业作为其抢占未来信息产业发展制高点的重要方向。

（二）企业特点

企业方面，行业巨头纷纷加快区块链领域的布局与发展。随着区块链技术和应用的不断深入，我国行业企业和 IT 领军企业纷纷加大了对区块链的投资力度，力争抢抓区块链创新发展的时代机遇，呈现出两个突出特点。一是区块链领域的创新型企业数量大幅提升。根据统计，我国开展区块链相关业务的创新型企业中 60% 以上都是 2017 年新成立的，可见，区块链的创业市场在 2017 年实现了大爆发，大量的新企业不断涌现，为产业发展带来新的活力。二是与之前金融机构纷纷涉足区块链领域不同，2017 年，以互联网企业为代表的 IT 企业成为了区块链产业创新的重要力量，我国百度、阿里、腾讯等企业加快了在区块链领域创新的步伐。特别是腾讯，在 2017 年上半年就发布了区块链方案白皮书《可信区块链 TrustSQL》，指出要同合作伙伴一道推动可信互联网的发展，构建区块链共赢生态。至 2017 年底，更多的 IT 企业开始涉足区块链领域，有的在着力开展区块链技术研究和产品研发，有的则开发了各种基于区块链的数字货币产品，例如迅雷开发了可以挖取玩客币的玩客云智能硬件。

（三）应用特点

应用方面，区块链行业应用仍处在探索期，呈现出概念火热、应用起步的基本特点。综合来看，当前我国区块链行业应用仍处在起步阶段，形成的应用产品有待成熟，建设的应用平台还需实际落地。分行业来看，区块链在各个行业应用中的差异性较大，金融等信息化发展水平相对较高的行业在区块链应用中走在前列，而工业、农业等传统行业中区块链应用场景还有待挖掘。具体来看，金融领域是我国区块链技术应用最为活跃的领域，在数字货币、跨境支付、资产管理、供应链管理等方面已经形成了一批能够开展实际业务的新产品，市场应用正逐步展开；在电子存证和公益慈善领域，区块链技术的应用已经形成了较多的成果，取得了阶段性的成果；在医疗服务、政府管理、交通物流、现代征信等领域，尽管很多企业已经在关注和开展区块链的行业应用，但由于产品研发和平台建设需要一定的时间，成熟的产品和平台相对较少，行业应用水平相对较低。

区域篇

第十三章 环渤海地区软件产业发展状况

环渤海地区是我国软件产业发展三大集聚区之一，包括三省两市一区（北京、天津、河北、山东、山西和内蒙古），汇聚了数量众多的软件百强企业、规划布局内重点软件企业和互联网百强企业，区域内主要囊括中关村软件园、齐鲁软件园、青岛软件科技城等重要软件产业集聚区，科创基础好、产业资源丰富、综合配套能力强，软件业发展状况良好。

一、整体发展情况

（一）产业收入

2017 年 1—11 月，环渤海地区软件业务收入总计为 12034 亿元，相比上年同期的 10557 亿元，增长 13.77%，增速延续上年的平稳态势，但略低于全国总体 14.5% 的增速，占全国软件业务收入的比重为 24.55%，与上年比持平。

分省市情况看，2017 年前 11 个月，北京市实现软件业务总收入 6276 亿元，较上年同期增长 12.5%；山东省实现软件业务收入 4420 亿元，同比增长 12.9%；天津市实现软件业务收入 1137 亿元，同比增长 11.3%。上述三个省市软件业务合计收入占本地区比重高达 98.3%，集聚态势明显。而另外三省区的总体规模较小，占比极少。河北省实现软件业务收入 187 亿元，同比增长 5.3%；山西省实现软件业务收入 18.7 亿元，实现同比增长 36.2%；内蒙古实现软件业务收入 27 亿元，同比下降 0.1%。2017 年 1—11 月，全国软件业务收入前十位省市中，环渤海地区的北京和山东，分别位居第三位和第四位，位次与上年相同。

（二）产业结构

2017 年 1—11 月，环渤海地区软件产品总收入为 4156 亿元，较上年同比增长13.72%，在所有细分领域中占全国比重最高，达到27.7%；另外两个分项信息技术服务收入和嵌入式系统软件收入分别为6842亿元和1067亿元，占全国比重分别为25.9%和13.9%。从区域内软件产业整体发展情况来看，软件产业服务收入所占比重为56.8%，信息技术服务化特征十分明显，软件产品收入和嵌入式系统软件收入占比分别为34.5%和8.8%。

（三）企业情况

截止到2017年11月，环渤海地区共聚集8072家软件企业，与上年同比增加5.4%，占全国软件企业总数的22.8%。软件企业实力不断增强，企业单体规模进一步增长，从2016年的1.31亿元提高至目前的1.49亿元，比全国1.38亿元的平均水平高出7.9%。

二、产业发展特点

（一）龙头骨干企业及中心城市引领态势明显

在环渤海地区，中心城市集聚了大量的软件龙头企业，形成了区域内中心城市的吸纳集聚效应，对产业的带动引领作用日趋明显。2017年1—11月，北京软件业务收入占环渤海地区收入比重为52.14%，天津软件业务收入占比为9.45%，济南软件业务收入占比为17.89%，青岛软件业务收入占比为14.97%，四地合计占比为94.45%。产业区域的集中将会带来整体运营成本的下降、协同效应的提升、创新环境的优化以及投融资的便利，也将促进区域内人才流动和产业外溢效应的增加。毫无疑问，作为全国三大软件集聚区的环渤海区域已经形成了点状分布的中心城市产业集群，这将有序形成区域内以点带线、以线带面的整体协同效应，不仅促使软件产业本身升级发展，也会使得相关产业充分受益。从北京来看，全市共有33家企业进入中国软件业务收入前百家企业名单，入选数量位居全国首位，入选企业实现软件业务收入1042.8亿元，占全国软件百家企业总收入的17.4%，占全市软件业务收入的19.2%。全市共有28家企业入选中国互联网企业百强榜单，且榜单前20位中有11家北京企业。国家安全可靠系统集成重点企业6家，占全国的75%。企业投融资活动众多，并购成为企业扩大业务布局、获取技术和人才资源、降低交易成本、实施品牌战略的重要手段。

（二）京津冀区域内联合创新格局加速形成

在环渤海区域，北京逐渐成为京津冀软件和信息服务业的产业辐射中心，辐射作用增强，在京津冀协同发展背景下，三地联合技术创新格局加速形成。在京津冀软件产业协同发展中，将形成"1+2+4"的产业格局。即：北京中关村作为核心区域，天津滨海新区和武清将作为重要拓展区，河北张家口、廊坊、承德和秦皇岛将作为四个重点功能区。中油瑞飞、国电通、天融信、超闪等一批代表企业走在了京津冀三地联合创新的前列。

京津冀三地不断加强产业协同，在云计算、大数据、北斗导航等领域取得阶段性成果。如：总投资200亿元的阿里巴巴集团张北数据中心1号园区、2号园区两个项目正式投入运营；三地打造全球大数据产业创新高地，正式启动了大数据综合试验区建设。大数据产业协同发展投资基金设立，建设大数据协同处理中心和应用感知体验中心；三地共同发布《京津冀协同推进北斗导航与位置服务产业发展行动方案（2017—2020年）》。

北京市围绕京津冀协同发展，充分发挥全国科技创新中心的引领作用，加速产业要素流动，强化科技创新对转型升级的支撑，促进区域创新链、产业链、资源链、政策链的深度融合，推动构建京津冀协同创新共同体，释放出巨大的协同创新活力。2017年12月，北京市印发《北京市加快科技创新发展软件和信息服务业的指导意见》，提出促进京津冀协同创新，辐射引领全国创新发展。

天津市把握京津冀一体化发展机遇，逐步实现了定位明确、分工协作、互补配套的集约发展模式，产业布局初步形成了以滨海新区为龙头的软件产业核心区，以周边区县软件园为主体的软件产业辐射区和以中心城区商务楼宇为核心的软件产业特色区。其中，滨海高新区成功列入国家新型工业化示范基地（软件和信息服务业）。天津通过发挥京津中关村科技新城等京津合作示范区的作用，积极吸引北京优秀软件资源，打造京津冀软件产业创新成果转化承接地和中国北方软件产业聚集新高地。围绕智慧化、信息化方向，积极承接北京优势资源溢出，重点发展两化融合行业应用软件，推进宝坻智慧云产业数据中心的建设，发展生产性服务业。积极打造京津冀创新共同体，引导和鼓励京津冀三地软件企业、科研院所等加强联合攻关。

河北省重点打造张北、承德、廊坊、秦皇岛等地的云计算、大数据产业基地，形成信息技术服务新优势。廊坊积极承接驻京国家机关事业单位、金融保险机构等数据存储业务；张北建设"同城双活云服务中心"，建成京津冀地区乃至全国的京津冀主云存储基地和国家绿色数据中心示范基地；承德在推进大数据产业应用方面重点发展大数据挖掘分析、智能仪器仪表产业，建设了集电子政务和电子商务于一体的京津冀智慧大数据旅游服务平台；秦皇岛大力发展安防电子、医疗电子等大数据服务业，重点开展云计算大数据应用软件的研发。

（三）新兴产业集聚效应显现

环渤海地区在区位、人才、产业基础等方面具有天然优势，以云计算、大数据、移动互联网、物联网为代表的新兴产业获得了长足发展。国家发展改革委、工信部和中央网信办联合批复了第二批 7 个国家级大数据综合试验区，其中京津冀和内蒙古两大综合试验区均处于环渤海地区，京津冀属于跨区域类综合试验区，内蒙古属于大数据基础设施发展类综合试验区。

依托三地各自产业发展特色和比较优势，京津冀大数据综合试验区重点打造以中关村数据研发—张北数据存储—天津数据装备制造互联互通的"京津冀大数据走廊"。充分发挥张家口市、廊坊市等地气候和空间优势，推进数据中心、呼叫中心建设，打造有效衔接的产业链布局。积极运用互联网思维和技术促进产业融合发展，共建网络基础设施、共享要素资源，构建京津冀信息经济发展带。以数据流引领技术流、资金流、人才流，着力加强大数据要素流通，支撑跨区域公共服务、社会治理和产业转移，打造三地协同发展和一体化发展的格局。

内蒙古作为当前唯一获批建设的大数据基础设施统筹发展类综合试验区，将重点聚焦大数据基础设施建设，依托能源、气候、地质等优势自然资源，加大资源整合力度，突出绿色集约发展理念，加强与东、中部及应用优势地区合作，实现跨越发展。内蒙古每年将安排 5 亿元资金，重点支持大数据基础信息资源库、公共服务平台、关键技术攻关、产业链构建、人才培养等项目，并给予企业税费、用地、电价、人才引进等优惠政策扶持。

三、重点省市发展情况

（一）北京

1. 总体情况

北京市作为全国的政治中心、文化中心和国际交往中心，拥有得天独厚的教育资源、科创资源和企业总部资源，集聚了大量国内外软件企业总部及核心研发机构，形成了产业各环节协同发展的全产业链式发展模式。近年来，北京软件业务收入规模稳居全国第三，软件和信息技术服务业逐步向产业链高端延伸拓展。2017 年 1—11 月，北京市软件和信息技术服务业实现收入 6275 亿元，同比增长 12.5%。其中，软件产品实现收入 2229 亿元，同比增长 13.4%；信息技术服务实现收入 3934 亿元，同比增长 12.1%；其中运营服务实现收入 1811 亿元，同比增长 24%，集成电路设计实现收入 39.4 亿元，同比增长 11%；嵌入式系统软件实现收入 111.05 亿元，同比增长 8.5%。

2. 发展特点

立足科创资源、人才资源、产业基础等优势，北京市软件产业发展良性增长，以软件和信息技术服务创新信息社会建设的"大应用系统、大应用方案、大应用技术"格局初步打开，以云计算、大数据、人工智能、移动互联网等新一代信息技术领域研发创新热度不减，成果丰富。

产业基础雄厚，政策环境良好。北京既是全国软件产品和技术创新的集聚地，也是软件行业骨干企业、高成长企业的集聚地。北京地区的企业在中国软件和信息技术服务综合竞争力百强、中国软件业务收入前百家等榜单中均处于全国领先地位。另外，在 2017 德勤高科技的高成长企业榜单中，北京 9 家入选企业中，有 7 家为软件企业。2017 年 12 月，北京市一次性出台了 10 份关于加快科技创新构建高精尖经济结构的系列文件，其中《北京市加快科技创新发展软件和信息服务业的指导意见》提出，到 2020 年，软件和信息服务业在全市经济发展中的支柱地位不断巩固提升，具有国际竞争优势的产业生态体系基本形成。

产业结构优化升级，实力不断增强。产业链优势环节突出，产业结构从以行业应用软件为主升级到行业应用软件和信息技术服务的共同推进。行业应用软件和信息技术服务已超过全行业收入的60%，行业应用软件延伸为以系统集成为核心的信息技术服务产业链。企业创新能力显著提升，国际竞争能力明显增强。

产业区域特色明显。海淀区软件和信息服务企业最多，是软件创新创业最为活跃的地区；朝阳区强化科技服务能力，引进阿里巴巴等企业，成为跨国总部的聚集区；东城区和西城区信息传输业、石景山区文化创意和游戏动漫产业、亦庄开发区着力发展云计算、门头沟区建设中关村人工智能产业园等。上下游配套、大中小企业协同发展以及以专业基地为载体的空间集聚态势突出，形成全市共同发展软件和信息服务业的局面。

新型产业生态圈逐步形成。以用友、神州数码等为代表的行业应用和系统集成企业进入转型恢复期，通过云计算、大数据实现自身产业的升级，同时布局互联网金融、企业互联网等新兴领域，打开成长新空间；以百度、京东、搜狗等为代表的传统互联网企业处于战略调整期，向人工智能转型；以猎豹移动、58同城、完美世界、陌陌等为代表的内容生态成为行业变革的一大重点；以美团、滴滴、今日头条等为代表的独角兽企业成为O2O、分享经济、信息分发领域的领军者。

（二）山东

1. 总体情况

近年来山东省软件产业持续保持快速发展，产业区域分布合理，省内重点城市、园区和龙头企业支撑带动作用显著，业已形成了软件产业"名城、名园、名企、名品"协同发展的良好态势。2017年，山东省软件产业继续快速发展，1—11月全省软件业务收入4420亿元，同比增长12.9%，低于全国平均水平1.6个百分点。其中，软件产品收入1581亿元，同比增长10.5%；信息技术服务收入2086亿元，同比增长14.5%，其中运营服务收入541亿元，同比增长12.6%，集成电路设计收入173亿元，同比增长15.2%；嵌入式系统软件收入752亿元，同比增长14.1%。

2. 发展特点

产业综合实力持续提升。软件产业自主可靠、安全可靠工作稳步推进。浪潮、中创连续进入全国自主品牌软件十强名单，先后承担了多个国家"核高基"科技重大专项。浪潮通软、中创软件、东方电子等 8 家企业通过 CMMI（软件能力成熟度）5 级评估。全省共培育 76 家省级软件工程技术中心。齐鲁软件园荣获 2017 年中国最具活力软件园称号，浪潮集团有限公司建设的大数据应用众创空间成功入选第二批 33 家国家专业化众创空间。

政策软环境不断优化。2017 年 11 月，工信部和山东省就青岛市创建中国软件名城工作共同签署了合作备忘录，标志着青岛市"中国软件名城"创建工作正式进入试点阶段，成为《中国软件名城创建管理办法（试行）》发布后全国首个中国软件名城创建试点城市。济南获批建设国际互联网数据专用通道，专用通道将建设从齐鲁软件园、济南高新技术创业服务中心、济南综合保税区、汉峪金谷、创新谷等产业集聚区，到我国互联网国际关口局的直达数据链路，建成后国际专用出口带宽将达到 80G，大幅提高国际互联网访问性能。山东省经信委、财政厅、中国保监会山东监管局联合发布《关于支持首版次高端软件加快推进软件产业创新发展的指导意见》，鼓励保险公司以软件首版次质量安全责任保险等推动高水平国产软件和信息技术服务尽快进入市场，省财政将对符合条件的高端软件投保保费给予补贴。2017 年青岛市经济信息化委加快完善常态化产学研合作机制，通过搭建平台、专家对接、新产品新技术发布等措施，促成合作项目 50 余项，拓展了合作领域和渠道，加速了技术创新成果规模化应用。威海市发布《威海市软件产业发展专项资金管理办法（试行)》，通过财政引导设立市级软件产业发展专项资金，引导、扶持软件产业加快发展。

第十四章　长江三角洲地区软件产业发展状况

长江三角洲地区主要包括上海市、江苏省和浙江省，是中国软件和信息技术服务业最发达的地区之一，新兴的软件产品和新型的软件服务不断涌现，为推动我国软件产业的持续升级和软件向各行各业的融合渗透作出重要贡献。

一、整体发展情况

总体来看，长三角地区软件和信息服务业发展较快，软件和信息服务业发展动力强劲，产业收入不断提升。在长三角地区软件和信息服务业较为成熟，产业格局持续完善，创新动能加速汇集，企业业务实现互补发展。在龙头企业的带动下，大量的中小型创新企业不断成长，为产业持续健康发展提供丰富活力。

（一）产业收入

长江三角洲地区软件业增长领先全国水平，部分城市增速突出。2017年1—11月，长江三角洲地区软件业务收入15775亿元，同比增长13.1%。长三角地区软件业务收入占全国软件业务总收入比例为31.1%，比上年同期回落1.2个百分点。南京、上海和杭州作为三大中国软件名城，是长三角地区软件产业最发达的城市，此外，苏州、无锡、宁波、常州等城市也正迅速崛起，发展速度不断加快，已经形成与上海、南京、杭州梯队互补的发展格局。

（二）产业结构

2017年1—11月，长三角地区软件产品总收入为4261亿元，占全国软件产品总收入28.4%，较上年同期29.5%的占比回落1.1个百分点；信息技术服务收入8188亿元，占全国信息技术服务总收入的31%，较上年同期30.5%的占比提高0.5个百分点；嵌入式系统软件收入为3325亿元，占全国嵌入式系统软件总收入的43.6%，较上年同期43.4%的占比略微提高0.2个百分点。

从软件产业三大细分领域来看，长三角地区软件产品的收入有所下降，信息技术服务收入和嵌入式系统软件收入均表现出较小幅度的增长。

（三）企业情况

2017 年 1—11 月，长三角地区软件企业数量为 8510 家，较上年同期统计的 12700 家减少了 4190 家，企业总数占全国软件企业总数的 30.2%。长三角地区软件企业的单体规模达到了 1.85 亿元，较上年同期 1.1 亿元大幅提升，比全国平均水平 1.38 亿元明显高出 33.7%。可以看出，长三角地区软件企业整体规模较大，企业综合实力远高于全国平均水平。

二、产业发展特点

（一）产业集群效应明显

长江三角洲地区软件和信息服务业产业集聚度高，重点城市、园区成为产业发展的主力军，在龙头企业、重点区域的带动下，产业集群效应逐步凸显，产业体系趋于完整，产业生态逐渐完善。从江苏省来看，2017 年 1—6 月，苏南的南京、苏州、无锡、常州、镇江 5 市合计完成软件收入 4087 亿元，占全省业务总收入的 93.1%，比上年同期上升 0.8 个百分点。从浙江省来看，杭州、宁波等大力推进软件产业集聚发展，引领全行业增长。1—10 月杭州实现软件业务收入 2981.7 亿元，同比增长 18.5%，占全省比重 84.8%；宁波实现软件业务收入 408.6 亿元，同比增长 12.0%，占全省比重 11.6%。从上海市来看，着力布局"一中四方"的产业园区新格局，重点围绕三个"200 万平方米"开展工作，4 个国家级软件产业基地，6 个市级软件产业基地，以及一批特色产业基地，集聚了全市 70% 的软件企业，形成了"4 + 6 + X"的产业布局。

（二）人才创新能力突出

软件和信息技术服务业是知识技术密集型产业，人才是关键。在长三角地区，产业的聚集也带来了智力资源的汇聚，为本地区产业快速发展带来极大的助推力。从江苏省来看，以南京大学、中南大学等高等院校为主，各大企业研究院为辅，构成了一整套人才培养体系，江苏省为支持软件产业发展特别设立了软件奖学金，鼓励高等院校培养优秀的软件专业学生。在浙江省，浙江大学培养了大量的产业人才，随着龙头企业的不断发展，企业提供的优厚待遇也吸引了大批科技人才汇集浙江。在上海，不仅有复旦大学、上海交通大学、同济大学等优秀高等院校，成熟的国际化人才交流体系也为上海产业发展注入大量活力。

（三）信息服务特征明显

从全球软件产业发展来看，软件的基本属性正从产品走向服务，基于软件平台的服务是未来软件产业发展的重要趋势和必然选择。经过多年的发展，长三角地区软件产业规模不断增大，产业格局不断完善，模式演进持续进行，服务化、融合化趋势愈加明显。以浙江省为例，2017 年 1—10 月，全省实现信息技术服务收入 2129.8 亿元，同比增长 25.8%，高出全行业增速 7.8 个百分点，其中电子商务平台技术服务收入 1196.2 亿元，占全部服务收入的 56.2%。软件服务收入占比持续稳定，占比达到 60.6%，对全省软件业务收入的贡献率达到 81.5%，拉动全行业增长 14.7 个百分点。软件信息技术服务的强劲增长，将进一步激发信息消费市场的生机活力，带动信息消费规模快速发展。

（四）行业协同效应凸显

长三角地区是我国最早发展的重点区域，江苏省、浙江省和上海市等地的总产值占到全国总产值的四分之一，有望成为世界第一超级经济区。各产业的不断进步使得该地区软件的应用需求非常旺盛，在江苏省，汽车、机械、电力等行业为软件产业的发展带来巨大的市场，工业软件、嵌入式软件成为产业发展的重点。在浙江省，快速成长的互联网企业和文创企业促进了软件产业的创新发展，产业发展蕴含巨大的潜力。在上海市，金融业等行业的高度创造出大量的应用需求，大数据等新兴技术的发展推动着传统软件产业的转型加速。同时，上海市、江苏省、浙江省根据自身优势，因地制宜发展园区经济，形成了优势互补的良好发展态势。上海充分发挥其在基础建设、政策配套、政府管理经济发展（尤其是涉外经济）经验等方面的优势，引进国外软件行业巨头公司带动产业升级，同时提供全面的金融服务，保障本土企业的发展。江苏和浙江则借力发展，积极建设差异化的总部经济模式。

三、重点省市发展情况

（一）上海

2017 年，上海软件和信息服务业继续保持平稳增长，营业收入预计将超过 7600 亿元，增长 13% 左右。目前，上海软件和信息服务业继续向高端领域发展，服务化、网络化及平台化特征明显，各类创新活动和新兴业态模式持续涌现并迅速成长，部分领域已占据国内领先地位。统计数据显示，2017 年 1—11 月，全市软件产业实现主营业务收入 3533 亿，同比增长 11.9%。全市软件产品收入 1194 亿元，同比增长 10%；信息技术服务收入 2229 亿元，同比增长 14%，其中，运营服务收入 993.4 亿元，同比下降 0.4 个百分点；集成电路设计收入 269.5 亿元，同比增长 14%；嵌入式系统软件实现收入 110 亿元，同比回落 8.3 个百分点。

产业政策环境不断完善。为加快软件产业向高端发展，上海发布《关于本市进一步鼓励软件产业和集成电路产业发展的若干政策》（沪府发〔2017〕23 号）、《上海市首版次软件产品专项支持办法（试行）》（沪经信法〔2017〕231 号），在确保现有政策力度不减外，对企业通过自主开发或者合作开发，具有技术领先优势，拥有自主知识产权的软件产品进行专项资金支持。此外，2017 年 1 月，上海发布《上海市关于促进云计算创新发展培育信息产业新业态的实施意见》（沪经信软〔2017〕7 号），这是 2010 年上海启动"云海计划"以来，第三个推动云计算产业发展的专项政策，业界称之为"云海计划 3.0"。经过 6 年的持续推进，目前上海云计算已形成特色鲜明的产业集群。

软件园区布局战略优化。"十三五"期间，上海将着力布局"一中四方"的产业园区新格局，重点围绕三个"200 万平方米"开展工作，具体包括：聚焦西部城区，高起点新建"市西软件信息园"，"十三五"新建 200 万平方米；拓展成熟园区发展空间，提升园区服务能级，"十三五"拓展 200 万平方米；抓住产业转型机遇，分阶段推进中心城区存量空间改造，"十三五"改造 200 万平方米。2017 年 12 月 27 日，上海市西软件信息园授牌仪式在青浦区举行，计划通过"十三五""十四五"时期的建设，聚焦物联网产业、工业软件产业、位置服务产业、智慧健康产业、智慧物流产业、人工智能产业；着力推动"互联网+"、云计算、大数据企业在园区内的集中集聚，园区经营收入到2020年达到600亿元，到2025年达到1500亿元。上海市西软件信息园将打造成为上海未来开发水平更高、成熟度更高、产业等级更高、产业规模更大的具有全球影响力的科创中心示范基地，成为软件和信息服务产业核心要素集聚区、行业应用先导区、创新创业实践区、产城融合示范区。上海市成立西软件信息园，是优化软件园区布局的战略举措之一，创新园区规划布局和建设机制，着力实现高科技园区建设与现代化城市管理的协调统一，推进产业和城市深度融合。

（二）江苏

2017年，江苏省软件和信息技术服务业继续保持平稳增长，产业结构处于持续调整期，软件和信息技术服务业实现利润总额875亿元，同比增长9.7%；完成业务收入9230亿元，同比增长12.6%，软件业务收入位居全国第二。其中，软件产品实现收入2243亿元，同比增长11.0%，信息技术服务实现收入4026亿元，同比增长13.2%，比上年同期上升4个百分点，嵌入式系统软件实现收入2962亿元，同比增长13.0%。

苏南集聚态势明显。从各市1—6月快报数据来看，苏南的南京、苏州、无锡、常州、镇江5市合计完成软件收入4087亿元，占全省业务总收入的93.1%，比上年同期上升0.8个百分点。苏中的南通、泰州、扬州3市合计完成软件收入219亿元，占全省业务总收入的5.0%，比上年同期上升0.5个百分点；南通、扬州、泰州3市软件收入增速分别为23.0%、14.3%、26.1%，均高于全行业平均水平。苏北的徐州、连云港、淮安、宿迁、盐城5市合计完成软件收入83亿元，占全省业务总收入的1.9%，比上年同期下降1.4个百分点。连云港和盐城两市软件收入减缓明显，增速分别为8.3%、10.9%，徐州、淮安、宿迁3市增速分别为71%、36.1%、18.2%，保持较快增长速度。

信息技术服务业增速加快。2017年1—6月，全省软件产品实现收入1077亿元，同比增长12.1%，信息技术服务实现收入1862亿元，同比增长13.3%，全省嵌入式系统软件实现收入1449亿元，同比增长13%。信息技术服务收入增速、比重均提升较快，说明江苏软件产业不断向平台化、服务化转型，云服务、大数据成为主要拉动力量。

两化融合发展水平不断提升。2017年，江苏省深入推进工业化和信息化融合发展，大力实施智能制造工程，加快制造业智能化、网络化和服务化发展步伐。出台《制造业"双创"平台建设三年行动计划》《加快推进企业上云三年行动计划》等文件。高水平打造世界智能制造大会、南京软博会和世界物联网博览会等平台，集聚高端资源，"江苏智造"国际影响力不断扩大。2017年，省级示范智能车间新增146家、总数达455家；新入选国家智能制造综合标准化与新模式应用项目17个、国家智能制造试点示范项目8个。培育制造业"双创"示范平台13家、两化融合创新示范试点企业280家、贯标企业275家，APEC中小企业信息化促进中心成功落地南京软件谷。加快实施"133"工程，推进智慧江苏重点工程建设，完成信息基础设施建设投入440亿元，"光网江苏""无线江苏""高清江苏"等重大工程顺利推进，宁苏量子干线建成并通过验收。产品全生命周期管理、远程运营维护、个性化定制等服务型制造新模式蓬勃发展，新认定服务型制造示范企业84家。工业设计、信息服务、现代物流等生产性服务业加快发展，生产性服务业占GDP比重超过30%。

（三）浙江

2017年，浙江省软件产业持续保持较快增长的发展态势，收入规模已超上年同期水平，软件龙头企业引领增长作用凸显。统计数据显示，2017年1—11月，浙江省软件产业收入规模远远突破3000亿元，全省实现软件业务收入3864亿元，同比增长20.4%，增速高出全国软件增速5.9个百分点，在全国规模前十省市中位居第五。全省软件业务收入中，软件产品收入1029亿元，同比增长9.4%，信息技术服务收入2346亿元，同比增长28.8%，嵌入式软件收入489亿元，同比增长8.9%。截至2017年11月，浙江省共有软件和信息技术服务业企业1775家，单体企业规模为2.18亿元，超过全国平均单体企业规模的57%。

信息技术服务增长25.8%，行业贡献突出。软件信息技术服务继续快速发展，规模、增速稳居行业首位。1—10月全省实现信息技术服务收入2129.8亿元，同比增长25.8%，高出全行业增速7.8个百分点，其中电子商务平台技术服务收入1196.2亿元，占全部服务收入的56.2%。软件服务收入占比持续稳定，占比达到60.6%，对全省软件业务收入的贡献率达到81.5%，拉动全行业增长14.7个百分点。随着各种新技术、新业态、新模式迅速兴起，信息服务和应用创新活跃，互联网服务增势迅猛，全省软件信息技术服务的强劲增长，将进一步激发信息消费市场的生机活力，带动全省信息消费规模快速发展。

行业发展质量稳步提升，效益增长盈利水平全国领先。效益增长和盈利水平持续提升，1—10月全省软件产业实现利税1233.9亿元，同比增长32.1%；其中利润总额997.1亿元，同比增长36.9%，销售利润率为28.4%。盈利能力继续保持全国领先，其中，利润增速高出全国23.7个百分点，占全国利润总额18.8%。阿里巴巴集团、网易为代表的互联网企业和海康威视、大华股份为代表的安防企业盈利水平高于软件其他行业。

软件出口领先全国，外包服务优势明显。1—10月全省完成软件出口185463万美元，同比增长12.6%，高出全国10.6个百分点。软件产品出口占比超过八成，仍为出口的重要引擎，1—10月软件产品出口150095万美元，占出口总量的80.9%，同比增长14.5%。软件产品外包、网络与数字增值业务服务外包、电信运营服务外包、金融服务外包均已形成规模化发展并在同行具有比较优势。在道富、网新科技、士兰微等一批原有重点软件业出口企业的基础上，大华、新华三成为全省软件业出口的新力量，带动全省软件出口不断增长。

龙头企业引领发展，产业集聚成效显著。1—10月，全省软件十强企业实现软件业务收入1728.6亿元，同比增长44.9%，利润总额867.1亿元，同比增长38.1%，分别占全省软件行业（1721家）的49.2%和87.0%，十强企业仍然是带动行业增长的主动力。软件业务收入增速主要来自新华三、阿里云和网易，分别达到122.1%、108.2%和50.4%；利润增速主要来自网新科技、淘宝和大华股份，增速均达到50%以上。互联网服务、通信网络、云计算、大数据、数字安防等产业发展迅速，对行业增长贡献突出。杭州、宁波等大力推进软件产业集聚发展，引领全行业增长。1—10月杭州实现软件业务收入2981.7亿元，同比增长18.5%，占全省比重84.8%；宁波实现软件业务收入408.6亿元，同比增长12.0%，占全省比重11.6%。

第十五章　珠江三角洲地区软件产业发展状况

珠三角地区区位优势明显，经济发展基础雄厚，一直是中国最重要的软件产业基地之一。珠三角软件业务收入保持平稳快速增长态势，产业集聚效应明显，汇聚了华为、中兴、腾讯等大批知名 IT 企业和 IT 领域的中高端人才，产业链条较为完善，形成了以广州、深圳、珠海为中心辐射区，以国家级和省级软件和信息服务业园区为重要载体的产业布局，促进了大型软件和信息服务企业以及高端人才的集聚，为产业进一步向集群化、规模化发展奠定了重要基础。

2017 年 1—11 月，广东省软件业务收入 8554.3 亿元，同比增长 15.5%。广州、深圳、珠海成为整个珠三角地区的中心辐射区，引领和带动珠三角地区软件产业发展，其中广州、深圳两市软件业务收入占全省比重达 91.3%。珠三角地区电子政务、智慧城市等方面软硬件企业发展势头良好，创新创业持续活跃，骨干企业整体实力稳步提升，涌现出一批收入超 10 亿元的软件大企业，信息技术领域上市公司 123 家，数量超过北京和上海之和，总市值 1.32 万亿，居全国首位。随着珠三角大数据综合试验区的建设，产业环境持续改良，产业创新体系稳步完善，与其他行业的深度融合持续加速，软件业在推动广东传统产业提档升级中的作用不断加强。

一、整体发展情况

（一）产业收入

近年来，珠三角地区的软件业务收入一直保持稳定、高速增长的态势，占广东全省软件业务收入的比重 99% 以上，产业集聚效应凸显。2017 年 1—11 月，广东省软件业务收入 8554.3 亿元，同比增长 15.5%，增速高于全国平均水平 1 个百分点，占全国软件业务收入的比重为 17.5%，高于上年同期比重。广州、深圳、珠海成为整个珠三角地区的中心辐射区，引领和带动珠三角地区软件产业发展，其中广州、深圳两市软件业务收入占全省比重达91.3%。

（二）产业结构

珠三角地区强大的电子信息制造业基础、先进的电子政务水平、智慧城市的高水平发展及旺盛的企业用户需求为软件企业的发展提供了广阔的市场空间。2017年1—11月，在智慧城市加快建设，云计算、大数据等新兴领域加速应用落地，通信设备、汽车制造、机械装备、家用电器等优势传统制造业加快转型升级的推动下，珠三角地区信息技术服务增势明显，实现收入超过7000亿元，增速超过15%，占整体软件收入的比重超过48%。受经济新常态下电子信息制造业增速放缓、通信设备和智能手机增速整体下滑的影响，嵌入式系统软件实现业务收入超过2000亿元，同比增长9%左右，低于行业整体增速将近6个百分点。软件产品增势平稳，实现收入超过1500亿元，增速超过16%。

（三）企业情况

骨干企业整体实力稳步提升。珠三角地区电子信息产业发展基础好，创新创业活跃，涌现出一批收入超10亿元的软件大企业，有140多家企业在境内外上市（包括新三板）。2017年，珠三角地区共有17家企业入选全国软件百强名单。17家企业共完成软件收入2683.5亿元，占全国软件百家企业软件业务收入总和的40.5%，位列全国第一。其中，华为技术有限公司实现软件业务年收入2177.7亿元，连续15年蝉联软件前百家企业之首。华讯方舟、平安科技、北明软件等10家企业排位显著提升，深圳云中飞等3家企业首次入选，为珠三角地区软件产业发展增添新动力。

表 15－1　2017年珠三角地区入选全国软件业务收入前百家企业情况

排名	企业名称	软件业务收入（单位：亿元）
1	华为技术有限公司	2177.7
12	深圳市华讯方舟科技有限公司	72.2
32	大族激光科技产业集团股份有限公司	44.1
33	广州佳都集团有限公司	43.1

排名	企业名称	软件业务收入（单位：亿元）
36	深圳市云中飞网络科技有限公司	40.5
42	深圳市金证科技股份有限公司	36.3
48	平安科技（深圳）有限公司	32.3
49	北明软件有限公司	32.2
53	广州广电运通金融电子股份有限公司	29.5
54	深圳市大疆创新科技有限公司	27.7
57	广州海格通信集团股份有限公司	26.4
61	深圳天源迪科信息技术股份有限公司	24.5
65	深圳创维数字技术有限公司	22.7
68	广东维沃软件技术有限公司	21.8
77	金蝶软件（中国有限公司）	20.1
92	海能达通信股份有限公司	16.4
95	深圳怡化电脑股份有限公司	16

数据来源：广东省经济和信息化委员会，2017 年 11 月。

二、产业发展特点

（一）政策环境不断优化

近年来，珠三角出台了一系列促进软件产业发展的政策措施，为软件产业发展营造了良好的发展环境。珠三角网络基础设施达到先进国家水平，大众创业万众创新加速推进，信息资源开发利用水平不断提高，公共信息服务平台不断完善。2017 年，广东省发布了《广东省人民政府关于深化制造业与互联网融合发展的实施意见》（粤府〔2017〕107 号）、《广东省工业和信息化领域生产性服务业发展"十三五"规划》（粤经信生产〔2017〕389 号）、《广东省先进制造业发展"十三五"规划》、《广东省促进大数据发展行动计划（2017—2020 年)》、《政务信息资源共享管理暂行办法》（粤府〔2017〕115 号）等一系列政策文件，为"十三五"期间产业发展提供指引。广州市发布了《信息共享管理规定》（市人民政府令第 75 号），以规范和促进政务信息资源共享，提高行政效率，提升服务水平。

（二）产业创新体系不断完善

近年来，珠三角地区以建设国家科技产业创新中心为目标，培育和引进引领创新发展的创新型领军企业，带动企业技术水平提升，提升高企自主研发能力，集中开展关键核心技术攻关，大力推广应用新技术、新产品，形成产学研用相互促进的良性循环。加快实施省信息产业发展专项，推动专项资金向云计算、物联网、集成电路设计等重点领域倾斜。以数字家庭公共服务技术支持中心、Linux 公共服务技术支持中心、嵌入式软件技术支持中心等为代表的面向特定行业领域的公共技术开发平台建设为软件产业发展提供了良好的基础技术支撑。

为贯彻创新驱动发展战略，强化企业技术创新主体地位，引导和支持企业增强技术创新能力，深圳市在已出台的《深圳市企业技术中心认定管理办法》（深经贸信息规〔2017〕2 号）基础上，制定了《深圳市企业技术中心认定工作指南（征求意见稿）》，加快企业技术中心建设。制定出台《广东省科技创新平台体系建设方案》，加快科技创新平台的建设。

（三）与各行业领域加速融合渗透

随着软件产业快速发展，产业对传统产业的应用渗透力度不断增强，越来越多的信息技术、产品和服务融入经济社会各领域，在企业管理、教育医疗、社会保障、电子商务、金融服务、城市交通、市政服务等领域得到广泛应用，成为不可或缺的支撑基础。2017 年，广东省组织开展广东省互联网与工业融合创新试点，确定 100 个互联网与工业融合创新试点名单，有力带动软件与工业生产制造、研发设计、经营管理等各流程的融合。同时，软件作为信息技术的核心，在产业结构调整和传统企业改造过程中发挥着积极的作用，日益成为广东省各大支柱行业的新兴竞争力，促进传统产业发展提档升级。

三、主要行业发展情况

（一）行业应用软件

珠三角地区行业应用软件和解决方案实力较为突出，强大的电子信息制造业基础为行业应用软件的发展提供强大的发展后劲。此外，珠三角作为国家级"两化融合"试验区，集成电路设计（IC）、嵌入式系统软件、行业应用软件等均处于全国领先水平，行业应用软件和解决方案对传统产业融合和渗透能力较强，有力推动通信设备、汽车制造、机械装备、家用电器等优势传统制造业的核心竞争力快速提升。

（二）云计算

珠三角地区云计算发展程度仅次于北京，位居全国第二。自全省发布实施《关于加快推进我省云计算发展的意见》和《广东省云计算发展规划（2014—2020年）》以来，积极开展实施云计算应用示范工程。2017年，组织了2017年度云计算应用试点项目的申报工作，确定了28个广东省2017年度云计算应用试点项目。目前在全省网上办事大厅、电子政务、智能交通、智能制造、健康管理等领域形成一批较为成熟的云计算应用。拥有腾讯、网易、唯品会、欢聚时代等龙头企业，同时金证、银之杰、全通教育、科陆电子等企业积极拓展互联网金融、互联网教育、互联网能源等新业务领域。云计算服务快速推进，软件即服务（SaaS）在中小企业逐步推广，移动电子商务和数字家庭应用水平居全国前列。

（三）大数据

珠三角依托广州、深圳在电子信息领域的突出优势，发挥广州和深圳两个国家超级计算中心的集聚作用，已形成较为完备的大数据产业链，在多个领域开展了大量的大数据运用，有力促进了创新创业与经济社会发展的融合。在腾讯、华为、中兴等一批骨干企业的带动下，逐渐形成大数据集聚发展的趋势。在这样的优势利好下，形成一批大数据优秀产品、服务和应用解决方案。广东省大数据管理局开展2017年工业大数据应用示范项目，发挥大数据在工业转型升级中的重要作用。制定出台了《广东省政务服务大数据库建设方案（2016—2017年）》，并开展第一批省级大数据产业园、大数据创业创新孵化园培育工作，促进大数据产业集聚化、规模化发展。

四、重点省市发展情况

（一）广州

产业规模不断扩大。广州市作为中国软件名城，同时又是国家级软件产业基地和国家级软件出口创新基地，软件产业具有良好的发展基础和核心竞争力。据统计，2017 年 1—11 月广州市软件业务收入 2213.8 亿元，同比增长 15.3%，高于全国平均增速 0.5 个百分点。其中软件产品收入 653.6 亿元，同比增长 15.2%，信息技术服务收入 1508 亿元，同比增长 15.3%，嵌入式系统软件收入 52.2 亿元，同比增长 15.2%。

大数据等新兴领域快速发展。广州市非常重视战略性新兴产业发展，加快推动云计算、大数据、物联网等新兴领域的创新应用，汇聚广东省 83% 的信息技术咨询服务和 47% 的数据处理运营服务，移动互联网、数字内容创意产业、云计算、工业软件、卫星导航等信息服务业高端领域和新兴领域成为新的发展亮点。大数据领域，广州市率先出台《广州市政府信息共享管理规定实施细则》，推进政府信息共享的部署，探索发展共享经济。拥有国家超级计算广州中心、广州亚太信息引擎、中国电信沙溪云计算中心、广州云谷南沙数据中心等一批大型数据中心，是贸易物流数据集散地。涌现大数据企业珠江数码、智能科技等大数据企业。数据流通方面，"广数 Datahub"正式上线运营，成为华南首个数据交易服务平台。该平台是目前国内首批具备数据交易、大数据流通和共享交易功能的线上平台之一，能为大数据产业链上相关企业实现数据变现提供需求发布、数据导航、数据订购等九大服务。应用方面，利用大数据驱动智能制造加快发展，推动互联网与制造业融合发展，并推动大数据应用在政务、医疗、交通、教育等领域，提高社会治理能力。

（二）深圳

产业保持平稳较快发展。2017 年 1—11 月，深圳市累计实现软件业务收入 4482.5 亿元，同比增长 15.2%，其中软件产品收入 777.8 亿元，同比增长 12.2%，信息技术服务收入 1859.1 亿元，同比增长 22.3%，嵌入式系统软件收入 1845.6 亿元，同比增长 10.1%。

龙头骨干企业持续壮大，技术创新能力不断增强。2017 年，深圳共有 10

家软件企业入选中国软件业务收入前百家企业，其中华为技术公司连续 15 年居首位。骨干企业总体发展态势良好，以华为、中兴、华讯方舟、金证科技等为代表的龙头企业在 4G 业务、云计算、大数据、移动智能终端等方面业务发展良好。全市软件著作权登记量大幅增长，居全国大中城市前列。建设企业工程中心、重点实验室和产业联盟等创新平台，形成较为完整的技术创新体系。

云计算等新兴领域快速发展。深圳市通过打造南山云谷、天安云谷新一代云技术产业基地，培育和形成一批具有自主研发实力和国际竞争力的云计算骨干企业。《深圳市推进云计算发展行动计划（2016—2017 年）》提出，到 2017 年，云服务产业规模超过 400 亿元，云计算企业超过 500 家。

第十六章　东北地区软件产业发展状况

东北地区包括辽宁、吉林和黑龙江，是我国老工业基地，传统工业的聚集发展为软件和信息服务业发展提供重要基础。在"互联网＋"等战略的推动下，东北地区软件产业进一步加快发展，与制造业、金融、能源等传统行业融合应用持续深入。尤其在云计算、大数据等新兴技术快速发展的带动下，东北地区在工业软件、嵌入式软件、云计算、大数据等领域走出了独具特色的发展道路。

一、整体发展情况

（一）产业收入

2017 年，东北地区软件与信息服务业继续保持平稳的发展势头。2017年，东北三省实现软件和信息技术服务业务收入 2778 亿元，占全国软件业的比重为 5.1%，同比增长 7.1%，低于全国平均增速 6.8 个百分点，低于上年同期 0.3 个百分点。受经济增长新常态和传统产业加速转型调整的影响，东北地区增长速度略有下降，在全国所占比重也略有降低。

从各省情况来看，2017 年 1—11 月，辽宁省软件和信息技术服务业务收入为 1795.4 亿元，同比增长 6.1%；吉林省软件和信息技术服务业务收入为 476.8 亿元，同比增长 13.5%；黑龙江省软件和信息技术服务业务收入为 159.7 亿元，同比增长 11.8%。在全国软件产业前十位省市中，辽宁省排在第九位，排在广东、江苏、北京、山东、浙江、上海、四川、福建之后，处于我国软件产业发达省市的行列。

（二）产业结构

2017 年 1—11 月，东北地区软件产业收入 2431.9 亿元中，软件产品收入达 1049.1 亿元，占软件产业收入比重为 43.1%；信息技术服务收入达 1209.9

亿元，占比为49.8%；嵌入式系统软件收入达173亿元，占比为7.1%。信息技术服务收入中，运营服务收入达120.2亿元，占东北地区软件总收入的4.9%。

从各省情况来看，辽宁省是东北地区软件产业发展的龙头，实现软件业务收入1795.4亿元，信息技术服务收入达858.2亿元，在总收入中占比最高，占软件业务总收入的一半，同比增长4.6%，其中运营服务收入为99.9亿元，同比增长3.7%；集成电路设计收入为2.5亿元，同比增长13.7%。其次为软件产品收入，销售额为886.7亿元，占全省软件业务的三分之一，同比增长7.8%。嵌入式系统收入为50.5亿元，同比增长2.8%。

吉林省2017年1—11月软件业务收入为476.8亿元，主体是软件产品和信息技术服务，收入分别为102.7亿元和266.7亿元，两项业务合占业务总收入的77.5%，同比增速分别为13.4%和13.6%。嵌入式系统软件实现收入107.4亿元，同比增长13.4%。黑龙江省软件产品及信息技术服务销售额分别为59.6亿元和85亿元，合占软件业务总收入的90%，同比增速分别为14.3%和11%。嵌入式软件的销售额为15.1亿元，占软件业务总收入的6.3%。

二、产业发展特点

（一）产业增长稳中有落

东北三省软件和信息技术服务业保持平稳增长，截至2017年末，本地区纳入国家统计范畴的软件企业达到3331家。2017年1—11月，东北三省实现软件和信息技术服务业务收入2431.9亿元，低于上年同期的水平，2016年1—11月为2629亿元。从各省情况来看，吉林省和黑龙江省增速均出现回落，分别为13.5%和6.1%，低于上年同期增速2.1和3.8个百分点。

（二）产业集聚效应进一步增强

2017年，东北地区软件和信息技术服务业仍集中在沈阳、大连等发达城市，形成了大连软件园、沈阳国际软件园、哈尔滨软件园等重要园区，呈现优势明显、集群发展的格局。

辽宁省软件和信息技术服务业发展以沈阳、大连为核心，沈阳、大连两市软件业务收入占全省收入比重达到97%以上。全省形成了浑南软件及电子信息、大连软件和信息技术服务等2个重点产业集群，沈阳国际软件园、大连软件园等产业园区定位清晰、特色鲜明，日益成为产业、技术和人才、企业集聚的坚实平台和有效载体。大连高新区有4000多家高科技企业，专业信息技术人才达16万人，IBM、惠普、埃深哲等110个世界500强企业，创新实力和水平居全国高新区前列，先后获评国家先进高新区、国家科技创新基地、国家海外高层次人才创新创业基地等荣誉。2016年4月，高新区获批创建国家自主创新的示范区，综合实力位居全国146家国家级高新区排名第15名。

黑龙江省软件企业主要聚集在哈尔滨、大庆两地，其软件业务收入之和占全省比重为99%。哈尔滨软件园、大庆软件园、黑龙江省地理信息产业园、黑龙江省动漫产业基地等载体快速发展壮大，汇聚大批软件企业，在企业孵化创业、软件研发、教育培训科技产品交易、投融资、软件人才培养、离岸外包等方面特色日益明显。

吉林省软件产业聚集效应日益明显，长春软件园、吉林软件园、延边中韩软件园三大软件园集聚80%软件企业和85%的软件业务收入。其中，长春软件园主要发展企业管理软件、人口信息管理软件、汽车软件、教育软件和信息安全软件等；吉林软件园主要发展嵌入式软件和电力、石化、冶金等工业行业应用软件；延边中韩软件园面向韩国、日本发展软件外包和信息服务。

（三）产业加快云化转型

云计算促进了软件开发部署模式的革新，为大数据、物联网、人工智能等新兴领域的发展提供了支撑，正成为产业竞争的制高点。云计算应用的拓展，加速了信息技术与各行业的交叉融合，促进了资源配置的优化配置，促进大量新业态、新模式发展，为经济发展提供新动能。东北地区加快云计算基础设施建设，不断拓宽云计算应用服务市场，加快向"云端"转型，涌现大连华信的华信云、东软集团的健康云、英特仿真的仿真工业云、华为大连软件开发云等一批具有自主核心技术的云计算企业。大连华为软件开发云已正式上线，应用客户有1000余个，其中本地企业300家；累计运行项目10000余个，其中本地项目5000余个。为了推动中小企业走上"云端"，大连市政府与大连华信共同搭建大连云计算公共服务平台投入运营，能够提供云计算技术推广、共性技术支持、云应用孵化、云计算大数据技术研究、互联网创业、人才培养等公共服务，目前已有120多家企业借助这一平台走上云端，服务于金融、教育、医疗、传媒、科技等众多行业用户。

三、主要行业发展情况

（一）工业软件与行业解决方案

东北地区三省是我国传统老工业基地，拥有雄厚的工业基础和众多大型工业企业，工业软件和行业解决方案面临广泛的市场需求。2017年，随着东北工业强省战略的深化实施，加快工业转型升级、促进信息化和工业化深度融合的需求不断增强，工业软件和行业解决方案的地位和作用更加突出。2017年，为深入贯彻落实制造强国和军民融合国家战略，搭建企业与信息化厂商相互深入了解和交流的开放平台，促进工业企业与软件企业的技术交流和军民两用技术成果转化，组织召开国产工业软件优秀解决方案展示暨辽宁省军民融合对接会，东软集团股份有限公司、用友网络科技股份有限公司、广州中望龙腾软件股份有限公司、英特工程仿真技术（大连）有限公司等IT企业参与演示。

辽宁省实施工业软件振兴工程，制定了《辽宁省工业互联网发展行动计划（2017—2020年）》。东软集团股份有限公司的医疗产品、沈阳新松机器人自动化股份有限公司的工业机器人、大连光洋科技集团有限公司的数控系统、聚龙股份有限公司的金融机具产品等已国内领先并达到国际先进水平，沈阳创新设计服务有限公司被工业和信息化部评为首批国家级工业设计企业。吉林省发布《吉林省人民政府办公厅关于深化制造业与互联网融合发展的实施意见》，进一步发挥工业软件和解决方案在两化深入融合中的作用。黑龙江省工业软件是软件产业主要增长点，石油石化、电力、电信、铁路、交通、制造业等方面发挥重要支撑作用。

（二）嵌入式软件

东北嵌入式软件形成较好的发展基础，在通信设备、汽车电子、医疗电子、石油化工、装备制造、智能交通、智能电网、航天航空、船舶与海洋等领域形成一批自主可控的嵌入式系统研发平台与工业软件解决方案，并在"互联网＋制造"、工业大数据等高端工业软件核心技术领域取得突破。东软集团与四维图新在地图、交通信息、车联网等方面开展深度合作，在地图数据和动态交通信息、无人驾驶技术、车联网应用服务体系、手机车机互联技术、OEMNAVI及后装导航、地图数据Compiler、全球范围的业务拓展等6个方向逐渐布局，推进"互联网＋"战略的实施。辽宁物联网产业联盟在沈阳成立，加快物联网产业发展，推动产业调整和经济转型升级，带动辽宁老工业基地产业优化升级，推动实现新一轮东北全面振兴。

（三）行业应用软件优势突出

2017年，随着东北地区经济加速转型发展，软件和信息服务向经济社会各个领域的融合渗透不断增强，行业应用需求增长强劲，东北地区行业应用软件规模迅速成长，创新能力和应用水平也稳步提升，形成一批具有自主知识产权的软件产品，并在装备制造、交通、医疗、金融等领域取得了良好社会效益和经济效益。吉林省行业应用软件优势明显，其汽车、信息安全、教育、政府、农业等行业应用软件在市场占有率、技术水平和知名度等方面都处于全国领先水平。

四、重点城市发展情况

（一）沈阳

截至2017年11月，沈阳市软件产业完成软件业务收入937亿元，同比增长3.5%，产业规模在东北地区仅次于大连居第二位，在全国也属前列。软件产业发展空间全面拉开，建设了一批定位清晰、特色鲜明的产业园区。产业基地方面，软件产业的快速发展，有力促进了全市经济结构调整和发展方式转变，为稳增长、调结构、转方式提供了有力支撑。

集群效应显著，拥有东软软件园、沈阳国际软件园、昂立信息园、天久智能交通产业园、工业大学科技园等15个软件产业示范基地，形成了以浑南新区为核心，沈北、和平、皇姑、沈河、大东共同发展的良好格局。其中，沈阳国际软件园在支撑软件产业集群发展、强化软件产业载体建设、探索软件园区差异化发展路径等方面发挥重要作用，与中关村软件园、上海浦东软件园、成都天府软件园等软件园一起获得"2017 创新创业优秀园区"奖。

大数据发展迎来重要机遇。沈阳市作为国家全面创新改革试验区、国家级两化融合试验区、国家电子商务示范城市、东北地区中心城市和沈阳经济区核心城市，区位优势明显，并且已经积累了丰富的改革创新经验，形成了较雄厚的产业基础和较完善的基础设施。沈阳市政府高度重视大数据产业发展，将大数据发展列为沈阳市的"一号工程"，并率先组建了"沈阳市大数据管理局"，确定了以大数据发展为主体、智慧城市建设和传统产业转型升级为两翼的智慧产业"一体两翼"发展思路，组建了以市政府控股、专业公司参股的沈阳大数据运营有限公司，于 2017 年 2 月发布了《沈阳市促进大数据发展三年行动计划（2017—2018 年）》，为大数据产业发展奠定了坚实基础。2017 年 10 月，沈阳市成为东北地区唯一、副省级城市唯一的国家大数据综合试验区，沈阳市的大数据产业将进入黄金发展期。

（二）大连

大连市软件和信息服务业迅速发展，成为东北地区软件产业最发达的城市之一，先后获得了"国家软件产业基地""国家软件出口基地""中国服务外包示范城市""国家软件版权保护示范城市""信息技术服务外包行业个人信息保护试点城市"等称号。全市软件和信息技术服务业已形成软件研发、系统集成、信息技术服务、数字内容、业务流程外包、互联网服务、集成电路设计、工业设计等多类别、多业态互动发展的良好格局。2017 年 1—11 月，大连市实现软件和信息技术服务业务收入 1093 亿元，同比增长了 4%，占东北地区软件产业收入比重达 53%。至 2017 年 11 月，大连市软件企业数量超过 1885 家。

工业软件发展优势明显。在装备制造、石油化工、船舶交通等行业，开展智能制造、数字控制、模拟仿真、检测监控等技术研发，产生了一批具有行业特色和市场竞争力的工业软件产品，有力推动了工业转型升级和经济转型调整。英特仿真是"大连仿真产业园"的发起单位和国内 CAE 软件自主研发领军企业，核心产品包括工程多物理场耦合分析软件、通用前后处理平台、基于可靠度优化设计软件、基于可靠度寿命评估软件等。目前，英特仿真的产品已被广泛应用到了汽车、航空航天、新能源、电子制造、国防工业等各个行业。另外大连高新区互联网＋机床创新创业项目——皿智智慧制造项目团队的机床改造和虚拟仿真机床项目走上国际高峰论坛。该项目划分为云服务平台、智慧制造社区、智慧制造教育培训体系三大部分，为中小型制造业企业立足现有设备转型升级提供了一套技术落地可执行、成本优势突出的智能化升级体系。

积极参与信息技术服务标准建设。大连市大力推进标准建设，将标准化工作与软件行业紧密结合，通过标准体系的合理搭建，推动全省软件和信息技术服务业创新发展。参与工业和信息化部 ITSS 系列标准编制，完成国家标准、行业标准、地方标准和团体标准 70 余项，并对 110 余家企业开展对日外包认证——个人信息保护评价，并通过门户网站、微信等手段开展"标准化工作建设"满意度测评，满意度始终保持在 99.7％以上。

第十七章　中西部地区软件产业发展状况

一、整体发展情况

中西部地区是我国覆盖面积最大，包含省市最多的区域，包括河南、陕西、山西、内蒙古、湖南、湖北、四川、重庆、安徽、江西、云南、贵州、广西、宁夏、甘肃、青海、西藏、新疆18个省区市。相对东部地区，中西部地区的软件产业发展基础较为薄弱，产业规模和发展层次与东部地区差距较大。但是，2017年，西部地区软件产业发展日趋向好，增速持续领先，达到18.4%，比东部的14.2%、东北的7.9%，甚至全国的14.5%均有较大优势。同时，武汉、重庆、成都、西安等区域中心城市的经济发展带动性和辐射性强，人才、科技、资金等要素资源丰富，地域、文化优势明显，对软件产业发展要素的吸引力不断增强，并且与东部沿海地区相比拥有生产要素低的成本优势，为软件产业的快速发展提供了有力的支撑。

（一）产业收入

2017年1—11月，中西部地区共完成软件业务收入7695亿元，同比增长14.6%，增速高于全国0.1个百分点，在全国所占比重为15.6%，与上年持平。其中，西部地区增速持续领先，完成软件业务收入5482亿元，增长18.4%，增速同比提高1.3个百分点，占全国软件业务收入的11.2%，较上年提高0.5个百分点；中部地区完成软件业务收入2213亿元（占全国软件业务收入的4.5%），增长16.9%，增速同比回落3.8个百分点。总体来看，2017年中西地区的软件产业增长速度较快，高于全国平均速度，处于较快增加产值的过程中。

（二）产业结构

2017年1—11月，中西部地区软件与信息服务业增速保持较快增长趋势。

信息技术服务占比最大，实现收入 4297 亿元，同比增长 14.6%；软件产品成为增速最快的细分领域，实现收入 2827 亿元，同比增长 16%；嵌入式系统软件实现收入 571 亿元，同比增长 7.7%，增速进一步放缓。在各个细分领域所占比重方面，信息技术服务收入占比超过一半，达到 55.8%，与上年基本持平；软件产品收入占比 36.7%，较上年有所提高；嵌入式系统软件收入占比 7.4%，较上年稍有降低。

二、产业发展特点

（一）软件名城保持带动引领地位

软件名城及软件名城创建试点城市对整个地区软件产业发展的带动作用在中西部地区表现尤为明显，2017 年，成都与武汉共完成软件业务收入 3723 亿元，占中西部地区软件业务总收入的 48%。截至 2017 年 11 月，成都实现软件和信息技术服务业主营业务收入 2369 亿元，同比增长 14.3%。其中，软件业务收入 902.8 亿元，同比增长 13.8%；信息技术服务业收入 1451 亿元，同比增长 14.5%；嵌入式系统软件收入 14.8 亿元，同比增长 15%。成都软件业务收入占中西部地区软件业务总收入的 31%，产业规模位列中西部之首，居 15 个副省级城市第 5 位。在软件名城及软件名城创建试点城市的带动下，中西部地区的软件产业保持快速增长态势，并在数字新媒体和信息安全等领域达到全国领先，涌现出一大批优秀企业。

（二）服务外包产业仍是产业发展支柱

中西部地区依托资源丰富、人力成本低、市场潜力大的优势，在服务外包领域不断发力，服务外包产业逐步成为中西部软件产业发展的重要支柱。商务部数据显示，2017 年第一季度，中西部地区离岸服务外包执行额达到 39.3 亿元，增长 17%，业务增速显著高于东部（东部业务增速 4.8%）。在 2016 年服务外包产业高增长的基础上，2017 年 5 月，西安市人民政府发布《关于加快服务外包产业发展的实施意见》，并提出到 2020 年，全市服务外包业务年均增长 25% 以上。2017 年 1—8 月，武汉服务外包合同执行总额达到 8.15 亿美元，同比增长 83.6%，其中，离岸服务外包合同执行总额达到 3.88 亿美元，占比 47.6%，同比增长 92.7%；湖北服务外包市场主体进一步增多，全市纳入商务部服务外包信息管理系统重点企业达到 526 家，并且，武汉软件新城作为"世界 IT 软件服务基地"吸引了大量领军型和成长性企业以及高新技术人员入驻，为湖北服务外包业务的提档升级提供了支撑。

（三）产业集聚化态势依然延续

中西部地区软件产业分布继续向高度集聚状态发展，成都、武汉、西安成为中西部软件产业发展的中心城市。2017 年 1—11 月，成都、武汉、西安共实现软件产业收入 5250 亿元，占整个中西部地区软件总收入的 68%。其中，四川省软件产业分布主要以成都、绵阳为中心集聚。2017 年 1—11 月，成都软件业务收入占全省软件收入的 96%，绵阳软件业务收入占全省软件收入不到 3%，其他市（州）有零星分布。2017 年 1—11 月，武汉市完成软件业务收入 1354 亿元，占全省软件业务收入的 99.5%，虽然，襄阳、宜昌、荆州等市州软件业务收入增长较快，但武汉以外 11 个市州仅完成全省软件业务收入 0.5%。

三、主要行业发展情况

（一）网络与信息安全产业

网络与信息安全一直是中西部地区软件产业发展的优势领域。信息安全是四川省五大高端成长性产业之一，截至 2017 年，已有 20 多家信息安全企业达到国内领先水平，预计总体产业规模将达到 400 亿元，约占全国的 1/5，预计到 2020 年，四川省信息安全产业规模将突破千亿元大关，成为带动全省经济转型升级的高端成长型产业之一；2017 年 3 月，总投资 130 亿元的中国电子科技集团公司（成都）网络信息安全产业园启动建设，中国电子科技网络信息安全有限公司（以下简称"中国网安"）将助力四川省建成国家网络信息安全产业高地；2017 年 12 月，四川省公布了 2017 年信息安全及集成电路重大科技专项拟立项名单，其中包括第五代移动通信（5G）安全产品研发和产业化、党政信息网络空间安全关键技术研究及示范应用、自主可控安全技术研发及应用示范等多个项目。陕西省高度重视网络与信息安全产业发展，集聚了一批特色企业，截至 2017 年底，陕西省拥有全国专门给军工企业、政府部门涉密网做防护的甲级涉密集成企业 4 家、乙级 30 多家；2017 年 12 月，西安四叶草完成 6700 万元人民币的 A 轮融资。河南郑州作为国内四大信息安全产业集聚地之一，截至 2017 年底，已经集聚了信大捷安、金明源、金惠计算机、信源信息、山谷网安、信安通信、新开普、向心力、蓝汛、中天亿科、中云信等信息安全企业群，形成了信大捷安的"移动安全芯片"、金明源的自主可控服务器及主机产品、山谷网安的针对电子政务的入侵检测与管理系统、金惠计算机的"金惠堵截黄色图像与不良信息专家系统"等国内领先的信息安全产品；2017 年 7 月 14 日，郑州信息安全产业基地启动建设，将打造成为国内具有重要影响力的千亿级信息安全产业集群。山西省大力发展工控安全产业，2017 年 9 月，山西省《山西省工业控制系统信息安全"十三五"规划》发布，大力推动工控安全行业发展，提出到 2020 年，工控安全年产值达到 30 亿元。湖北省信息安全产业高速发展，2017 年 7 月，总投资额 50 亿元的优炫信息安全产业园项目落户中法武汉生态示范城（蔡甸），项目建成达产后，将提供 3000—4000 个就业机会，预计年缴纳税收 1 亿元；2017 年 8 月，湖北荆州设立总规模 100 亿元的赛普凯乐科技信息安全产业投资基金，用于收购和孵化信息安全领域相关企业；2017 年 8 月，航天科工集团信息安全领域的 4 个重点项目落户武汉。此外，网络与信息安全作为大数据产业发展的关键保障，贵州省高度重视网络与信息安全的发展，贵阳大数据安全产业园加快建设，截至 2017 年 4 月，产业园一期已入驻了普林大数据产业中心、亨达科技爱立示信息科技、航天安知技术等 11 家企业和团队，预计二、三期项目将在 2018 年完成，到 2020 年，将产业园建设成为大数据安全产业示范基地。

（二）新兴信息技术服务业

借力国家全面实施网络强国战略和国家大数据战略，中西部地区紧抓大数据、云计算、物联网、移动互联网、智慧城市等新兴领域的发展契机，加大力度发展新兴信息技术服务业。2017 年，贵州省出台《贵州省数字经济发展规划（2017—2020 年）》《贵阳市政府数据共享开放条例》等政策文件，推动贵阳·贵安国家级互联网骨干直联点建成开通、苹果 iCloud 数据中心落户、华为数据中心落户，并成功入选第二批国家试点健康医疗大数据中心，从多方面发力，大力推动大数据产业发展。2017 年，湖北省印发《湖北省软件和信息技术服务业"十三五"发展规划》《湖北省云计算大数据发展"十三五"规划》等政策文件，推动新兴信息技术产业成为新的经济增长点，襄阳等地市也加快推动相关政策出台。四川省大力发展大数据、云计算、移动互联网、物联网、人工智能等产业，2017年，四川移动中国（西部）云计算中心、华为四川云计算中心相继投产上线；2018年，印发《四川省促进大数据发展工作方案》。陕西省深耕大数据产业，2017年8月，西安市发布了《西安市大数据产业发展实施方案》，提出到2021年，西安市大数据产业规模将达到1000亿元，相关产品与服务销售收入超过3000亿元；陕西沣西新城已经形成了一定的产业聚集效应，截至2017年底，已经集聚了美林数据、银河数据、时代运筹、万盛达、西部资信、云基华海等为代表的本土大数据企业。

（三）工业软件及产业服务平台

随着网络强国战略的贯彻实施，为推动中西部地区工业转型升级，深化两化融合，中西部地区各省市着力发展面向工业领域的平台及服务，以提升工业制造业的智能化水平。2017年，湖北省深入实施"万企万亿技改工程"，面向重点行业智能制造，加快工业核心软件、自动控制和感知硬件、工业互联网、工业云和智能服务平台"新四基"发展，形成了烽火通信、奋进机器人、华中数控、达梦数据库、深之度操作系统、瑞达信息安全等一批信息技术、智能制造领域的系统解决方案供应商，并与用友共同建设湖北省工业云（用友）平台。2017年，四川省出台《四川省关于深化制造业与互联网融合发展的实施方案》《四川省"十三五"信息化和工业化融合发展指导意见》等文件，争取航天科工INDICS工业互联网平台全球首次发布在川举行，以及国内首家工业大数据应用技术国家工程实验室落户。

四、重点省市发展情况

中西部地区软件和信息技术服务业虽然在2017年增速较快，但发展水平整体偏弱，产业主要集中在少部分城市中。成都市、西安市和武汉市是中西部软件和信息技术服务产业发展的中心城市，凭借雄厚的人力资源、智力资本和较快的经济发展速度，实现了软件产业的快速成长，带动中西部地区软件产业从无到有、从追赶到个别领域处于领先。其中，成都在西部地区城市中排名第一，武汉在中部地区城市中排名第一。

（一）四川省

2017年1—11月，四川省软件和信息技术服务业增长态势良好，实现产业收入2467亿元，位于中西部首位，同比增长15.5%，较上年增长1.6个百分点，收入增速高于全国平均水平1个百分点。2017年1—11月，四川省软件产品实现收入926亿元，同比增长15.3%；信息技术服务业实现收入1512亿元，同比增长15.9%；其中，运营相关服务实现收入105.9亿元，同比增长9.4%；集成电路设计实现收入70.2亿元，同比增长4.1%；嵌入式系统软件实现收入28.6亿元，同比增长2.7%。截至2017年11月，四川省共有软件和信息技术服务业企业1415家，比上年同期减少311家。

成都是我国软件产业的战略性和功能性部署区，是全国8大软件名城之一，也是中西部地区唯一的中国软件名城，拥有基础软件、应用软件、软件服务外包和集成电路设计、移动通信、终端制造、信息安全、数字媒体和动漫游戏等12个国家级产业基地。2017年1—11月，成都市软件和信息技术服务业实现收入2368亿元，同比增长14.3%。其中，软件产品实现收入902.8亿元，同比增长13.8%；信息技术服务业实现收入1451亿元，同比增长14.5%；其中，运营相关服务实现收入104.9亿元，同比增长9.2%；集成电路设计实现收入56亿元，同比增长4.2%；嵌入式系统软件实现收入14.8亿元，同比15%。截至2017年11月，成都市共有软件和信息技术服务业企业1369家，大量的中小型企业使成都软件产业发展充满了活力。

（二）陕西省

2017年1—11月，陕西省软件和信息技术服务业保持快速增长态势，实现收入1527亿元，同比增长21.9%，较全国平均水平增加了7.4个百分点。产业服务化特征明显，2017年1—11月，陕西省软件产品实现收入441.6亿元，同比增长22.1%；信息技术服务业实现收入941亿元，同比增长23%；其中，运营相关服务实现收入58.8亿元，同比增长22%；集成电路设计实现收入68亿元，同比增长24.1%；嵌入式系统软件实现收入144.9亿元，同比增长15%。截至2017年11月，陕西省共有软件和信息技术服务业企业661家。

西安是我国西部地区软件产业的重要基地，2017 年 1—11 月，西安市软件和信息技术服务业收入情况与陕西省基本一致。

（三）湖北省

2017 年 1—11 月，湖北省软件和信息技术服务业保持快速增长，实现收入 1361 亿元，同比增长 17.2%，收入位列中部地区首位，收入增速高出全国平均水平 2.7 个百分点。2017 年 1—11 月，湖北省软件产品实现收入 697.7 亿元，同比增长 17.4%；信息技术服务业实现收入 593.8 亿元，同比增长 17.5%；其中，运营相关服务实现收入 81.8 亿元，同比增长 6.1%；集成电路设计实现收入 8.5 亿元，同比减少 1.2%；嵌入式系统软件实现收入 69.99 亿元，同比增长 12.2%。截至 2017 年 11 月，湖北省共有软件和信息技术服务业企业 2575 家，比上年同期增加 67 家。

武汉市的软件业务收入在湖北省的占比达到 99.4%，企业数量占湖北省 96% 以上，是我国中部地区首个"中国软件名城"创建城市。2017 年 1—11 月，武汉市软件和信息技术服务业实现收入 1354 亿元，同比增长 17.2%。2017 年 1—11 月，武汉市软件产品实现收入 694.6 亿元，同比增长 17.5%；信息技术服务业实现收入 591.4 亿元，同比增长 17.5%；其中，运营相关服务实现收入 80.9 亿元，同比增长 17.4%；集成电路设计实现收入 8.5 亿元，同比增长 11.3%；嵌入式系统软件实现收入 68.3 亿元，同比增长 11.6%。截至 2017 年 11 月，武汉市共有软件和信息技术服务业企业 2502 家。经过多年的培育和发展，武汉市形成了以光通信、嵌入式软件、地球空间信息、工业软件等产业为重点，以武汉天喻信息产业股份有限公司、武汉邮电科学研究院等全国软件百强、软件和信息技术服务综合竞争力百强企业为龙头，大批中小型企业为补充，以光谷软件园、花山软件新城以及洪山国家新型工业化产业示范基地等园区为载体的软件产业发展格局。

园 区 篇

第十八章　中关村科技园区海淀园

一、园区概况

中关村科技园区海淀园是中关村国家自主创新示范区"一区十六园"总体布局的核心区，是中关村科技园区的发源地，也是中关村战略性新兴产业策源地，更是中关村人才特区、国家级科技与文化融合示范基地、国家级科技金融创新中心。其前身是中关村"电子一条街"，至1988年，国务院批准成立了北京市新技术产业开发实验区，自此中关村成为了国内首个国家级高新技术产业开发区和中国经济、科技、教育体制改革实验区。多年来，在各级政府的关怀下，海淀园产值持续提升，产业资源汇集能力不断增强，其发展目标是到2020年，全面建成具有全球影响力的科技创新中心。

海淀园原规划面积133.06平方公里，由112.24平方公里的城市建成核心区以及20.82平方公里的海淀山后新建区组成，占中关村科技园区总规划面积的57.2%。2012年起，海淀园规划面积扩容至174.06平方公里，占中关村"一区十六园"1/3强。2017年，中关村海淀园整体发展呈现良好态势，预计实现总收入超过2万亿元。其中，高精尖产业支撑作用日益突出，信息业、科研业、金融业三大产业增加值对经济增长贡献率达75%左右，高技术产业实现增加值占地区生产总值比重达60%以上，高技术制造业增加值占工业增加值比重达66%；规模以上"高精尖"企业2000余家，占全市四成以上。创新发展活力和动能充足，收入亿元以上企业1461家，十亿元以上企业242家，百亿元以上企业25家，继联想之后，小米科技跻身千亿级企业行列，并成为达到千亿规模速度最快的企业；独角兽企业37家，占全国1/4，体现了很强的成长性。创新投入产出保持高位，园区企业内部研发投入强度4.7，高新技术企业预计实现总收入超过2万亿元，占中关村示范区的比例继续保持在 40% 左右，同比增长 10% 以上；专利申请量预计达 7.0 万件，发明专利授权量 1.85 万件，占全市 45%；技术合同成交总额突破 1600 亿元，占全市 40%。

中关村软件园是海淀园中的新一代信息技术产业高端专业园区，其是国内规模最大、层次最高的专业软件园区，被列为"国家软件产业基地"和"国家软件出口基地"。历经 18 年建设发展，软件园已成为我国创新驱动战略体系成果的展示窗口、国际合作与技术转移的关键节点、大众创业万众创新的主流潮头，在助力北京首都科技创新中心建设、推动"高精尖"经济结构、打造国际与区域协同创新共同体方面发挥着重要的引领辐射作用。产业规模方面，2017 年，中关村软件园企业总产值达到 2094.4 亿元，增长 15.1%；总利润 194.3 亿元，增长 9.6%；产业指标再创历史新高。创新发展方面，已聚集国内外 IT 企业逾 600 家，年产值已突破 2000 亿元，在新型 IT 服务、云计算、移动互联、大数据、人工智能等领域形成全国领先的特色产业集群，共有 25 人入选中组部"千人计划"，"国务院特殊津贴""青年千人""长江学者"等共计 95 人（118 人次），拥有两院院士 5 人。园区研发经费共投入 241 亿元，知识产权共计 36971 项。

二、重点行业发展情况

（一）大数据

海淀区大数据产业在北京乃至全国占有重要地位，掌握丰富数据资源和强大应用市场优势，拥有一大批重点高校、科研院所、互联网创新企业，在大数据部分关键技术研发领域不断取得突破，并始终领跑大数据技术创新前沿。海淀区大数据产业链完善，已经形成了从技术研发、数据资源、数据存储、数据处理与分析、可视化与智能化，到数据交易、产业化应用等一套完整的产业链条。其中，基础架构类大数据企业有 117 家，应用服务类 424 家，数据资源类 20 家，支撑平台类 39 家。在基础架构大数据领域，海淀区骨干软硬件企业陆续推出自主研发的大数据基础平台产品，一批信息服务企业面向存储管理、云服务、信息传输、数据安全等特定领域研发数据分析工具，提供创新型数据服务，如太极计算机、紫光股份、大唐电信、神州绿盟等。

在领域应用服务方面，越来越多的企业在商业智能、虚拟现实、可视化、数据分析等应用领域崭露头角，如用友网络、暴风科技、利亚德光电、七麦科技等。在行业应用服务方面，大数据在"互联网＋"等新兴行业中得到广泛应用，网络社交、电商、广告、搜索等个性化服务和智能化水平大幅度提升，催生了共享经济等数据驱动的新兴业态，如今日头条、摩拜、OFO 等。大数据产业还加速向传统产业渗透，驱动生产方式和管理模式变革，推动制造业向网络化、数字化和智能化方向发展，如北大千方、龙信思源、广联达科等企业。

（二）人工智能

海淀园企业在人工智能创新和市场化应用等领域不断开拓，引领着全国乃至全球的技术创新和产品、商业模式创新。以旷视科技、商汤科技、地平线、深鉴科技和云知声为代表，围绕计算机视觉、深度学习、语音识别形成集群式突破，在共享出行、金融支付和安保领域形成深度交融。百度和数码大方分别获批筹建国家工程实验室，佳讯飞鸿与北交大共建智能科技研究院，小米发布首款自主研发中高端芯片"澎湃 S1"，成为全球第四家手机、芯片自研"双全"企业。寒武纪研发全球首款人工智能处理器和全球首个商用能够"深度学习"的"神经网络"处理器芯片，成立仅一年就跻身"独角兽"行列。百度宣布开放自动驾驶技术平台并发布"Apollo"新计划。11 月 15日，科技部公布了首批国家人工智能开放创新平台名单，园区企业百度、腾讯、科大讯飞入选，将依托百度公司建设自动驾驶国家新一代人工智能开放创新平台，依托腾讯公司建设医疗影像国家新一代人工智能开放创新平台，依托科大讯飞公司建设智能语音国家新一代人工智能开放创新平台。

（三）其他新兴领域

2017 年 12 月 24 日，北京量子信息科学研究院在园区正式成立。北京在量子信息科学研究方面具有领先优势，在量子信息科学研究方面拥有全国最完整的学科布局、最强的研究队伍、国际一流的实验条件和技术资源。为承接国家重大任务，北京市政府和中国科学院、军事科学院、北京大学、清华大学、北京航空航天大学共同签署了《北京量子信息科学研究院建设合作框架协议》，六方本着"战略引领、优势互补、资源共享"的原则，从建立存量资源整合与新增资源共享机制、人才双聘机制、知识产权共享机制，共同争取国家重大任务落地研究院等方面开展合作，共同推动研究院建设。研究院将瞄准国家战略需求，积极承担国家科技创新 2030 – "量子通信和量子计算机"重大项目等任务，产出一批世界级的重大原始创新成果，争取早日纳入量子信息国家实验室。同时，探索形成有利于原始创新和成果转化的体制机制，促进更多科研成果在研究院诞生，并推动研究院科研成果在"三城一区"转化落地。

第十九章　上海浦东软件园

上海浦东软件园作为部市合作项目成立于 1992 年，是全国最早的软件园之一，也是上海乃至全国的软件产品、技术和人才的集散地。经过 20 多年发展，园区产值规模快速增长，形成六大产业集群，主导产业涵盖服务外包、移动互联、芯片设计、电子商务及互联网、文化创意和行业应用等多个领域。拥有企业 1600 余家，产品服务超过 1000 种。在"自贸区"和"双创"两大战略的支持下，结合上海全球科创中心建设的契机，浦东软件园加快由早期的专业园区向产城融合的创新社区转变，致力于打造世界级软件产业创新社区，为企业提供连接分享平台，汇聚全球优秀人才和创新资源。

一、园区概况

上海浦东软件园是全国最早的软件园之一，是原信息产业部和上海市人民政府共同组建的"国家软件产业基地"和"国家软件出口基地"，也是国家新型工业化示范基地、国家级科技企业孵化器和智慧软件园试点园区。上海市政府高度重视浦东软件园的发展，将其列为国家服务外包平台上海中心、上海市软件出口（创新）园区和上海市数字园区。2000 年 3 月 18 日，上海浦东软件园的郭守敬园正式对外开园。随后，祖冲之园于 2006 年 3 月开园；三林世博分园于 2008 年 10 月开园；昆山浦东软件园于 2009 年 8 月开园。2014年 1 月，川沙园启动建设中，园区规划总建筑面积为 93 万平方米，总投资额达到 74 亿元。上海浦东软件园三林园项目正在建设中，将形成六大园区联动发展的新格局。园区规划占地面积 270 亩（约 18 万平方米），地上建筑面积近 37 万平方米，投资总额将达 50 亿元，拥有多样办公空间供选择，并配备健身、餐饮等齐全配套设施。园区拥有一流的办公研发环境、自然生态环境、人文生活环境、创新发展环境，形成了多层次、全方位的服务体系，吸引了大批国内外软件及信息服务企业进驻。

2000 年开园以来，上海浦东软件园以"创新驱动、转型发展"为主线，不断汇聚创新资源、推进创新应用、加快辐射带动，入驻企业数、就业人数、产值规模以及上缴税收也都呈现出持续快速增长的态势，形成了近千种软件产品与服务，集聚效应不断凸显，已经成为我国发展软件和信息服务业的重要集聚地。据不完全统计，园区内汇聚了超过 1500 家的软件企业，其中入驻企业已经超过 600 家，从业人员 40000 人，园区的软件和信息服务业经营收入近千亿元。园区积极营造优良的产业发展环境和氛围，通过不断完善的五大服务模块，打造园区企业、政府机构、非盈利组织、服务供应商之间信息和交流服务平台，为入园企业提供多层次、全方位的"一站式"服务平台。2017 年，浦东软件园打造智慧园区产业生态圈，首批基于窄带物联网（NB - IoT）通信技术的商用智慧路灯在园区内应用落地。"十三五"期间，园区将加快向社区转变、提供服务向连接分享转变、招商引资向产业培育转变的"三个转变"为引领，建成软件与信息服务业领域具有国际影响力的智慧产业社区和创新创业示范区。

二、重点行业发展情况

（一）主导产业

园区积极加快创新价值体系建设，围绕产业核心环节重点布局，打造产业链成长引擎，构建产业链重要支撑体系。经过多年快速发展，园区主导产业涵盖服务外包、移动互联、芯片设计、电子商务及互联网、文化创意和行业应用等多个领域，示范和引领作用日渐显著。园区积极引进业界领先的战略客户，不断加大战略选商力度，不断优化调整产业结构。

服务外包领域，产业保持稳定增长，园区聚集了花旗金融、群硕软件、塔塔信息等大批业界领先的服务外包及软件出口企业，为客户提供覆盖 ITO、BPO 和 KPO 业务的全方位服务。园区移动互联领域的产业发展迅猛，其中手机游戏、操作系统、位置服务、移动广告等领域的企业发展态势良好，魔迅、乐蛙等多家企业已经获得业界投资。2016 年，园区在服务外包领域积极开展合作，上海服务外包交易促进中心与河南外包产业园签署了互利合作协议，共同建设高素质服务外包人才池。另外，上海服务外包交易促进中心青岛分中心落户高新区，为青岛软件和服务外包企业提供外包项目信息发布、项目管理、咨询及培训认证项目等一站式服务平台。

芯片设计领域的产业规模持续保持领先。园区内不仅拥有高通、美满电子、德州仪器等国际领先企业，还拥有众多像海斐圣、迦美信芯等拥有自主核心技术的创业型企业。

电子商务领域，创新模式不断涌现，包括东方电子支付、二三四五、洋码头等企业在电子支付、网址导航、海外代购和物流优化等模式下持续创新，在商贸流通、工农业、交通运输和旅游等众多领域的应用不断拓展。

行业应用方面，产业深耕市场做精做强，SAP、思华科技、达梦数据库等企业产品已经覆盖到了政府、金融、电信、能源、教育和制造业等诸多领域的专业解决方案。

（二）新兴产业

园区以"创新驱动、转型发展"为主线，不断汇聚创新资源、推进创新应用、加快辐射带动，积极布局软件产业和信息服务业新兴领域，建立以龙头企业为主体、产学研相联合的发展机制，形成需求牵引、创新应用的发展模式。

3D 打印领域，园区拥有大批后端从事应用服务开发的企业，已经具备了有利的区位竞争优势。特别是由园区内智位机器人公司研发的 DreamMaker 桌面型 3D 打印机目前已经成功面市，此款产品是市面上同类产品中打印尺寸、打印速度和打印精度最高的，而该产品的售价只有国外同类产品的三分之一。

互联网金融领域，园区内的花旗金融、胜科金仕达等国际一流的金融信息服务厂商不断发展壮大，为园区金融信息服务领域的进一步发展打下了坚实的基础。而从事金融软件应用系统的天用唯勤和棠棣信息以及从事金融交易工具及量化模型开发的无花果信息等优秀企业，也都紧紧围绕金融和软件的核心技术不断努力。特别是上海市的拍拍贷金融信息服务有限公司，如今已经发展成为国内首个 P2P 网络信用借贷平台，成为国内最大的 P2P 人群聚集地，同时该公司也是第一家由工商部门特批并获得政府认可的互联网金融平台。

　　大数据领域，自开园以来，友邦保险、花旗银行和高通公司等知名企业就把数据中心建在园内，近年来，园区还涌现出诸如从事云平台开发建设的汇智软件，从事数据挖掘业务的锦融决策，从事云存储业务的七牛云存储，从事数据管理和数据驱动业务的信核数据，从事数据库精准营销的运筹信息，从事自主创新数据库系统的达梦数据库，从事商业智能应用系统开发的伟凡数据等一大批优秀企业，并集聚了基础设施、公共研发平台等综合优势，这些都将成为推动园区大数据产业发展的坚强动力。

第二十章　辽宁大连高新技术产业园

一、园区概况

大连高新技术产业园成立于 1991 年，是首批国家级高新技术产业园区，也是东北地区一个国家级自主创新示范区。大连高新区发展以软件和信息技术服务外包为主导，以网络及电子商务、动漫游及文化创业、生命科学、设计、新材料和新能源、智能制造、科技金融为特色的现代服务业。先后被授予中国唯一的"国家软件产业国际化示范城市"和"国家创新型软件产业集群"，中国首家"国家创新型特色园区"，以及中国"国家软件产业基地"和"国家软件版权保护示范城市""国家级文化和科技融合示范基地"等荣誉。

大连高新区是软件和服务外包产业的核心区，同时也是辽宁沿海经济带重点发展区域，规划建设有大连软件园、七贤岭现代服务业核心功能区、河口国际软件园、黄泥川·天地软件园和华信软件园等多个专业软件园。软件和信息技术服务产业是高新区重要的基础性产业，经过 20 年的发展，软件和服务外包产业呈高端化、规模化、集群化发展，实力、规模和创新能力走在全国前列。2017 年，高新区预计实现地区生产总值达到 2050 亿元，R&D 占GDP 比重达到 3.1%，高新技术产业产值达到 640 亿元，引领全市创新发展的领头雁和增长极作用进一步彰显。

技术创新加速推进，自主创新成果不断涌现。2017 年，博奥生物落户并申报国家基因检测技术应用示范中心；哈工大机器人集团在高新区建设集机器人研发中心和机器人产业孵化器于一体的机器人产业基地；三垒自主研发的国内首台双激光双振镜大型金属 3D 打印机成功上线；华信"大连云"、华为"软件云"等正式运行。

政策支撑持续发力，众创空间模式创新发展。自 2015 年以来，高新区结合自身发展实际，推出一系列科技创新扶持政策"组合拳"，陆续颁布了《大连高新区科技创新券实施管理办法（试行）》《大连高新区关于推动科技创新做活经济发展的若干措施（试行）》《大连高新区高新技术企业培育认定专项奖励资金管理办法》《大连高新区支持高校院所和企业科技人才创新创业工程的暂行办法》，修订了《大连高新区管理委员会关于"大连市海外学子尖端人才归国创业工程"（2016—2020 年）的实施意见》等一系列政策措施。为落实上述政策措施，高新区精心组织政策实施，受理申报项目近千项，有层次、有步骤地推动创新发展，建设了一批科技创新载体，引进了一批科技创新项目，在科技创新和产业发展方面都取得了长足的进步。2017 年，高新区共计扶持 506 个科技项目，累计发放各项政策扶持资金 1.71 亿元，共有 295 家企业获得扶持资金。同时，为激发创新创业活力，高新区实施"创业大连·高新区示范引领工程"，其中包括六大工程：创新型孵化器培育工程、海内外创业人才集聚工程、科技成果转化工程、科技金融助推工程、创业服务提升工程、创业文化示范工程，分别针对孵化器、人才引进、高校科研、资本投资、平台服务和文化氛围等多个方面制定了具体的措施，推进双创发展。截至2017 年底，大连高新区众创空间数量已增加至 34 家，15 家通过国家科技部备案，15 家被省科技厅命名为"云启众创"，23 家通过市科技局备案，累计吸引优秀项目近 800 个。三年内区内新增科技型企业 2500 余家，创业企业获得各类投资近 7 亿元。

二、重点行业发展情况

（一）服务外包

大连高新区软件服务外包业务全国领先，基于此大连成为全国唯一的"软件产业国际化示范城市"，并入选首批"中国服务外包基地城市"。凭借在产业领域的多年实践积累，越来越多跨国公司将面向全球的技术支持中心和服务中心落户在高新区。服务外包业务已从最初的简单数据录入、软件编程，升级到用户需求分析、系统集成、整体构架设计等具有较高附加值的业务链高端。在大数据、物联网、云计算等新兴互联网技术不断迭代更新的过程中，园区也涌现了一批新兴业态，当中包括国内首家收集全球货物贸易进出口数据并提供大数据分析的商业机构大连瀚闻资讯。

全球 10 大服务外包企业有 7 家在高新区落户，华信、东软、文思海辉 3 家本土企业对日软件出口额连续多年位列全国前三，成为全国首个千亿级软件和服务外包产业集群。大连华信于 1996 年开始承揽日本 NTTDATA、NEC 等企业的软件开发业务，成长为一家拥有近 8000 名员工的企业，业务覆盖国内及日本、美国、中亚、南亚等国家和地区，是 IAOP 全球外包百强企业、全国第二大软件出口企业，也居中国自主品牌软件产品收入企业前十。近年华信持续加大研发投入，在云计算、大数据、物联网等核心框架、业务方面进行技术积累，并推进成果落地。截至 2017 年，大连华信已累计获得软件著作权 393 项，软件产品 185 项。

（二）云计算大数据

大连高新区作为软件和信息服务业高度集聚区，在发展云计算与大数据上有着得天独厚的先发优势。从 2010 年开始，大连高新区就启动了云计算产业计划，成立了云计算产业推进领导小组，建立了全国首家"云计算智慧展示中心"，建成了"健康云""培训云""物联网监管云"，组织东软、华信等骨干软件企业成立了云计算实验室、"软件测试云"、云数据中心等，华为云服务创新中心、华信云计算公共服务平台已先后上线运营。2017 年，大连市有近百家企业已经把触角延伸到大数据产业链的数据采集、数据存储、数据分析、数据应用与服务等多个环节。在大数据存储和电子政务领域，除华信、东软、中兴等民营骨干企业已经成为大连数据存储领域的重要力量外，中国华录的存储介质—存储设备—存储系统—存储服务业，已经处于全球领先水平，并广泛应用于金融、档案、医疗、广电、政府数据中心等领域。在数据应用与服务环节，依托区域内的高校资源，形成了一批以陆海科技、贝斯特、锦达数据、心医国际、楼兰科技、口岸物流、哥伦布为代表的大数据重点企业。在国际贸易领域，瀚闻资讯已被认定为"国家级电子商务示范企业"，实现了贸易大数据在线查询分析，其数据库及信息项目包括欧盟统计、北美提单、俄罗斯海关统计等全球 171 个国家及地区，覆盖全球贸易总量的 93%。

（三）工业软件

大连作为重要的东北老工业基地，机床、起重、汽车、轴承等装备制造业产业基础雄厚，工业软件产业链的上游产业基础雄厚，工业软件发展空间巨大，正成为新的增长点。集聚了中国华录、大森数控、华冶联、阿尔派电子、四达高技术等知名企业，在数控机床、自动生产线控制、数字化车间、工业机器人等领域形成一批国际先进、国内领先、填补空白或替代国外产品的自主知识产权产品，并在国家重点项目、国有大中型工业企业中取得较好应用成效。2017 年，区企业英特仿真获得"2017 年度中国工业软件十大优秀企业"称号，同时英特仿真的"英特通用多物理场耦合分析软件"获得"2017 年中国工业软件优秀产品奖"奖项。

第二十一章　江苏南京软件谷

一、园区概况

中国（南京）软件谷成立于 2011 年 8 月，位于南京主城的西南部，是全国最大的通信软件产业研发基地，全国首批、江苏唯一的国家新型工业化（软件和信息服务业）示范基地。园区自成立以来，先后获得中国服务外包基地城市示范区、国家火炬计划现代通信软件产业基地、国家级服务业标准化试点园区、国家数字出版基地、国家级博士后工作站等多项国家级荣誉。

近年来，软件谷加快建设和发展，产业的集聚规模、结构层次、综合实力不断提升，成为"千亿级软件产业基地"。"十二五"期间，软件谷的软件和信息服务业收入、地区生产总值、一般公共预算收入年均增幅分别达到 33.3%、28.2% 和 29.5%。2017 年 1—8 月份，实现软件和信息服务业收入 1345 亿元，同比增长 16.05%，成为全国屈指可数的"千亿级软件产业基地"；软件产业新增建筑面积达到 55 万平方米，总量达到 721.2 万平方米；涉软企业新增 190 家，总数近 2000 家；涉软从业人员新增 1.3 万人，总数达到 21.7 万人。园区内聚集各类软件企业近 2000 家，其中世界 500 强及世界软件 500 强企业 9 家，中国软件百强企业 26 家。软件谷内专家包括院士 1 人（企业创始成员）、千人计划 15 人（其中自主培养 5 人、外部集聚 10 人），集聚南京市领军型科技创业人才 198 人，集聚"创业南京"高层次人才 32 人，引进省"双创"人才 36 人。按照南京市建设国际软件名城的战略部署和雨花台区委区政府的决策规划，到 2020 年，软件谷的软件和信息服务业收入将突破 4000 亿元，其中软件业收入达到 2200 亿元，占全市比重达到 50%，软件产业建筑面积达 1000 万平方米、涉软从业人员超 30 万人、涉软企业达 2500 家，全力争当南京建设国际软件名城的排头兵、主阵地、核心区。2017 年，软件谷股权融资火热，据统计，2017 年软件谷共有 48 家处于不同成长阶段的企业获得老虎基金、汪峰基金、真格基金等机构股权融资，实际到账金额达18.2 亿元，继续保持高速增长。南京功夫豆信息科技公司是软件谷一家 2016年创立的企业，2017 年公司累计打印照片 5.2 亿张，营收高达 1.5 亿元。创始人杨兴中告诉记者，2017 年该公司先后成功获得分众传媒战略投资 3000 万元、复星昆仲等投资 4000 多万元，成员从寥寥数人迅速扩大到 68 人，付费打印、证件照冲印等多种盈利模式也在布局中。

软件谷注重以知识要素为牵引开展科技服务，着力建设创新设施，促进企业创新创业。现已建有国家级重点实验室 1 家（国家天线与微波技术重点实验室）、国家级工程技术研究中心 1 家（国家信息安全工程技术研究中心江苏分中心）、国家级博士后科研工作站 3 家、省级重点实验室 1 家、省级工程技术研究中心 13 家、市级工程技术研究中心 29 家；建有国家软件产品质量监督检验中心、南京超云计算中心、江苏软件产品检测中心等公共技术平台；建有北京大学南京创新研究院、南京大学软件学院软件谷分院、东南大学光传感/通信综合网络国家地方联合工程中心等产学研联合创新载体。

软件谷分为西园、南园、北园三大园区。西园打造全国一流的数字服务产业基地和适合中小软件企业创业孵化、创新技术、创意发展的集聚区。南园引进国际软件产业研发总部，打造国内一流的技术研发中心和产业拓展基地、国际软件企业研发总部集聚区。北园打造具有全球竞争力的中国通信软件产业第一基地和全省乃至全国最重要的软件产业公共服务平台。软件谷现已形成了多个产业集群，包括以华为、中兴、亚信等为龙头的通信及智能终端产业集群；以京东、苏宁等为支柱的电子商务及互联网金融产业集群；以SAP、欧朋、趋势等为引领的云计算、大数据及移动互联网产业集群；以中电十四所、宏图三胞、舜天、苏豪等为平台的旗舰经济；以美满、润和等为计代表的核心物联网及芯片设计产业集群。

南京雨花台高新区位于中国（南京）软件谷核心区，于 2017 年 12 月成立，规划面积为 12 平方公里。雨花台高新区以软件和信息服务业、科技服务业为主导产业，在现有通信及智能终端，云计算、大数据及移动互联网，电子商务及互联网金融，物联网及芯片设计，旗舰经济"五大产业集群"基础上，加快产业转型升级，逐步打造形成以 IC 设计、虚拟现实、人工智能等前沿性领域为引领的高端软件发展体系，形成科学、优良的产业生态。高新区规划范围内企业总数 659 家，其中科技企业 527 家、高新技术企业 88 家，已集聚华为、中兴、步步高、SAP、亚信、宏图三胞、美满、润和等为代表的一批知名企业。注重人才引领，累计集聚国家千人计划 16 人，入选省"双创"人才 30 人，入选省创新团队 3 个；入选市高层次创业人才 191 人，培养科技创业家及创新型企业家 34 人，入选省、市高端人才团队 9 个。积极建设新型研发机构，北大南京创新研究院、东南大学光传感/通信综合网络国家地方联合工程中心建成运营，新近签约西安电子科技大学南京网络安全研究院、南京三维智能制造研究院项目正在全力推进。已出台《雨花台区关于进一步加快软件及信息服务业发展的政策意见》《雨花台区知识产权战略专项资金管理办法》《关于鼓励和扶持科技创业企业融资贷款的实施意见》等一批政策，2017 年实际兑现资金超 1.5 亿元。

二、重点行业发展情况

（一）通信软件

北园建设有具有全球竞争力的中国通信软件产业第一基地，基地依托华为、中兴、江苏润和、文思海辉等重点企业，以江苏赛联信息产业研究院、江苏虚拟软件园、江苏省软件检测中心等省级软件产业公共服务平台为载体，不断巩固和强化通信软件产业优势，在大型交换系统、数据网络、增值业务、下一代网络核心技术、通信解决方案等领域的核心价值得到了不断提升。

（二）云计算

南园建设有国内一流的超级云计算技术研发中心、产业拓展基地和服务示范窗口，并计划重点发展超级云计算服务产业园。产业园内集聚了包含斯坦德、紫光、云创存储、华软等在内的一批云计算龙头企业，立足于发展超级云计算技术和应用服务，不断构建完善集云计算基础设施、技术研发、系统集成、硬件产品制造、软件支持服务、市场运营等于一体产业体系。园区在云计算技术的推广应用趋势向好，电子政务、企业信息化、工业设计、移动支付、信息安全等重点领域都有相应的示范应用在开展。来自软件谷壹千零壹号自动化科技公司的"1001 号云制造平台"项目从全国 100 多个项目中脱颖而出，成功入选全国"互联网＋"工业十大案例。以3D打印技术为基础的"1001号云制造平台"，通过整合加工、模具、注塑等生产链条，连接手机等智能终端到生产设备，推动传统企业加快实现智能制造和柔性生产，成功为企业实现缩短一半以上的研发时间，同时还节约了50%的研发费用。

（三）服务外包

西园建设有全国一流的数字服务产业基地，致力于打造适合中小软件企业创业孵化、创新技术、创意发展的产业集聚区。西园重点建设有国家级数字出版基地、电子商务产业园等产业基地，不断提升国家级数字出版产业基地的产业规模与层次。与此同时，它不断整合计算机、通信、网络、流媒体、存储和显示等关键技术，通过引进加快发展数字设计、数字影视、数字广播、数字识别、数字虚拟、数字期刊等各类数字服务产业。软件谷曾被授予"全球最佳服务外包园区——中国十强"，谷内企业富士通南大软件技术有限公司和软通动力信息技术有限公司跻身"全球最佳服务外包供应商——ITO中国二十强"和"全球最佳服务外包供应商——中国五十强"。

第二十二章　福建福州软件园

一、园区概况

福建福州软件园始建于 1999 年 3 月，是福建省规模最大的软件产业园区。园区地处福州市城区西北隅，紧靠城市三环线，对接快速连接线，交通便利，周边配套成熟。软件园规划面积为 3.3 平方公里，现开发面积 1.69 平方公里，建筑面积近 100 万平方米，从业人员 3 万多名，成为福建省内最大的软件行业园区。园区先后被评定为"国家火炬计划软件产业基地""国家高新技术创业服务中心""国家现代服务业产业化基地""中国软件和服务外包杰出园区""国家新型工业化产业示范基地""海峡国家数字出版产业基地"等。

福州软件园自成立以来，不断加大园区基础设施建设，优化对企业服务能力，承载能力不断增强，先后启动了多个重点工程建设。目前，软件园启动提升改造工程，总投资 9.76 亿元，建设工期将持续到 2019 年 12 月。软件园 A 区将提升改造为创业创新新城，预计将新增建筑面积 17.8 万平方米，新增软件等高科技人才 2 万余人，新增百亿产值，并为实现整个软件园"千亿园区"的目标打下基础。

软件园区产业规模不断壮大，企业实力进一步提升，是海峡两岸重要的信息产业集聚区。园区共汇聚 510 家企业，拥有沪深主板、新三板上市企业 34 家，另有上市公司分支机构 17 家；产值超亿元的 42 家，超千万元的 141 家；国家规划布局重点软件企业 10 家，国家火炬计划重点高新技术企业 103 家。

园区优化平台建设，不断提升公共服务能力。先后建立了福建省软件公共技术平台、福建省集成电路设计中心、动漫游戏公共技术服务平台、福州动漫新城创意产业公共服务及孵化平台、福州文化创意产业小微企业服务中心、福建省软件人才国际培训平台、福建创新创意产品体验推广公共服务平台、福州动漫基地产业服务平台、研究生培训工作总站、空间信息中心等公共平台，服务内容涉及软件研发、动漫游戏、IC 设计、创业孵化、软件检验检测、人才培训等多个方面。同时园区相继落成国家软件与集成电路人才国际培训基地、福州国家级文化和科技融合示范基地、福建省产业人才聚集基地、台湾青年创业基地等多个国家、省、市级基地，公共服务体系不断完善。2017 年初，园区提出了"福州软件园创新服务推动十条措施"，对创业团队给予房租及物业管理费减免优惠、免费入驻福州软件园台湾青年创业基地、享受创业导师一对一辅导服务、支持入驻在福州软件园的众创空间开展融资、培训、项目路演、人才交流等活动、免费享受集工商注册、法务、财务等"一站式"政务服务等系列优惠措施，旨在提升园区创新创业软环境。

软件园加紧推进智慧园区建设，建设简单、开放、实用、舒适的智慧园区体系。具体包括：搭建智慧招商、智慧办公、智能物业管理等智慧业务管理平台，实现园区内运营管理信息一体化；融合各智能系统，实现园区内人、车、物、区域之间的全方位智能管理数字化；以智慧政务服务体系为基础，整合多方服务资源，构建园区服务平台，实现园区政务、商务服务一体化；以掌上园区 APP 为统一接口，让园区公众通过移动终端感受到工作、生活配套服务的便捷性，实现社区管理移动化。

另外，福州软件园还致力于推动文创企业出海、上网、硬件化，通过政策扶持、渠道分享、证券化发展等方式促进企业发展。园区已累计兑现动漫扶持资金 1.07 亿元，奖励企业 281 家次，形成以网龙、百度 91、世纪长龙等为龙头的动漫游戏产业集群。

二、重点行业发展情况

（一）五大产业集群加速发展

园区形成了包括行业应用软件、IC 设计与智能控制、互联网服务、大数据和文化创意等产业在内的五大特色产业集群。具体有以榕基、顶点软件、福昕、铁塔、三元达、新东网、新大陆、福富、富春通信等大型企业为代表的行业应用软件产业集群，以瑞芯微电子、贝莱特、中科光芯光电、联迪商用、丽声、华虹科技、安明斯智能、高奇电子等企业为代表的 IC 设计与智能控制产业集群，以百度 91、宝宝巴士、智趣、中金在线、车友网、大娱号等企业为代表的互联网产业集群，以闽保、易联众、亿榕、福诺等为代表的大数据产业集群，以网龙、世纪长龙、天狼星动漫、金豹动画、神画时代、天之谷等为代表的文化创意产业集群。

园区已成海西最大的软件产业园区，正向千亿级软件产业园区进军。其中，园区产值超亿元企业 39 家，超千万元 92 家，进入国家重点软件企业名录的 10 家，跻身"全国软件竞争力综合 200 强"的企业 9 家。"全国第一"百度 91 产品市场占有率 50%，瑞芯微电子数字移动多媒体高端芯片国际市场占有率全球第二，中金在线跻身全国三大垂直财经门户网站。

（二）创新水平大幅提升

园区建设规模继续扩大，载体作用更加明显，创新水平大幅提升。园区共有 43 个省级企业技术研发中心和 2 个国家级企业技术研发中心，以企业为主体的科研创新实力不断增强。"十二五"期间，园区企业研发投入占软件业务收入的比重达到 7.8%，拥有软件著作权登记 2288 项；拥有发明专利 988 项，年均增长 59.9%；拥有软件产品登记 1773 件，年均增长 15.7%。部分关键技术实现突破。中科光芯光电建设了国内唯一拥有完整的外延、芯片、器件工艺的光芯片微纳加工工艺生产线；新大陆拥有国际领先、完全自主知识产权的物联网二维码核心技术、行业芯片设计技术等，发布了"全球首颗物联网应用二维码芯片"。园区大力支持创新创业，其创客谷已有孵化项目 138 个，产业就业人数 828 人。另外，园区还联合 16 家创投机构成立了基金联盟，为创业者提供融资服务。

2017 年，百度（福州）创新中心落户福州软件园。创新中心将充分利用新一代互联网、物联网、智能制造、VR 等新技术新产品，促进传统企业产业升级改造进程，为各类创业者提供百度云平台资源、技术指导和支持、投融资对接、宣传及推广资源等服务，旨在营造创业氛围，完善创新创业生态服务链条。

（三）闽台合作持续深化

福州软件园长期作为深化闽台两岸文化交流的桥梁，致力于两岸文化产业合作共赢和协同发展。园区连续 7 年承办海峡两岸信息服务创新大赛，大赛成立闽台信息服务业产学研合作委员会促进两岸合作。每年有上千名来自海峡两岸的创业青年及知名企业参加。福州市软件行业协会与台北市电脑商业同业公会合作开发建立 IT 类工种的职业技能标准，囊括"计算机程序设计员""计算机网络管理员"等，形成创新性人才培养和人才选拔机制。台北市电脑商业同业公会在园区设立办事处。

2017 年初，闽台两岸软件与集成电路产业合作基地落户福州软件园，该基地是福建省电子信息集团与福州软件园在资源共享、优势互补基础上共建的重大合作项目。基地落成后，将进一步加强闽台在信息产业核心技术领域的合作，全面提升在集成电路、智能制造和应用软件领域的产业规模、人才集聚和专业服务水平。

第二十三章　山东齐鲁软件园

山东齐鲁软件园是一个以软件产业为核心，业务领域涵盖动漫游戏、半导体、服务外包、系统集成、通信等多个产业的综合性信息技术产业园区。齐鲁软件园获得 2017 年中国最具活力软件园称号，响应济南市委、市政府建设"数创公社"、发展大数据产业的战略部署，承担推动"数创公社"建设的重任。园区抓住济南市建设新旧动能转换先行区的黄金机遇，大力发展大数据和新一代信息技术产业，实施优势产业"倍增"行动、科技创新人才"聚集"行动和园区企业"国际化"行动。力争 2020 年，齐鲁软件园技工贸总收入达到 4000 亿元，软件信息服务业收入达到 2000 亿元，聚集企业 5000家，跻身国内领先、国际先进园区行列。

一、园区概况

山东齐鲁软件园成立于 1995 年 11 月，位于济南市高新技术产业开发区，是一个以软件产业为核心，业务领域涵盖动漫游戏、半导体、服务外包、系统集成、通信等多个产业的综合性信息技术产业园区。目前园区以面向行业的应用软件、集成电路设计和服务、机器人与智能制造、信息安全、新技术和新业态等为主导产业。经过 20 多年的发展，齐鲁软件园入园企业发展到2600 多家，其中软件和信息技术企业数量在全国 15 个副省级城市中仅次于武汉；软件和信息服务业年收入超过 1500 亿元，多年位居全国十大软件园之列。齐鲁软件园是享誉全国成立最早的"四大软件园"之一，是科技部 1997年首批认定的国家火炬计划软件产业基地。齐鲁软件园先后获得"国家软件产业基地""国家软件出口基地""国家服务外包示范区""国家新型工业化（软件和信息服务）产业示范基地""国家科技企业孵化器"等国家认定品牌，现已发展成为国内外知名的软件和信息服务业产业集聚区，是"中国软件名城"济南的一张亮眼名片。2017 年，齐鲁软件园获得中国最具活力软件园称号，以及山东省级文明单位称号。

　　园区始终坚持"营造环境、拉动产业、促进发展、共同提高"的发展思路，紧密围绕产业拉动、园区规划建设、企业服务三大任务，为园区企业着力打造了集人才保障、企业协作、技术支撑、融资服务等服务于一体的综合性服务平台，重点聚焦在人才聚集、技术支撑、产业国际化和集成创新四项工作任务。园区利用省市区三级人才政策，大力引进和培养高层次创新创业人才，园区的发展具有了人才上的保障。园区现有全方位的综合性技术支撑平台，为进驻园区的企业提供免费的软件开发、测试、过程管理和质量控制等技术支撑环境。园区还注重企业协作工作的创新，以企业联盟和行业协会的形式搭建了促进企业协作经营与管理的平台，实现行业内企业间的互补，技术与产品的转化，资源与人才的共享，营造了积极的企业集群创新环境，实现了企业间的协同共赢。园区通过联合银行、投资机构、政府相关机构为企业提供多层次全方位的资金服务产品，已经形成银行贷款、风险投资、政府支持资金齐头并进的金融服务体系和保障平台。

　　从 2017 年开始，齐鲁软件园将实施优势产业"倍增"行动，进一步加强和巩固优势产业的领先水平，力争实现增长翻倍；实施招商"双引"行动，坚持"招大引强、招特引优"思路，加大招商优惠政策扶持力度，优化完善招商投资环境；实施科技创新人才"聚集"行动，以完备的发展体系和优越的工作环境吸引高级人才到园区工作，吸引知名创新团队入驻园区创业创新；实施科技创新主体"聚集"行动，与省内外知名高校、科研院所密切合作，实现产学研一体化发展，促进科研成果的落地和孵化；实施企业"国际化"行动，开展国际交流合作，学习国外企业先进的技术和管理，帮助企业"走出去"，同时将国际一流技术和管理经验"引进来"，加强企业消化吸收外国先进经验的能力，增强企业再创新和因地制宜应用能力。根据园区发展规划和目标，到 2020 年，齐鲁软件园力争技工贸总收入达到 4000 亿元，保持年均增速大于 20%；软件信息服务业收入以年均 15% 的增速增长，力争产业规模达到 2000 亿元；服务企业数量力争从现有的 1700 家增加到 5000 家。争取在"十三五"时期跻身国内领先、国际先进的软件园行列。

　　除了升级和完善已有的软件开发全过程技术支持环境，近年来，园区还投入 12 亿多元新建和扩建了新兴行业应用技术支撑平台，其中包括嵌入式软件开发技术平台、软件和信息服务外包公共技术支撑平台、基于通信行业的公共技术服务平台、虚拟现实实验室、动漫集群渲染平台等，提供全面的公共服务，助力企业提高创新能力。在加快公共服务能力建设、产业聚集发展的带动下，园区拥有了一流的科技型中小企业孵化器以及"创业咖啡＋创业苗圃＋孵化器＋加速器"的孵化体系，企业发展的生态环境有利于园区内中小型科技企业孵化发展，在政策、管理、法律、融资、技术平台、市场推广和培训等方面为它们提供全方位专业的服务，帮助创业企业快速孵化，为推动大众创业、万众创新的蓬勃发展提供系统保障和有力支撑。

二、重点行业发展情况

大数据产业纳入发展规划。齐鲁软件园发展中心制订了济南市数创公社2020 发展行动计划，这是济南市首个针对大数据发展出台的指导性文件，把大数据与新一代信息技术产业列为济南市十大千亿产业首位，以齐鲁软件园为依托，加快布局大数据产业集群，引进和培育大数据领军企业，力争到2020 年把济南建成全国领先的大数据应用示范城市。园区在搭建数据平台、吸引上下游产业聚集、完善大数据产业链条方面取得重大进展，正积极打造立足济南、服务全国的大数据加工、应用及产品生产中心和数据创新服务基地。园区围绕传统行业转型升级、政府治理和民生服务等领域，提出 20 项大数据发展行动计划。其中优先推进医疗健康、治霾、治堵、治安、城市管理、农业、物流、扶贫、金融、工业十项大数据行动计划，循序发展电力、旅游、教育、电子商务、文化、信用、党建、食品药品监管、环保、税务十项大数据行动计划。目前，园区以大数据技术开发和应用为主营业务的企业超过 200家，已经形成了从上游数据中心，到中游大数据技术平台、下游大数据应用的相对完善的产业链。园区在高新区中心区规划建设大数据产业基地，以高新区"铭盛大厦"为起步区，整合东西两侧地块整体规划建设，预计将形成100 万平方米的大数据产业载体。在未来 5 年内，济南市还将每年投入 5 亿元用于发展大数据、量子通信、工研院建设。

信息通信技术创新产业发展稳步推进。济南高新区以齐鲁软件园为核心，搭建了以齐鲁创新城、信息通信产业基地等为主体的研发区，初步形成了以孵化器、加速器、专业产业园区为代表的全方位三级载体建设模式，满足产业基地内信息通信领域内的创新企业长期发展各阶段的支撑和服务需求，成为国家信息通信和软件产业的重要聚集区，着力推进信息通信技术产业快速发展。济南高新区建设山东信息通信技术创新产业基地预期 2019 年 9 月建设完成，预期孵化企业将达到 100 家以上，产值近 150 亿元，带动增加就业约 1.5 万人，相关产业链上下游创收将显著增加。

电子商务等新兴产业纳入发展规划。在国家大力推进网络强国战略和"互联网+"行动计划的大背景下，互联网产业迎来良好的发展机遇。齐鲁软件园作为电子信息产业发展的前沿阵地，抢抓机遇，积极营造完善的互联网产业生态。2017 年，齐鲁软件园持续推动与腾讯及阿里巴巴电子商务和"互联网+"项目，从原来面向行业的应用软件以及服务外包业务向云计算、物联网、电子商务等新兴产业方向延伸发展。

人工智能快速发展。2017 年 12 月，济南高新区与世界顶尖医疗手术机器人企业川森泰瑞克斯（TransEnterix）公司签署了合作协议，此次签约标志着美国川森泰瑞克斯公司单孔腹腔手术机器人 SurgiBot 系统项目正式落户高新区齐鲁软件园，该生产线将于 2018 年 7 月份在高新区完成全套生产设备的转移及安装调试，同时高新区与川森泰瑞克斯公司及中弘建业也在协议中达成了多孔腹腔手术机器人 Senhance 系统的代工生产落户高新区的意向。2017 年 8 月，济南高新区签约的碧桂园"京"动能产业区项目，将借助济南高新区机器人公共技术服务平台、数字媒体等公共技术支撑平台，与中国科学院自动化研究所、北京创新研究院、国科控股合作建立协同创新和产业转移中心，重点发展人工智能产业和特种机器人全链产业。下一步，高新区将进一步搭建相关领域沟通、合作桥梁，继续大力引进人工智能领域的高端人才，谋求人工智能与产业经济的深度融合，打造全方位、立体化的产业发展生态环境。

第二十四章　山东青岛软件园

青岛软件园吸引了包括微软机构、新立迅、美国优创、日本软脑、NHN等30多家外资软件企业，用友、金蝶、浪潮等190多家国内企业，园区内软件研发人员已经达到8000多人。2017年，园区逐步加大IT服务外包业务的发展力度，对日本、欧美和印度的软件服务外包业务取得了显著成果。此外，青岛被批准为国家动漫创业产业基地，形成了较为完备的人才培养和园区建设等扶持体系，动漫产业发展渐入佳境。园区积极创新办学体制和办学模式，吸收社会和产业资本，采取校政企三方共建模式创办软件行业人才培训基地，着重培养具有创新创业精神的复合型IT人才，支撑软件园区的软件与服务外包业的发展。

一、园区概况

青岛软件园是国家火炬计划软件产业基地之一，先后获得了"青岛市留学人员创业基地""国家火炬计划软件产业基地管理先进单位""全国先进科技产业园""国家科技企业孵化器"等荣誉称号。青岛软件园已经形成以软件外包、集成电路设计、数字动漫、嵌入式、行业应用软件为主导的软件产业集群，其中软件外包方向发展尤为迅速，已经成为青岛市发展服务外包产业最集中的区域。园区现有公共技术支撑平台、集成电路设计平台、数字动漫支撑平台、人才培训服务体系、IT服务外包技术平台等众多技术支撑平台组成的完备的公共服务环境，能为企业提供包括人才培训服务、技术支持及国际交流等在内的全方位服务。

青岛软件园目前已经建成一期建筑面积26万平方米，已有20万平方米研发楼投入使用，吸引了包括微软机构、新立迅、美国优创、日本软脑、NHN等30多家外资软件企业，用友、金蝶、浪潮等190多家国内企业，园区内软件研发人员已经达到 8000 多人。在园区的支持和推动下，本土企业稳步发展壮大，园区通过 CMM2 认证的软件企业有 8 家，通过 CMM3 认证的软件企业有 6 家，通过 ISO9000 质量认证的软件企业高达 30 多家，本土企业全面开展对接欧美的软件开发以及信息技术服务外包业务等工作，并收获颇丰。截至目前，青岛软件园二期暨青岛国际动漫游戏产业园建筑面积 11.5 万平方米，目前已全部投入使用，入园动漫游戏企业逾 30 家。青岛软件园三期建筑面积约 100 万平方米，目前处于规划设计阶段。

青岛软件园不断加大资金投入力度，现已建成"三库四平台"等服务平台体系，开通了园区互联网数据中心；引进了网通模块局；投资 3000 多万元建成了全省首个集成电路示范设计平台；投资 2500 多万元建成了数字动漫支撑服务平台。通过不断加强技术支撑平台和公共园区服务环境，持续为入驻软件企业提供健康稳健发展的技术后备支撑，塑造软件产业服务生态链，为园区软件企业的发展注入强大的生命力。

青岛软件园建有 QST 青软实训基地，每年可容纳 3000 多名学生实习实训，提供订单式人才培养服务，直接对接企业所需的软件人才。园区还通过与 IBM 联合创新中心合作建立了外包人才实训基地，让学生直接参与到 IBM 的软件工程师认证培训教育之中，每年培养优秀外包人才 2000 多人。

青岛软件园对园区软件和信息技术服务领域相关企业提供了全面的资金支持和融资服务，园区采取了一系列创新性举措，如无息贷款、周转资金、补贴利息等有效地帮扶了园区企业的发展。园区还成立了自己的投资担保公司，创建了融资担保平台，强化对园区软件产业和企业的扶持力度，有效解决了中小型软件和信息技术服务企业发展和壮大过程中遇到的技术支持、公共服务、投融资等问题，为园区软件企业的筹融资开拓了新路径，加大了保障力度。

二、重点行业发展情况

（一）服务外包

IT 服务外包业务稳步发展。园区逐步增强对东亚尤其是对日本的 IT 服务外包业务的发展力度，目前已经成功吸引了日本软脑、创迹、宇通系统、大手海恩等一批日资软件企业入驻，同时，中国本土企业如海尔软件、恒远天地、易科德等在承接对日外包服务中取得跨越式发展。园区对欧美和印度等国家的软件服务外包业务也取得了明显的成效。美国优创、加拿大赛得、瑞典拓讯、澳大利亚高登、英国斯邦等欧美软件服务外包企业相继落户青岛软件园，同时也带动园区内其他企业，如智洋、译通未来、圣安德等在承接外包服务方面取得长足进展。

（二）动漫创意

动漫创意产业迅速发展。自青岛被批准为第六个国家动漫创业产业基地以来，青岛市动漫产业迅速崛起，目前已经形成了较为完备的人才培养和园区建设等扶持体系，青岛动漫产业发展渐入佳境。青岛软件园投资建设的数字动漫技术平台为园区内以及青岛市的动漫企业提供专业制作设备、技术支持以及行业上下游产品的研发和制作。青岛市和青岛软件园区在政策层面上将动漫企业作为重点扶持对象，青岛市设立每年5000万元文化产业发展资金和1亿元服务外包扶持资金主要向动漫企业倾斜，青岛软件园对动漫企业给予了房租上的优惠，加大吸引和支持动漫企业的入驻和发展。

（三）IT人才培训

IT行业人才培训业务全面发展。园区积极创新办学体制和办学模式，吸收社会和产业资本，采取校政企三方共建模式创办软件行业人才培训基地，培养信息化社会发展所需要的基础知识扎实、实践能力卓越、综合素质优秀的软件行业人才，着重培养具有创新创业精神的应用性复合型优秀IT软件与服务外包人才，支撑软件园区的软件与服务外包业的发展。以青岛实训为代表的人才培训企业为园区的软件行业公司量身定制人才培养平台，针对不同公司的人才需求制定相关人才培养课程，整个人才培训行业所涉及的领域涵盖移动互联、互联网开发、云计算、大数据、游戏开发、软件开发、服务外包、集成电路等，为园区以及青岛市的软件行业发展提供强有力的人才支撑。

第二十五章 广东广州天河软件园

广州天河软件园是华南地区软件企业最密集的国家软件产业基地。2017年，天河软件园技工贸总产值预计同比增长幅度将超过20%，构建形成以电子信息、生化制药、新材料、光机电一体化为主的高新技术产业集群。2017年，天河科技园将抢抓粤港澳大湾区建设的战略机遇，发挥金融、科技、总部、人才等高端资源集聚优势，加快打造一批提升天河显示度的平台和精品项目，提高国际影响力和全球资源配置能力，力争在构建全球经济新格局中留下天河印象。

一、园区概况

广州天河软件园发展前身是广州天河科技园，在1999年的天河科技园的基础上建立。广州天河科技园成立的前身是广州天河高新技术产业开发区，也是全国首批国家级高新技术产业开发。天河科技园园区规划总面积超过20平方公里，目前已经成为华南地区软件企业最密集的并具有代表性的国家软件产业基地，同样也是中国最重要的软件产业园区之一。天河软件园以创造科技核心区、高端服务业的聚集区和现代软件社区为发展战略目标，以科技创新引领全面创新，让天河的企业辐射到世界，打造国际科技创新枢纽核心区和第二中央商务区，连接金融创新综合以及高端科技企业总部。天河软件园推进天河"互联网＋"小镇建设，构建千亿级互联网产业集聚区。天河区将以提高发展质量效益为中心，努力当好科技产业创新中心建设排头兵，打造国际科技创新枢纽核心区。天河2017年有4家企业入选中国互联网企业百强，8家企业入选省高新技术企业成长性百强，12家企业获评广州"独角兽"创新企业，5家企业入选《快公司》中国最佳创新50强。

天河软件园地理位置极佳。天河软件园坐落于广州东部高新技术产业带，总体规划面积 12.4 平方公里，毗邻全国三大中央商务区之一的天河中央商务区，在基础设施、服务功能、资本市场、创新要素、生态环境等方面拥有优越的综合区位优势。园区地理位置优越，10 分钟可到达国际金融城和中央商务区，15 分钟直达国际会展中心，18 分钟可达广州大学城，30 分钟内可达广州白云国际机场，与珠三角主要城市形成 1.5 小时经济圈。京珠、环城、广河、广园、华南快速等快速道路已建成通车；广汕公路、大观路即将实施快速化工程；广州 3 号线、6 号线、21 号线等地铁线路均在园区中心区域设置站点；46 条公交线路、52 个公交站点全面覆盖园区及周边；轻轨系统也已在规划，形成了完整纵横的便捷交通体系。

天河软件园人才资源丰富。天河区集聚了 65 所高校和科研院所，41 家国家、省级重点实验室，除此之外还有华南理工大学、暨南大学、华南农业大学、华南师范大学等一大批培养现代创新型人才的全国知名高校云集，构建起多层次、多方面的高端专业的人才结构，从研发到孵化、加速成长再到产业园区，都能提供源源不断的人力资源。在一批国内外知名高校、科研机构陆续设立国家级产学研创新平台、重点实验室与转化中心等机构，园区已成为产学研用资源高度集聚区域。据统计园区就业的人数有 14.3 万人，大专以上的占 87%。企业员工平均年龄不超过 30 岁，是创新创业的主力军。

天河软件园周边环境优越宜居。天河软件园山水相依，20 平方公里的核心区中，森林绿地面积占比达到三分之一。园区强调产业、生态融合布局，通过构筑花谷景观、花园绿道、亲水栈道等生态景观系统，按照"海绵城市"理念打造一城多湖、湖湖相连的岭南山水景观，塑造形成"一园一湖一景"特色生态园区。园区坚持特色产业与宜居生活双轨发展，重点引进了大型商业配套综合体、银行、学校、酒店、医院。日航酒店、中央大厨房已经顺利开业；人才公寓项目加快推进；便利店、连锁店等各类中小型商业配套设施不断完善。天河区目前已投入超过 1 亿元推动商圈景观等公共基础设施改造，从多方面着手，着力提升天河路商圈环境品质及景观外部形象，全力打造购物商圈景观。

天河软件园未来发展前景卓越。作为智慧城的核心区，天河科技园高唐新建区通过大力推进土地征储，为优秀产业项目提供了充足的用地资源保障。同时，在科学划分产业发展方向基础上，天河科技园依托智汇 PARK 创意产业园、高唐孵化器等一批成熟的产业载体，计划未来3年新增建设楼宇面积200万平方米，为创新创业提供有力的载体支撑，有效促进产业集聚。园区经认定市一级孵化基地7家，同时也产生了一批专业的孵化企业和各类助力企业发展的专业服务机构，为把园区打造成优质创新创业基地提供了肥沃的土壤和丰厚的资源储备。

天河软件园产业资源高度密集化集中。目前，园区内已经聚集了1700多家企业。据统计，主营业务年收入超过亿元级的企业有129家，超过千万元级的企业达521家。国家规划重点软件企业11家，境内外已上市的企业达15家。天河科技园累计认定软件企业、产品收入、产品登记数等各项指标占广州市70%。中国移动南方基地、网易、佳都、华多、太平洋网络等知名龙头企业现已入驻园区，带动了移动互联网、电子商务、大数据、地理信息、数字创意等八大优势领域突破创新。互联网金融企业加速集聚，大量高成长性企业不断涌现。根据企业发展需求，天河区和科技园构建了包括配套支持政策和园区促进优势产业发展若干措施等一系列全方位的产业政策支持体系，在科技人才、融资上市等方面提供政策配套，吸引企业落户，助推企业做大做强。

二、重点行业发展情况

（一）大数据

园区创建具有广州特色的大数据产业生态体系，努力成为全国大数据应用管理先行区、大数据创新创业示范区、大数据核心产业集聚区，并力争主营业务年收入超过20亿元的大数据龙头骨干企业超过10家。园区在构建大数据之城方面不断突破创新，引领大数据时代周边产业的新风向，其中美电贝尔2017年荣获"中国十大智能建筑品牌奖"，荣膺2017年度"中国智慧城市建设推荐品牌"。

（二）外包服务

园区积极发展对日、欧软件出口企业的高等层次的设计外包和服务外包对接工作。强化穗港澳外包服务合作共识机制，加快服务外包产业高端化进程的推进工作。大力推动客户软件编程、软件定制与测试以及应用效果保障等服务外包业务的开展，此外积极培育系统托管、软件系统租赁等软件系统应用外包的开拓创新，进一步加快发展业务流程外包（BPO）、知识外包（KPO）以及面向国际金融机构的金融服务外包业务。大力扶持汇丰软件、爱立信等具有代表性的成长型企业，扶持西艾、华际友天等初具规模的声誉较高的外包企业，重点引进国内外知名外包服务企业的入驻，引导软件服务外包企业资源的合理集聚，打造全套完备的软件服务外包产业链，构建成熟高效的企业协同发展机制。在奖项方面，天河科技园下属的广州佳都集团有限公司等 21 家企业凭借其对广州市经济发展做出的突出贡献被认定为 2017 年度广州市优秀总部企业。

（三）移动互联网

依托产业园集聚效应，软件和信息技术服务业的发展基础、沿海区位优势以及良好的应用环境的特点，天河软件园紧盯新兴领域发展契机，大力发展移动互联网产业，现已形成龙头企业增长快速、小微企业蓬勃涌现、创业人才加速聚集的良好产业发展格局，培育出了一批龙头互联网企业。加快宣传推广零头企业开拓国际化市场，网易、UC 优视、酷狗音乐等一批在天河扎根的互联网企业已经走出国门，凭借着 2017 年广州承办《财富》全球论坛的契机，广州天河已经吸引了更多的国际性企业的高度关注。

第二十六章 广东深圳软件园

2017 年，深圳软件园的产业规模不断扩大，创新动能持续汇聚，政策环境持续优化，产业支撑载体不断丰富，园区服务能力持续升级。深圳软件园的大型行业应用软件主要面向通信、电信、金融、物流、电力与公用事业、供应链管理等深圳地区有代表性的优势行业，在这些优势行业的带动下，园区成功开发出一批在国内具较高的知名度和市场占有率的产品。此外，园区游戏动漫产业十分突出，已形成集制造、研发、分发、运营、宣传于一体的完整产业链，移动游戏领域基础优势明显，在本地互联网产业的带动下呈现出蓬勃发展的态势。在软件双创方面，深圳软件园高度重视创新创业体系的搭建，从政策环境营造、载体和平台建设、对外宣传推广等方面加大对软件和信息技术服务创新创业的支持。

一、园区概况

深圳软件园是国家级软件基地，其中主院位于深圳湾畔，与深圳高新区融为一体。按照"一核多园"的发展思路，软件园结合高新区主园、前海深港分园及福田、南山、罗湖等各区特色软件园区，统一规划建设，形成以主园为核心覆盖全市的软件产业布局，产业资源加速汇集，产业集聚效应凸显。

深圳软件园作为珠三角软件企业主要集聚园区，先后获得国家火炬计划软件产业基地、国家软件出口基地、国家服务外包基地城市示范园区和国家新型工业化产业示范基地等重要称号，在全国软件产业园中占有重要地位。2010 年至 2017 年间，接连获得中国软件与信息服务外包最佳投资环境奖、全国服务外包人才培训校企合作贡献奖、中国软件和信息技术服务业最具品牌影响力的产业园区等奖项。

产业规模不断扩大。根据初步统计，2017 年，深圳软件园入园企业超过

1000 家，园区总收入超过 8200 亿元，同比增长 15% 以上，其中，软件和信息技术服务收入超过 4700 亿元，同比增长 17% 以上。软件出口超过 290 亿元，占全国比重约 40%，连续多年居全国首位。

创新动能持续汇聚。根据初步统计，2017 年，深圳软件园新增国家级科技和产业项目超过 50 个，新增地方级科技和产业化项目接近 300 个。2017 年园区科技活动经费筹集总额超过 350 亿元，科技活动经费支出总额超过 330 亿元。在资金等产业要素持续投入下，2017 年，深圳软件园拥有软件著作权登记数超过 20000 个，拥有软件发明专利数超过 13000 个，其中新增软件著作权登记数 3000 个以上，新增软件发明专利数 1200 个以上。

政策环境持续优化。近年来，深圳软件园深入落实国家和地方的产业政策，优化产业支撑体系，产业发展的政策环境不断优化。一是围绕《国务院办公厅关于发展众创空间推进大众创新创业的指导意见》贯彻落实《深圳市促进创客发展三年行动计划（2015—2017 年)》，面向创客发展需求，拓展创客空间，夯实创客发展基础，完善创客发展生态链，大力推动软件和信息技术服务领域的大众创业、万众创新。二是积极落实《深圳市关于促进创客发展的若干措施（试行)》，不断加强创客空间建设、创客人才培育、创客公共服务建设、创客文化营造、创客创新与创业等方面的扶持，降低了创新创业的门槛，促进全球创客汇集。三是贯彻落实《深圳市人民政府关于加强创业带动就业工作的实施意见》等政策文件，从融资担保、补贴扶持到创业服务，进一步加大了对创业的扶持力度。四是积极落实《关于充分发挥市场决定性作用全面深化金融改革创新的若干意见》，从加强科技金融专营机构建设、探索开展高新技术企业风险信贷等方面不断提升对创新创业重点领域的服务支持力度。

产业支撑载体不断丰富。深圳软件园以品牌服务积极开展分园建设，拓展企业孵化空间，延伸平台服务，争取为更多的软件及信息服务企业提供良好的创业环境和服务。当前已经在原有"深圳软件园大运软件小镇（龙岗分园)"和"深圳高新区新一代互联网产业园"的基础上，正积极推进成立"深圳软件园龙华分园"。龙华分园位于宝能科技园，是深圳软件园、龙华区政府和宝能集团合作打造的深圳软件园高科技品牌专业园区。2017 年，深圳软件园积极推进龙华分园招商工作，园区入驻企业均为高新技术企业或者双软企业。其中包括四家孔雀团队，两家新三板公司，三家正准备在新三板上市公司，企业经营领域包括应用软件、机器视觉、大数据、互联网、信息安全、多媒体、芯片设计、智能穿戴、智能家居、智能制造、石墨烯、军工产品等领域。

园区服务能力持续升级。深圳软件园始终将服务放在工作的首要位置，以服务促发展，聚焦解决人才、融资、创新能力等产业发展的核心问题，2017年深圳软件园重点加强人才培养及招聘服务、企业投融资平台、创新交流、人文环境方面的建设，为园区内企业发展提供强大支撑。一是加强人才培养与招聘。深圳软件园大讲堂组织了项目管理、敏捷开发、互联网技术、企业法律风险防控等公共讲座及研讨会。围绕国务院《促进大数据发展行动纲要》关于加强大数据人才培养、促进国际前沿大数据技术的交流合作等指导思想展开工作。此外，深圳软件园通过与大数据专业培训机构及学院合作，积极探索大数据方向"政产学研用"的合作新模式，开展大数据培训项目，开设《大数据技术与实践》等精品课程，做好深圳软件产业高端人才储备工作。二是强化金融平台服务。深圳软件园建设运营的金融服务平台——南方创投网以互联网O2O业务模式，为全国优秀高科技项目提供开放透明的融资渠道，促进高科技企业跨越式发展。平台集科技项目投资、企业并购、项目转让、人才合作与专业园区建设于一体。平台线上提供：项目融资对接、大学生创业项目转化、人才合作、银行创新产品、风投机构展示、高科技园区建设、科技金融政策发布等多项功能。线下具有：项目评估、定期投融资沙龙、年度投融资大会、投资专题培训等系列服务。2017年除了常规项目路演、专题培训活动外，南方创投网参与承办部分行业主要活动，并组织企业积极参加国际金融博览会和中国国际高新技术成果交易会。三是丰富园区人文活动。继续推进深圳软件园"思觅踏"人文文化品牌建设，定期开展总裁沙龙活动、组建各类兴趣组圈，包括羽毛球比赛、登山活动等，通过组织线上和线下活动，塑造园区创新文化浓郁氛围，增加了企业员工的凝聚力和集体荣誉感，丰富了企业员工业余生活，为企业和员工个人都搭建了交流互动的平台。

二、重点行业发展情况

（一）行业应用软件

深圳软件园的大型行业应用软件主要面向通信、政务、电信、金融、物流、电力与公用事业、供应链管理等深圳地区具有代表性的优势行业。借助这些优势行业的强势带动，园区已经成功开发出一批在国内具较高的知名度和市场口碑较好的产品，如金蝶的企业管理软件、金证的金融行业应用软件、现代的地铁综合管理系统、科陆的电力调度管理软件、海云天的教育软件等。同时，互联网的进程加快了软件企业的升级转型发展，如金蝶彻底转型金蝶云，成为云 ERP 企业，在原有的软件产品基础之上，为客户企业提供云服务和数据金融等新兴服务，重点打造金蝶云平台。

（二）游戏动漫

深圳软件园的游戏动漫业在业界广受好评，已形成集制造、研发、分发、运营于一体的完整产业链，整合了游戏开发商、游戏运营商、渠道经销商、电信运营商以及周边服务商等。尤其是在手机游戏领域基础优势明显，集聚了腾讯、中青宝、博雅互动、创梦天地、第七大道等一批研发创新能力较强的游戏制作运营企业，并基于华为、金立、中兴等手机厂商线上和线下的渠道资源，在本地互联网产业的带动下呈现出百花齐放的态势。2017 年中国互联网企业 100 强迅雷网络等一批园区游戏公司名列其中。随着多样化媒体传播的推广，游戏与动漫、影视、文学等诸多文化领域相互紧密渗透融合，并衍生创新出具有巨大潜力的泛娱乐产业链，创造多个原创 IP 产品，进一步提高区域行业的影响力和号召力。

（三）软件双创

深圳软件园高度重视创新创业体系的搭建，从政策环境营造、载体和平台建设、对外宣传推广等方面加大对软件和信息技术服务创新创业的支持。在大众创业、万众创新的浪潮中，网络创业、新型创业、概念创业、大赛创业、企业内部创业等创业模式不断勃发，其中以腾讯为代表的互联网行业龙头企业，利用其积累的自身核心技术优势，向包括离职员工所创办新兴企业在内的企业提供核心技术资源，打造行业协同生态系统平台，连接行业上下游生态链，不断将竞争者转化为合作者。自"QQ 物联智能硬件开放平台"发布后，腾讯重点聚焦于创业平台打造，大力支持内部员工创业创新，截至 2017 年上半年，腾讯创业平台上企业数量超过 2400 家，腾讯员工创业风云榜企业数量超过 100 家，企业估计市值总额超过 150 亿元人民币。在软件园的大力支持下，园区企业积极参加国内外创客活动，影响力不断提升。在 2017 年举办的第二届深圳国际创客周系列活动与全国双创周主会场活动，园区企业积极参加，共组织了 50 多个系列活动，辐射人次达到 65 万，接待展览观众 55 万人。活动促成融资金额 1.45 亿元，投资金额 7.73 亿元，意向投资 5.42 亿元，贸易金额 972.6 万元，其他合作项目 16.04 亿元，意向签约和战略签约 29 项，项目奖项 144 个。

第二十七章 福建厦门软件园

作为厦门市软件与信息服务业千亿产业链的重要载体，厦门软件园2017年全年实现营收近840亿元，同比增长19.8％，产业发展态势良好。厦门软件园立足于五大细分行业领域，已形成特色鲜明的产业集群。未来将大力培育大数据、人工智能、VR/AR新兴业态产业，积极构建集产业生态、产城融合、共同缔造"三位一体"的创新型、国际化的现代科技园区。厦门软件园通过整合资源，促进人才、技术、资金、环境等创新要素的高效配置，构建产业生态圈，推动产业链与创新链深度融合，营造了良好的营商环境。厦门软件园将不断提升园区生态环境、打造产城融合生活圈，助力厦门软件产业高速发展。

一、园区概况

厦门软件园初期成立于1998年9月，位于厦门市东北地区，包括软件园一期、软件园二期和软件园三期。软件园一期位于厦门环岛路海景观光线，占地约10万平方米，与厦门大学软件学院为邻，园区企业集聚。软件园二期坐落于厦门岛东部，总面积约163万平方米，区内包括四大功能区，分别是信息技术服务区、动漫游戏区、软件研发和IC设计区、管理服务区。在集美新城兴建的软件园三期，目标定位于厦门软件和信息技术服务业一体化发展。软件园三期总建筑设计规划面积10平方公里，其中动漫教育产业基地占地2.1平方公里，总投资高达100亿元。软件研发产业基地占地7.9平方公里，总投资超过360亿元，可容纳2000家企业和22万人才，规模约2000亿元产值。软件园三期于2014年竣工，截至2015年底，园区已完成入驻企业461家，汇集人才多达5.7万余人。

园区品牌效益日渐凸显。从2005年到2013年短短8年时间，软件业总产值从45.5亿元就攀升到了602亿元，软件和信息技术服务业已经成为厦门打造的十大重点千亿产业链之一。在国家有关部委支持下，厦门积极开展创新发展试点示范工作，努力争创"国家软件名城"。园区已入驻规模企业560多家，员工5万余人，三大通信运营商动漫基地、百度开发者创业中心、腾讯创业基地等众多知名企业落户。园区已经入驻5家上市公司和9家国家重点规划布局的软件和集成电路设计企业。

创新创业成果颇丰。园区企业自主创新能力强，产品知名度和影响力在全国乃至全球逐年提升。创业孵化器成长迅速，包括拥有众多中国台湾孵化团队的一品创客、全国首个青年创业社区小样社区等，前者被授予"两岸青年创新创业基地"称号。截至2017年底，园区已有15家市级认定众创空间，正在接受孵化企业多达320多家，累计毕业孵化企业数达410多家，毕业企业创造的年产值超过60亿元，提供了3万多人的就业机会，累计获得各级政府补助资金6亿元，引入金融和社会资本超过30亿元。

园区公共服务基础不断优化。厦门软件园管委会始终坚持把质量提升作为改革创新服务举措，开展网上统计直报，举办政策宣讲、产业联盟技术交流会、企业对接会、软件人才专场招聘会、企业沙龙等，促进园区企业横向交流合作；组织园区志愿者服务、健康马拉松、趣味运动会等，营造和谐园区氛围；从食、住、行为员工提供便利，规范园区管理，缔造美丽园区。厦门软件园入选全国首批"智慧园区"试点，荣获中国软件和信息技术服务业骨干软件园区、最具品牌影响力的产业园区、特色产业园区奖等称号。为推动产业发展，厦门软件园连续六年承办国际动漫节，打造"金海豚"奖系列品牌活动，获得业内人士高度认可。至2017年，园区已经成功举办十届厦门国际动漫节，其中重头戏"金海豚奖"动画作品大赛共收到来自51个国家和地区的2740部参赛作品，并且"金海豚奖"金奖作品 *Negative Space* 获2018奥斯卡提名。在"2018中国软件产业年会"的"鼓励表彰产业先进"环节中，经专家、政府主管部门等评审，厦门软件园以"团结、奋进、激情、活力"的特色园区文化，再次折桂，喜获"2017年中国最具活力软件园"称号，同时园区服务提供者——信息集团创新公司荣获2017年度优秀服务软件园区奖。

二、重点行业发展情况

（一）动漫游戏

动漫游戏产业已经发展成为厦门社会经济发展新的重要产业支撑点。2017 年 1—4 月，厦门动漫游戏产业总体营业收入 287033.4 万元，比上年同期增长 29.6%，税金总额达 9378.8 万元，比上年同期增长 60%。据 2015 年统计，厦门约有 200—250 家研发科研 CP。其中 85% 左右的游戏公司都聚集在厦门软件园 2 期，其他公司则分散坐落于岛内各个区域。

厦门动漫企业积极跟随和参与 IP 授权交易的步骤调整，逐步探索产品成果变现路径。游戏企业基本完成从客户端游戏、网页游戏向手机游戏转型，在完成转型的过程中，开始积极布局融入 VR、电子竞技等新型业务。厦门已有 6 家动漫游戏企业成功挂牌新三板，营业收入达亿元级别的动漫企业有：四三九九网络股份有限公司、咪咕动漫有限公司、趣游（厦门）科技有限公司、厦门吉比特网络技术股份有限公司。翔通信息、中天启航等 CP 在咪咕手机动漫游戏平台收入超过 1000 万元，翔通动漫、青鸟动画、中科亚创等老牌动漫企业则在咪咕手机动漫游戏平台保持收入高速增长，并且荣获新媒体业务运营奖励。厦门市妮东科技有限公司成功研发出全市首款适合电子竞技比赛的 CS 竞技游戏项目、国内首款 VR 游戏现已上线运作。

厦门软件园作为城市动漫游戏和新媒体产业的重要新兴产业集聚地，影响力日益扩大，企业原创研发创新能力不断提高，新媒体业务保持快速发展。园区先后成功荣获"国家动画产业基地""文化部国家级文化产业实验园区""海峡国家数字出版产业基地"以及"福建省创意产业重点园区（基地）"等重要产业基地称号，并且园区汇集咪咕动漫、飞鱼科技、4399 游家网络、吉比特、大拇哥动漫、中娱文化、青鸟动画等一批业内知名动漫企业入驻，汇聚成园区别具特色的动漫游戏产业优势。

（二）移动互联网

依靠产业园集聚效应，软件和信息技术服务业基础、沿海区位优势以及良好的应用环境，厦门软件园抓住新兴领域发展契机，大力发展移动互联网产业，已形成龙头企业增长强劲、小微企业蓬勃涌现、创业人才不断聚集的产业局面，培育出一批知名互联网企业。美图公司的拳头产品美图秀秀、美颜相机、美拍、海报工厂等 APP 连续数月荣登国际 App Store 摄影榜前五名；美柚信息科技有限公司的美柚经期助手等产品成功占据《互联网周刊》2017 年度 APP 分类榜女性 APP 类别排名榜首；厦门易名科技股份有限公司域名存储量多达 800 多万，位列全国第二。而这正是园区大力发展移动互联网，结合"互联网＋"创新创业的颇多硕果之一。

秉承"推动产业发展，信息服务民生"的企业使命，以"科技园区服务运营、信息化产品服务运营、信息产业资本资产运营"为核心的三大业务板块，致力于信息化产品的研发、应用和推广。园区企业积极参与并融入智慧城市搭建工作，并且运用移动互联网、物联网、云计算、大数据等新一代 IT 技术，研发了智慧交通、智慧旅游、智慧小区、智慧安防、智慧停车、智慧工地等信息化产品和平台，让更多民众感受到信息化给生活带来的便捷性。

（三）行业应用软件

厦门市智慧城市建设打下的信息化基础为产业园行业应用软件的发展奠定了广阔的发展前景，促进了产业整体快速发展，以美亚柏科、易联众为代表的行业应用软件产业，形成龙头企业引领带动显著、小微企业蓬勃发展的良好产业发展氛围。

除了服务传统企业转型升级，一些进驻园区的企业自身也充当了"互联网＋"转型的角色。中小企业能给用户提供解决方案，成为 IT 服务提供商，实现了主打业务转型，开拓了新天地。

骨干龙头企业不断突破创新，屡获殊荣。2017 年，园区企业海迈科技斩获最佳国际 BIM 成本管理应用大奖。国际 BIM 大奖赛，是全球 BIM 行业的最高级别奖项，享有全球 BIM 标准的桂冠盛誉，同时海迈科技也是福建省内首家获得此殊荣的建设行业信息化企业。在 2017 中国福建互联网大会上，以美图公司为代表的软件园 12 家企业上榜福建省互联网企业 20 强。

企业篇

第二十八章 基础软件企业

一、中标软件

（一）总体发展情况

中标软件有限公司（简称中标软件）成立于 2003 年，注册资金 2.5 亿元，是国产操作系统产品专业化研发与推广企业，以操作系统技术为核心，重点打造自主可控、安全可靠等差异化特性产品。作为国家规划布局内重点软件企业，中标软件获得了军、民两方面的相关企业与产品资质，是国产操作系统旗舰企业。中标软件旗下拥有"中标麒麟""中标普华""中标凌巧"三大产品品牌。中标软件核心产品包括中标普华 office 办公软件套件、中标普华 Linux 桌面操作系统、中标普华 Linux 服务器操作系统以及安全增强产品。不断推出系列产品，已经达到国内同类先进水平，在产品安全性、高可用性、多语言支持等方面具有明显优势，并先后获得著作权 31 项。中标普华 office 办公软件套件、中标普华 Linux 操作系统先后荣获"上海市重点新产品"和"国家重点新产品"称号，并全部进入国家信产部产品推荐目录。

中标软件系列核心产品已经在政府、金融、教育、电力、制造等行业取得深入应用，应用领域涉及我国信息化和民生各个方面，应用地域覆盖北京、上海、山西、陕西、西藏等全国 30 多个省份，建立或拥有 SUN、Intel、Novell、Sybase、浪潮、紫光、同方、NetApp、Bea 等众多战略合作伙伴。

企业围绕操作系统技术开发的产品包括中标麒麟通用服务器操作系统、中标麒麟高级服务器操作系统、中标麒麟高可用集群软件、中标麒麟安全操作系统、中标麒麟安全云操作系统、中标麒麟桌面操作系统、中标麒麟安全邮件服务器、中标凌巧移动终端操作系统。另外公司还提供中标普华 Office 专业版、专用版、教育版，维哈柯文办公软件、藏文办公软件、中标普华病历通等软件产品。中标麒麟操作系统产品的应用领域涉及我国信息化和民生的各个方面，已经在政府、国防、公安、金融、审计、财税、制造、教育、医疗、交通等各个行业得到了广泛应用，其产品已覆盖北京、上海、山西、陕西、西藏等全国30多个省自治区直辖市，并在中纪委、中航信、审计、财税、工商等领域取得了较强的市场占有优势。

中标软件产品已经在政府、国防、金融、教育、财税、公安、审计、交通、医疗、制造等行业得到深入应用，应用领域涉及我国信息化和民生各个方面，多个领域已经进入核心应用部分。根据第三方统计，2011年至2017年，中标麒麟操作系统在国内Linux操作系统市场占有率连续7年位列第一名。

（二）发展策略

加强生态体系建设增强核心竞争力。操作系统始终处于整个软件产业链的核心位置，是整个软件产业市场竞争力的关键要素，是其他软硬件的重要依托。国产操作系统的发展离不开产业生态的培育与建设，中标软件围绕产业链加强生态体系构建。2017年6月，国产操作系统中标麒麟成功入驻阿里云市场。中标麒麟高级服务器操作系统完成了与阿里云云服务器ECS产品的测试认证，为阿里云分别在产品生态、行业生态、区域生态、云市场、教育生态等方面，构建客户共享、数据共享、技术服务、全球服务四大生态体系的生态理念实现打下基础。产品组合先后亮相了杭州、北京、成都、上海等站的阿里云栖大会。2017年11月，中央国家机关政府采购中心发布的2017产品协议供货采购项目中标结果显示中标软件参与投标的桌面、服务器和办公软件等7个包，8个产品全部入围中标。在此前发布中共中央直属机关采购中心2017年中标公告中，中标软件的桌面服务器和办公软件产品也全部中标入围。2017年国际开源界顶级会议LC3首次来华举办，开幕式主会场上，Linux国际基金会主席Jim Zemlin宣布，中标软件正式成为Linux基金会成员，国际开源界再添生力军。

以行业应用提升品牌影响力。品牌建设是我国国产操作系统企业提高运营能力的重要手段，近年来，中标软件在品牌建设方面取得长足进步，已经形成了"中标麒麟""中标普华""中标凌巧"三大产品品牌。2017年中标麒麟操作系统在"中国光大银行安全可控 Linux 操作系统软件选型入围项目"采购中中标，成为中国光大银行国产操作系统唯一供应商。2017 年 9 月，中国民航电子客票核高基课题成功验收。该项目在国家重要信息系统国产化战略中具有里程碑式意义，预示着使用中标麒麟等国产基础软件产品，在客户实际核心交易系统领域取得了重大突破，同时对金融、电信等行业的国产化推进具有重要借鉴价值。

二、人大金仓

（一）总体发展情况

北京人大金仓信息技术股份有限公司（简称：人大金仓）是中国自主研发数据库产品和数据管理解决方案的领导企业，由中国人民大学及一批最早在国内开展数据库教学、研究与开发的专家于 1999 年发起创立，至今已成功获得中国电子科技集团（CETC）旗下的普华基础软件股份有限公司和太极计算机股份有限公司的战略注资，被纳入 CETC 集团的整体发展战略。公司研发人员超过 60%，员工中 90% 以上具有大学本科以上学历，博士、硕士比例超过 30%。

人大金仓长期致力于研发和推广具有自主知识产权的国产数据库管理系统。自成立以来，依托中国人民大学数据与知识工程研究所在数据库技术领域长期教学科研的深厚积累，人大金仓先后被认定为北京软件产业基地人大金仓数据库产业化中心、教育部数据库与商务智能工程研究中心和中关村科技园区百家创新试点企业。在数据库信息安全领域，人大金仓成功通过二级军工保密资格认证。在内部研发体系方面，人大金仓全面推行 ISO9001 质量管理体系，并通过了软件能力成熟度 CMM2 级评估，为公司开发高水平高质量的大型系统软件产品、向用户提供优质满意的服务，提供了制度和能力上的保证。

人大金仓成功承担了国家"十五""863"数据库重大专项课题"通用数据库管理系统 KingbaseES 研发及其应用"和北京市科技计划重大项目"大型通用数据库管理系统研制"等重大数据库项目研发任务。金仓数据库 Kingbase-eES 是入选国家自主创新产品目录的唯一数据库产品，同时还入选了北京市和中关村科技园区自主创新产品目录，曾获得北京市科技进步一等奖。金仓数据库 KingbaseES 在政府、军队、电力、农业、水利、质检、教育、金融、能源、制造业信息化等领域拥有一大批成功应用案例。在中共中央组织部的全国组织系统信息化、国家电网、新华保险信息化建设和北京市及下属 30 多个委办局和区县的电子政务应用中，金仓数据库 KingbaseES 都发挥了重要支撑作用。在质监行业中，人大金仓是唯一入选国家"金质"工程的国产数据库厂商，在审计行业，人大金仓的数据库产品成功应用于国家"金审"工程二期。

人大金仓是国家"核高基"重大专项数据库方向课题的牵头承担单位，在国产数据库领域，人大金仓市场份额始终保持领先。

在大数据时代，人大金仓立足自主可控国产化替代，依托在传统数据库领域的技术沉淀和产品基础，凭借在数据库研发、数据治理、数据分析等方面的积淀，以云计算、大数据等新兴技术需求为牵引，大力促进传统数据库对于大数据和云计算的支持能力以及与大数据系统的融合，面向党政军及企业级市场，推出了大数据系列行业解决方案，以大数据基础平台、政府大数据、智慧城市大数据、大数据分析为解决方案主线，为各行业提供大数据建设的规划和设计的咨询、大数据平台搭建到应用实施的一站式服务。在产品层面，主要提供涵盖数据采集、存储、分析挖掘、利用、管理等能力的大数据基础支撑平台产品，重点加强数据库集群，围绕云计算、大数据建立一个可扩展的分布式数据库架构的底层支撑。

（二）发展策略

拓展优势领域，提升品牌知名度。早在 2008 年人大金仓的数据库产品就已经进入了国家电网电力行业调度系统，由于表现突出，同时国家电网的电力调度系统一直向下延伸，人大金仓进入国家电网全面范围内十几个省份的分公司的同类系统，国家电网最终应用了上千套人大金仓的数据库产品。在加快完善产品线方面，人大金仓针对不同的企业需求制定解决方案。2018 年，人大金仓将加强在政府和军工领域的优势，积极拓展和抢占金融领域。作为人大金仓重点突击的行业，安全是金融行业的第一要素，其次是产品的可管理和可维护性。通过加强品牌建设、提升产品成熟度，提高国产数据库的知名度和影响力。

提升技术水平，完善大数据产品体系。人大金仓多年以来深耕数据库领域，对整个数据领域包括数据底层的了解和技术沉淀，使得人大金仓在技术层面积累深厚基础牢靠，把在传统数据库领域的积累盘活。人大金仓可以提供全栈大数据产品线，包括大数据平台 KingbaseDP，数据资源管理平台 KingbaseDRP，数据整合工具 KingbaseDI，商业智能平台 KingbaseSmartBI，可以提供数据采集、存储管理、分析挖掘以及数据利用全方位支撑。此外，人大金仓发布了一款分析型数据库——KingbaseAnalyticsDB（KADB），该数据库是专门面向大数据分析类应用提供的数据库产品，可以满足数据密集型行业日益提高的数据查询、统计、分析、挖掘和备份等需求，可用作为数据仓库系统、BI 系统和决策支持系统的承载数据库。

着力拓展大数据应用领域，提升服务能力和品质。人大金仓结合实际业务场景需求，形成最合适的大数据解决方案，从而形成自己的核心竞争力和差异化优势。人大金仓提供的 360 度全景大数据解决方案包括两部分，一是项目的全流程支持：该部分可以提供大数据规划、实施以及运维的全流程技术支持；二是数据全生命周期的管理：该部分可以提供数据产生、获取、存储、处理、治理、分析和应用全生命周期的管理。人大金仓在军工、电子政务、党务、金融、智慧城市、企业信息化等方面具有强大的数据产品及解决方案研发能力、资源整合能力、项目实施服务能力，可以帮助各行业搭建并应用实施大数据平台。截止到 2017 年，人大金仓已经在医疗卫生、医院、金融、教育、政府部门、通信、军工国防等十多个行业领域成功实施并交付了数十个大数据（数据中心）解决方案。并且，人大金仓在北京、成都以及上海都设有研发中心，在全国设有直属分公司及办事处，在各省均有本地化服务合作伙伴。这些业务实践，为人大金仓全面在大数据应用方案领域，为目标客户提供专业产品、专业方案、专业实施，奠定了厚实基础。随着人大金仓不断完善大数据产业链，其各个数据库产品和平台将呈现不断开放态势，将从全量的数据中挖掘更多大数据价值，提升通过数据分析挖掘并推演出规律的能力，不断拓展各类创新数据应用场景，提升大数据解决方案与市场以及用户需求的契合度。

三、深之度

（一）总体发展情况

武汉深之度科技有限公司（简称：深度科技）成立于 2011 年，是专注基于 Linux 的国产操作系统研发与服务的商业公司。作为国内顶尖的操作系统研发团队，深度科技以提供安全可靠、美观易用的国产操作系统与开源解决方案为目标，拥有操作系统研发、行业定制、国际化、迁移和适配、交互设计、支持服务与培训等多方面专业人才，能够满足不同用户和应用场景对操作系统产品的广泛需求。深度科技作为国产操作系统生态的打造者，不但与各芯片、整机、中间件、数据库等厂商结成了紧密合作关系，还与 360、金山、网易、搜狗等企业联合开发了多款符合中国用户需求的应用软件。2014 年，深之度科技凭借扎实的研发实力，成功入围中央国家机关政府操作系统采购名录。此时的深度操作系统，进入全球开源操作系统排行榜 TOP20，在世界舞台崭露头角。同年 10 月，深之度科技获得绿盟科技和 360 公司 8000 万元的战略投资。2015 年，在中国邮政储蓄银行 ATM 机操作系统国产化替代试点项目中，深之度科技研发上线了全国首台搭载基于 Linux 平台国产操作系统的 ATM 设备，为在银行系统中逐步以国产操作系统替换国外产品进行了有效的探索。在两年的努力下，2017 年深度操作系统也进入了国家政府采购的名录，国家机关已经认可深度的桌面操作系统和服务器操作系统。特别是在金融行业和正版化的行业有了稳步的拓展，尤其是和邮政储蓄银行的合作，完成了 ATM 机国产操作系统替换的实践工作。2017 年公司的情况是：研发体系通过了 CMMI－3 体系，操作系统在公安部的安全三级认证，银监会可用性测试第一名，工信部安全可靠操作系统测试认证，著作权 18 项，申请专利 12 个，这一切的一切都代表着深度科技迈上了一个又一个的新台阶。

深度科技的操作系统产品，已通过了公安部安全操作系统认证、工信部国产操作系统适配认证、入围国管局中央集中采购名录，并在国内党政军、金融、运营商、教育等客户中得到了广泛应用。截止到 2017 年，深度操作系统下载超过 5000 万次，提供 32 种不同的语言版本，以及遍布六大洲 28 个国家 84 个镜像站点的升级服务。在全球开源操作系统排行榜上，深度操作系统已跃居前十名，也是排名最高的中国操作系统产品。

未来，深度科技将继续秉承开源和创新精神，以操作系统的自主可控替代为契机，争取在 3 年内成为中国市场主要操作系统供应商，5 年后成为具备国际影响力的主流操作系统厂商。

（二）发展策略

突出自身产品的特性优势。深度操作系统实现国产操作系统对打印机支持覆盖率第一，在 2017 年完成了深度独立的打印机框架，对原来不能支持的 8000 多款打印机实现了兼容适配，并且可以直接从深度操作系统产品服务中获取到。在 2016 年第一季度的时候，对招商银行的网银进行迁移适配，直接将 Windows 版本迁移到国产操作系统平台。到 2017 年为止，深度桌面操作系统应该是唯一在 Linux 系统上能够支持国内的银行专业网上银行应用软件的操作系统，并且完成了其 USBKey 的完美使用。在用户界面设计中，根据客户的反馈，更倾向于 Windows 开始菜单这种使用习惯，他们对设计进行了很大的调整：在除了原来全屏菜单模式外，另外提供了"开始菜单"兼容模式，让用户使用起来更方便、更习惯。在 Windows 里面日常办公和生活所需要的 Windows 浏览器、网银，能够得到支持或逐渐得到支持，所有的应用功能在他们的操作系统都能找到替代的产品，并且直接从深度独有的软件商店进行下载安装。

深入重点行业和领域开展国产化替代工作。北京信息安全测评中心，使用了深度科技的桌面产品和数据迁移方案。办公应用国产化替代完全满足了用户的各方面需求，实现了邮件收发、文档处理、办公处理的平滑过渡。邮储银行第一台上线设备正式由深度科技和东方通信共同协助邮储银行推出，已经稳定运行超过 12 个月。深度科技及国内多家 ATM 机具厂商，已经协助邮储进行了大面积的测试验证。邮储银行正在将邮储自己的 ATM 机进行全面的国产操作系统迁移。服务器操作系统领域，也有诸多企业合作案例，如工商总局的商标局扩容与灾备系统典型案例；工商总局云平台建设应用案例；国土资源部信访系统；等等。环保部、全国政协、质监局等，都是深度科技服务器操作系统的优质客户。

第二十九章 工业软件企业

一、宝信软件

（一）总体发展情况

上海宝信软件股份有限公司是宝钢集团旗下专业从事企业信息化、自动化系统集成及运维的 IT 公司，是中国优秀的工业软件行业应用解决方案和服务提供商之一，公司产品与服务业绩遍及钢铁、医药、交通、有色、采掘、化工、装备制造、金融、资源、公共服务、水利水务、服务外包等多个行业。

2017 年，钢铁行业整体复苏，钢铁企业开始从"量"向"质"转变，这大大拉动了钢铁制造的精细化管理与智能化水平，为钢铁行业智能制造服务商提供全新产业机会。并且，随着宝武合并，2017 年第三季度，武钢部分的财务系统和办公系统开始更换，未来它的 ERP、MES、BI 等系统也将逐步替换。宝信软件背靠宝钢，在钢铁行业具备软件体系化能力，有望在宝武合并中成为业务协同中数据与信息联通的重要服务商，并且随着钢铁行业整体复苏和转型，将迎来关键发展机遇。

2017 年三度财报显示，宝信软件实现营业收入 31.9 亿元，同比增长 22.9%，实现利润总额 3.94 亿元，净利润 3.48 亿元。据预测 2017 年全年，宝信软件将实现营业收入 47.5 亿元，考虑到公司 2018 年受益于宝武集团合并推进与 IDC 业务达产贡献收入与利润，公司未来盈利能力与毛利率均有所提升，预测 2018 年、2019 年将实现营业收入 58.9 亿元、69.5 亿元。

（二）发展策略

保持钢铁领域信息化市场地位，加快拓展非钢领域。宝信信息化相关软件产品与服务体系覆盖 ERP、BI、OA、MES 等全层级、全业务领域，且 MES、EMS、冷轧机、运维服务等产品和服务在钢铁领域市场占有率第一。

2017 年，受益于钢铁行业供给侧改革、宝武合并以及首次进入首钢，宝信在钢铁软件信息化市场占有率将大幅提升，并且武钢系统升级改造为宝信未来两年业务增长奠定基础。同时，2017 年，宝信不断提高自身的竞争力，积极拓展有色金属、装备制造、医药、化工、采掘、智能交通、金融、水利水务等非钢领域，形成较多的典型案例。据预测 2017—2019 年宝信在软件开发及工程业务将保持 10%—15% 的复合增长，保守估计将有 10% 复合增长。

宝之云建设加速推进，加速布局 IDC 业务。宝信借助先天的国企背景优势，合理利用工业厂房和工业用电等 IDC 发展的必要、紧缺资源，为大规模建设 IDC 机房提供了基础条件，并且受益于云计算市场增长的红利，宝信软件 IDC 业务发展良好。截至 2017 年，宝之云 IDC 四期项目规划总机柜数约为 27000 个 = 一期（4000）＋二期（4000）＋三期（10000）＋四期（9000），其中宝之云一、二、三期共规划机柜总数约 18000 个，主要客户包括阿里、腾讯、360、平安等。2017 年中报披露显示，宝之云 IDC 二期/三期/四期的施工完成率分别为 87.72%/75.34%/0.31%，一期/二期/三期机柜建成率分别为 100%/95%/46%，机柜使用率分别为 100%/59%/72%。截至 2017 年 6 月在运营机柜数达约 9800 个，2017 年三四季度 IDC 二期、三期机柜将集中交付使用，预计 2018 年，前三期 1.8 万机柜将陆续全部投入运营，年均运营机柜数约 1.4 万。宝之云四期 IDC 项目顺利推进，2017 年 6 月，宝之云 IDC 四期与中国太保签订 20 年近 55 亿元的数据中心合作合同，2019 年第四期 9000 台规划中的部分机柜将完成上架。未来 3 年将是宝之云项目年均运营机柜快速上升期。如果按照公告第一期 4000 机柜 2016 年实现效益 1.17 亿元利润总额测算，规划四期整体 2.7 万机柜左右，预计全部正常运营年化利润总额约 7.9 亿元。此外，宝信仍有 IDC 拓展的资源储备，未来宝信有望跻身全国非电信运营商体系 IDC 服务商领先阵营，大规模高标准机房为未来特色 IDC 增值服务打下基础。

积极探索新兴行业，紧抓"互联网＋"重要战略机遇。宝信软件在优化传统业务，稳固存量业务市场的基础上，着力推进云计算、大数据、智能制造解决方案等增量业务发展。2017 年 6 月，宝信与阿里云签约，双方将在企业云、工业云领域开展广泛深入的合作，探讨通过使用云计算及大数据等先进成熟的技术和产品，在采购与销售等电商领域，搭建以客户为中心、具备互联网架构的工业产品电商平台，双方还将通过云平台支撑业务创新，在企业大数据领域，帮助客户建立起数据体系，以更好地利用好其中的价值。宝信将数字技术与其在冶金、石化、电力等领域的优势结合，于2017年发布宝信工业互联网平台，宝钢集团已经基于该平台，通过现场设备数据的采集和协议转换，实现了企业OT层与IT层的打通。2017年11月，公司发布宝信大数据应用开发平台软件xInsight 2.0，以及新一代超融合大数据一体机xIn-Cube，能够实现PB级数据存储、秒级数据处理的能力。2017年12月，宝信软件入选工信部首批智能制造系统解决方案供应商推荐目录，公司拥有无人行车自动化仓库、堆取料无人化、智慧料场、自动化立体仓库、白色家电智能包装等领先的物流无人化解决方案，以智能化与制造业加速融合而成的智慧制造方式，逐渐成为促进企业发展的新增长点。

二、数码大方

（一）总体发展情况

北京数码大方科技股份有限公司（简称：数码大方、CAXA）是国家规划布局重点软件企业和"智能化协同制造技术及应用国家工程实验室"的承建单位，是我国主要的数字化设计（CAD）、数字化制造（MES）、产品生命周期管理（PLM）服务商之一，并面向装备、汽车、电子电器、航空航天等行业提供集营销、研发、生产、供应、管理、服务等功能于一体的智能制造解决方案。数码大方用户基础雄厚，截至2017年，中国用户超过3万家，海外用户遍及欧美等24个国家和地区，并荣获"2017年度中国工业软件领军企业""2017北京软件和信息服务业综合实力百强企业""2017年制造业与互联网融合发展示范企业"等多项荣誉。

2017年上半年财报显示，数码大方主要收入来源于CAD、MES、PLM软件及相关服务。报告期内，公司自主软件收入稳步回升，软件服务业务收入增加，实现营收4431.67万元，同比增长6.81%，毛利率为84.00%，同比增加11.77个百分点；利润为－930.99万元，同比减亏327.41万元，减亏幅度26.02%。报告期内，公司的商业模式较之前没有发生大的调整，但由于其采购带有鲜明季节性和周期性特点，公司营收将主要体现在下半年，而经营成本为全年按月平均，因此公司全年盈利状况会有所改善。

（二）发展策略

紧抓国家建设制造强国战略机遇，大力推动智能制造发展。2017年3月，数码大方作为主要承建单位，获批联合和利时、北航、北汽福田、北京好利阀业等共同筹建"智能化协同制造技术及应用国家工程实验室"，围绕我国制造业的数字化、网络化、智能化、服务化转型升级的迫切需求和智能化程度不高、系统集成能力不足等问题，集聚整合创新资源，建设智能化协同制造技术及应用研究平台，共同推动工业软件、系统间互联互通、工业云平台、感知伺服系统等技术的研发和工程化，为推动智能化协同制造技术进步和产业发展提供技术支撑。数码大方以工业大数据为基础，以公司自主的CAD、MES、PLM等工业软件以及大方云平台为载体，大力发展智能制造，推出了CAXA智能制造解决方案。该方案包括CAXA 3D数字样机、CPS协同、数字车间等部分，集成了CAD、3D实体设计、PLM、MES、DNC设备互联、CAM制造工程师、CAPP工艺图表、PLM协同管理等多个工业软件，截至2017年底，已经成功在康斯特、华电重工、兰州电机、汉德车桥、成飞集成等多个企业成功应用。CAXA智能制造解决方案依托其自主创新性、有效提升企业智能制造能力的特性先后获得"2017中国国际软件博览会金提名奖""2017年度中国工业软件优秀产品""2017年度创新软件产品""2017智能制造优秀解决方案提供商"等重要奖项和荣誉。2017年10月26日，CAXA 2018系列产品在"数据驱动智能制造"高峰论坛上发布，包括CAXA CAD电子图板2018、CAXA 3D实体设计2018、CAXA MES制造过程管理2018、CAXA DNC设备物联2018、CAXA CAPP工艺图表2018、CAXA PLM协同管理2018等多款工业应用软件，新产品将更进一步助力企业进行智能制造转型。2017年12月，数码大方CAXA智能制造解决方案成功入选一批智能制造系统解决方案供应商推荐目录。2017年7月，数码大方、工业大数据创新中心以及利时集团共同签署了《京津冀离散制造业大数据智能制造应用工程战略合作》，共同助力京津冀离散型制造转型发展。

发挥国家工业云倡导者和主要承建者地位，加紧布局工业云和工业互联网领域。数码大方作为中国领先的工业云服务公司，早在2010年就率先提出并实践工业云概念，建成国内首个工业云服务平台——大方工业云。大方工业云是以工业大数据为基础的"统一平台＋多个区域和行业入口"全国性工业云服务网络，通过集聚各地区、各行业的供、需与服务三方的资源和能力，发展全国性的制造业生态圈平台。截至2017年底，大方工业云注册用户已经超过30万（企业用户超过13万），部署了制造相关的核心工业软件逾30种，各种零部件图库与资源2000多种，并建立和运营了北京、德阳、常州、潍坊等17个区域工业云，以及模具、泵阀等10个行业工业云。其中，数码大方的阀门云平台于2017年3月开始上线运营，截止到10月末，已经实现2933个订单，订购产品数量达到1851种（88795个），总计交易金额实现3135多万元。2017年，大方工业云先后获得"2017年制造业与互联网融合发展试点示范项目""2017创新云服务平台""2017年中国两化融合突出贡献—人气平台"等多项荣誉。此外，2017年，大方工业云和德阳装备制造工业云均入选了工业云公共服务平台试点示范项目，大方工业云还成为工信部公布的2017年度国家中小企业公共服务示范平台之一。

不断增强实力，注重产业生态布局。数码大方高度重视技术创新，2017年上半年，在爆炸图生成、计算机辅助设计、多去面实体化等多个方面申请8项专利，截至2017年6月，数码大方拥有的"发明专利"数量达到76项。同时，数码大方高度重视标准制定工作，作为国家智能制造标准化总体组成员单位、大数据标准工作组全权成员单位，2017年，全面参与并主导智能制造标准建设，形成《智能制造对象标识要求》《工业云服务能力总体要求》和《工业云服务模型》3项国家标准；牵头组织国家工业云、工业大数据、增材制造等标准体系的构建，参与CAD、CAPP、PLM等多项国家技术标准的定制工作。此外，数码大方还积极推动人才培养，2017年7月，成立山东省职业院校智能制造产教融合联盟，并承建数字化实训车间，并积极支撑"金砖国家技能发展与技术创新大赛机电技能大赛""2017年中国技能大赛——第十三届'振兴杯'全国青年职业技能大赛""2017年中国技能大赛——全国智能制造应用技术技能大赛"的开展，为中国智能制造人才培养提供关键助力。

三、航天云网

（一）总体发展情况

航天云网科技发展有限责任公司（简称航天云网）于 2015 年 5 月正式挂牌成立，是中国航天科工集团公司联合所属单位共同出资成立的高科技互联网企业，以"互联网＋智能制造"为发展方向，业务范围涉及智能化改造、工业大数据、工业互联网、工业 APP 等，提供由平台门户、云制造、大数据应用、创新创业以及工业品共享中心等 5 类产业服务及一系列产融结合服务，形成"互联网＋智能制造"系统解决方案。截至 2017 年底，已经组建了北京航天制造、北京航天数据、内蒙古航联科技、沈阳中之杰、北京航天云路等多个子公司。

（二）发展策略

打造工业互联网平台。航天云网打造了工业互联网平台 INDICS，并于 2017 年 6 月正式全球发布，INDICS 是世界首批、国内首个工业互联网平台，可以提供工业云平台数据链底层软件服务，打造第三方工业互联网应用环境。INDICS 平台可提供设备管理服务、设备接入服务、数据应用服务、智能网关服务等功能，应用场景包括资产管理、售后服务、远程监控、智能诊断等。截至 2017 年 6 月，INDICS 可供合作的项目逾 440 万个，并向线上企业开放了由 3000 多项设备设施资源、126 款大型高端工业软件、3.58 万份标准、1.37 万项专利、上百位专家构成的云资源池；线下设立了百余个研发支撑机构与专业中心、接入了近千台制造设备，为近百家工业企业提供基于 INDICS 平台的智能工厂完整解决方案。截至 2017 年底，航天云网注册企业超过 100 万家，其中小微企业占比 90％，包括境外企业 6600 多家；业务运行过程嵌入云平台的企业达到 2700 余家，接入云平台的设备达到 11500 余台。2018 年 1 月，INDICS 国际云平台阿拉伯语版本发布上线，INDICS 平台已经开发完成了英、德、俄、西班牙、法、阿拉伯等多种语言版本，已经具备了为全球多个国家提供工业互联网服务的能力和条件。截至 2018 年 1 月，国际 INDICS 云平台注册用户超过 12500 家，境外发布需求额达 13.6 亿美元，线上成交额实现近 1.27 亿美元。

大力发展工业 APP。2017 年，航天云网举办了第一届"航天云网杯"中国工业互联网 APP（软件应用）创新大赛，面向全社会个人、团队、企业征集制造业领域的 APP 和软件应用，旨在联手全国制造业 APP 和软件应用创新人才和团队，激发全社会在工业 APP 领域的创新创业活力，推动工业 APP 软件创新发展。APP 大赛涉及制造业领域的 32 个门类，吸引了用友、金山、联想企业网盘、浩辰、云中控、沃库、纷享销客、润乾报表、掌上听云等 197 家企业参赛，发布 311 款产品，累计下载总次数达到 1003094 次，评出了影创工业 AR、工控速派、云中控——工业物联网应用平台、IIP 智能巡检、集算器、三维 CAD 软件 SINOVATION 等优秀产品。2017 年 8 月，"第二届'航天云网杯'中国工业互联网 APP（软件应用）创新大赛"启动，以进一步丰富INDICS 平台的线上软件产品资源，培育 INDICS 生态体系。

第三十章　信息技术服务企业

一、东软

（一）总体发展情况

作为我国领先的 IT 解决方案提供商，东软集团 1991 年创立于中国东北大学，主营业务包括软件外包服务、行业信息化解决方案、医疗设备及服务等。其以软件技术为核心，产品和服务覆盖电信、能源、金融、政府、制造业、商贸流通业、医疗卫生、教育与文化、交通、移动互联网、传媒、环保等。在汽车电子、智能终端、数字家庭产品等领域，拥有自有品牌的医疗和网络安全产品。截至 2017 年，在中国建立了 8 个区域总部，10 个软件研发基地，16 个软件开发与技术支持中心，在 60 多个城市建立营销与服务网络。

东软 2017 年 1—9 月实现营业收入 42 亿元，较上年同期下降 14.8%，实现净利润 1.7 亿元，较上年同期下降 91.9%。公司自主软件、产品及服务业务实现营业收入 32.9 亿万元，较上年同期下降 16.9%，占公司营业收入的比例 78.3%；扣除东软医疗、熙康不再纳入公司合并财务报表范围的影响，同口径下，自主软件、产品及服务业务收入较上年同期增长 7.02%；系统集成业务实现营业收入 8.6 亿元，较上年同期下降 6.8%，占公司营业收入的比例 20.5%；物业广告业务实现营业收入 0.5 亿元，较上年同期增长 0.6%，占公司营业收入的比例 1.2%。

表 30 - 1   东软 2013—2017 年营业收入增长情况

财务指标 年度	营业收入情况		净利润情况	
	营业收入（亿元）	增长率（%）	净利润（亿元）	增长率（%）
2013	74.5	7.1	4.1	-9.9
2014	78.0	4.6	2.6	-37.8
2015	77.5	-0.6	3.9	51.1
2016	77.3	-0.2	18.5	379.1
2017 前三季度	48.4	—	1.6	—

数据来源：东软财报，2018 年 2 月。

（二）发展策略

医疗健康业务稳步增长。公司在医院信息化、医联体建设、医疗设备、区域公共卫生、医保与医疗大数据六大领域深度布局，在社保领域市占率超过 50%，医院信息化市占率第一，在区域医疗平台市场极具竞争力，已与 20 多个城市签署大健康战略合作协议。2017 年 5 月，公司与辽宁省卫计委、联众医疗共同签署《"辽宁省医学影像云"健康医疗服务平台框架合作协议》，联合联众医疗，承建和运营"辽宁省医学影像云"健康医疗服务平台。公司主导完成"辽宁省医学影像云"健康医疗服务平台建设，包括负责中心端的 IDC 数据中心、云平台软件以及医疗设备，投入约 9.9 亿元。联众医疗负责医院端的服务器、打印机、会诊设备及软件。平台运营后，将依照服务收费项目，向各级医疗机构收取服务费，为公司贡献产生稳定且逐步增长的收入。

智能汽车互联加快布局。公司在智能车载、新能源汽车、ADAS 以及自动驾驶领域进展顺利。公司持续拓展国内汽车厂商的车载量产业务，同时与本田在电动车的电池管理技术、车辆数据云管理和智能车载互联等核心技术领域展开合作，新能源汽车业务或迎新突破。自动驾驶领域，子公司东软睿驰 L0 - L4 全级别自动驾驶方案广受认可，推出基于 NXP 最新自动驾驶芯片 S32V 的自动驾驶中央域控制器。2017 年 10 月，拥有自主知识产权的自动驾驶汽车上路测试，公司在自动驾驶技术研发及应用领域达到新阶段。

企业影响力持续提升。公司创新与竞争能力、品牌美誉度与影响力不断获得认可。在中国 IT 市场年会上，公司荣获"2016—2017 中国新一代信息技术创新典范企业"奖项。在中国国际软件和信息服务交流会上，公司荣获"2017 中国软件和信息服务业最具匠心精神企业奖"。东软依托业务基础平台 UniEAP、云应用平台 SaCa、大数据高级分析应用平台 RealSight 三大平台产品，凭借在大数据领域的创新能力和在众多垂直行业的实践积累，入选 Gartner 报告。子公司熙康建设运营的"宁波云医院"项目获得全球信息化领域的最高级别奖项"2017 年信息社会世界峰会（WSIS）"eHealth Champion 大奖，也是中国唯一获此殊荣的项目。

二、中软

（一）总体发展情况

中软作为我国大型综合软件与信息服务企业，成立于 2000 年，提供从咨询、解决方案、外包服务到人才培养的"端到端"软件及信息服务，涉及政府、制造、金融、电信、高科技、互联网、交通、能源等主要信息技术垂直行业，是华为、微软、腾讯、中国移动等龙头企业的重要服务供应商。公司首批通过全国"软件企业"认证，连续多年获评"国家规划布局内重点软件企业"，在国家软件百强企业中排名不断提升，并且连续 6 次获 IAOP 全球服务外包 100 强殊荣。同时，公司是首批获得工信部计算机信息系统集成特一级资质的大型软硬件集成服务企业，拥有计算机信息系统集成一级资质、国家涉密计算机信息系统集成资质（甲级）等齐全完备的资质。公司联合国内基础软硬件产品厂商、科研院所等成立了"安全自主软硬件产业技术创新战略联盟"，推动安全自主软硬件产业的发展。

中软 2017 年上半年持续稳步发展，实现收入 41.5 亿元，同比增长 43.7%；实现净利润 2.4 亿元，同比增长 10%。其中，技术与专业服务集团收入同比增长 53.5%，服务性收入同比增长 52.0%，主要由于来自于华为、汇丰、腾讯、平安集团等核心客户业务的大幅增长。互联网 ITS 集团收入同比增长 6.1%，服务性收入同比增长 5.6%，主要是来自于解放号业务同比大幅增长。

表 30 - 2　中软 2013—2017 年营业收入增长情况

财务指标 年度	营业收入情况		年度溢利情况	
	营业收入（亿元）	增长率（%）	贡献利润（亿元）	增长率（%）
2013	32.1	20.2	2.0	33.2
2014	44.3	38.2	2.5	27.5
2015	51.3	15.8	3.3	30.6
2016	67.8	32.2	4.1	24.2
2017 上半年	41.5	43.7	2.4	10

数据来源：中软财报，2018 年 2 月。

（二）发展策略

SaaS 市场拓展取得成果。2017 年，按软件外包收入，中软国际已成为中国最大的 IT 外包服务提供商。核心业务为技术和服务集团（占到收入的 81%），主要为内部员工组建项目团队服务于大型客户量身定制的解决方案。中软国际最大客户是华为集团，2016 年占了 54% 的收入。余下收入来自互联网 IT 集团，专注于对价格更敏感的客户进行在线业务，更适合灵活资源处理的项目。中软国际的 SaaS 是建立在它过去几年成熟的线下软件开发业务之上的，相较于金蝶和用友的水平式 SaaS 业务，中软国际的解决方案更偏向纵向某细分领域内的焦点，结合他们已经具有丰富经验的行业。市场营销费用一直是开发 SaaS 中的重大开支，鉴于中软与华为同舟共济的合作伙伴关系，使得他们的市场营销费用大幅减少，产品直接打包进华为云平台统一给客户使用。因此中软的 SaaS 业务可在初期就实现盈利，并可持续。

大客户合作开启新篇章。华为和中软国际合作有 8 年，微软有 12 年，中国烟草有 13 年，中国移动 7 年，阿里云 5 年，腾讯 3 年，还有 2016 年开始合作的汇丰。在业务领域，中软国际从华为研发外包业务拓展到华为云，大数据和智能城市等新兴业务合作，与微软加强合作共同研发 AI，为汇丰银行全球业务提供定制化解决方案，与腾讯除了游戏外包业务外包服务，或在小程序领域进一步开展合作。2017 年 7 月，中软国际成为华为云首家同舟共济的合作伙伴，合作关系全面升级。这标志着双方合作的又一个里程碑，同时明确了中软国际长期的产品结构优化，中软的角色开始发生质的转变，从之前单纯作为华为业务外包公司转向与华为共同打包销售华为云服务给第三方的地位对等的平行软件开发公司，清晰的发展路径将引领中软国际向类似于SMAC（社交化、移动化、大数据分析、云）边际收益更高的服务转型。

解放号业务创新。2017年，解放号全面进入2.0时代，解放号的核心产品能力和运营模式获得全面的升级、拓展和增强。期间，解放号与华为软件开发云展开战略合作，深度绑定双方功能与服务，面向开发者、开发企业提供一站式软件开发云服务解决方案，针对多样化、定制化、碎片化的软件开发需求，通过全生命周期工具支撑、保障众包软件的开发质量，将参与提交企业的软件工程能力提高到新的水平。运营模式上，解放号陆续在南京、青岛、北京、上海、西安等18个城市建立线下运营基地，规模化部署会员服务、雇主拓展、生态合作、交付管理等地推和服务团队。通过与区域政府深度合作，结合区域产业特色，以软件园区为基础，与区域内软件开发商、不同规模的发包企业紧密互动，提供多样化的服务模式和服务内容。

三、神州数码

（一）总体发展情况

神州数码由原联想集团分拆而来，并于2001年6月1日在香港联合交易所有限公司主板独立上市。神州数码控股有限公司业务涉及IT规划咨询、IT基础设施系统集成、解决方案设计与实施、应用软件设计及开发、IT系统运维外包等领域，面向中国市场，为行业客户、企业级客户、中小企业与个人消费者提供全方位的IT服务，是我国极具市场竞争力的IT服务商。2010年，神州数码提出了智慧城市发展战略，至2017年已经成为中国智慧城市建设的第一品牌。

神州数码2017年前三季度的营业收入为141.0亿元，同比上升16.4%，实现净利润为1.1亿元，同比上升32.8%。自主品牌业务和云服务业务作为重要战略发展方向，2017年取得良好业绩，自主品牌业务包括神州数码存储、系统、安全业务，实现营业收入2.74亿元；云服务收入实现营业收入1.20亿元，主要受oracle、IBM、微软、阿里云等多家优质IT厂商的云战略合作落地带动。

表30-3 神州数码2014-2017年营业收入增长情况

财务指标 年度	营业收入情况		净利润情况	
	营业收入（亿元）	增长率（%）	净利润（亿元）	增长率（%）
2014	5.1	—	0.6	—
2015	4.6	-9.8	0.2	-66.7
2016	405.3	8748.4	4.0	1790.1
2017前三季度	402.0	68.8	3.1	-6.3

数据来源：神州数码财报，2018年2月。

（二）发展策略

投资并购助力企业布局。2017年10月，神州数码宣布全资收购上海云角。本次收购将加快神州数码在云增值服务、云资源聚合等方面的业务布局，提升公司在云计算领域的技术和服务能力。以云角全面收购为契机，神州数码也正在深度融合云舶平台和ServiceQ平台的优势，自主研发云管平台产品，并将与阿里云、Azure、AWS的资源实现系统化对接。同年12月，神州数码宣布收购启行教育，进入国际教育市场。神州数码拥有超过3000家具有高教、职教、普教及政府、教育机构等客户合作伙伴，并整合云服务、智慧校园、企业信息化融合服务平台、渠道合作伙伴的资源，建设智慧校园云平台。

持续深化战略合作。2017年10月，神州云计算与开源解决方案供应商红帽公司达成合作。神州数码完成红帽云计算及服务供应商认证（CCSP），成为红帽认证云计算及服务分销商（CCSPD）。通过认证计划的神州云计算将提供基于红帽的集成开发环境的解决方案、技术支持与服务，帮助客户获得红帽多元开放的优势与价值。同期，公司获得甲骨文大中华区首批云托管服务供应商（MSP）资格，神州数码MSP能力再获国际大型公有云服务商认可，双方在云服务领域的合作将持续深化。

自主可控服务创新。2016年11月，《中华人民共和国网络安全法》正式公布，并已于2017年6月1日起执行。神州数码响应国家政策，推出云科系列自主可控产品，范围涵盖安全、无线、存储等全体系21个细类600余种产品。2016年底在云科产品体系基础上推出"登云一体机"，采用灵活的系统延伸能力和更易部署的方式，抢占金融等高端存储及数据库市场。

第三十一章　嵌入式软件企业

华为加强科技研发投入，深耕智能手机的中高端市场，联合全球领先的运营商积极构建行业标准和规范，不断完善产业链。中兴通讯受到面临美国商务部制裁的影响，智能手机的全球出货量有所下降。海尔集团致力于成为互联网企业，其产业结构正在向智能化方向发展。海信集团通过研发高画质、大屏幕电视，拓展高活跃度用户市场，以及开拓国内网市场，进一步巩固其全球前三的地位，在国内市场的领先优势已不断扩大。受智能化、网络化趋势影响，南瑞集团的业务发展正在逐渐实现转型，向清洁能源、智能配用电、微电网、分布式能源、智能制造等领域开拓市场。中控集团高度重视自身在智能制造领域的创新应用，DCS 市场拓展不断加速。

一、华为

（一）总体发展情况

华为是世界 500 强企业，其业务领域涉及电信网络设备、IT 设备和解决方案以及智能终端。据统计 2017 年华为销售规模近 6000 亿元人民币，在工信部发布的 2017 年中国软件业务收入百强发展报告中，华为以软件业务年收入 2178 亿元，连续 16 年蝉联软件百家企业之首。

（二）发展策略

华为采用开放式技术架构，与企业、用户联合创新。2017 年，华为企业业务快速发展，其云计算、存储、SDN 等主力产品和智慧城市等解决方案在政务、民生、交通、金融、能源、教育等多领域迅速扩展。

争夺高端智能手机市场。在智能手机市场竞争日益严峻的情况下，华为不断加强科技研发投入，在智能手机的中高端市场凸显优势。2017 年华为手机在国内市场的出货量超过 2400 万台，占有第一位的市场份额，同比增长约

4.8%，在四季度国内智能手机市场的寒冬中表现优秀。华为的互联网品牌荣耀具有极高的性价比优势，是其占据手机市场重要基础，同时，华为不断开发 Nova 的品牌影响率，攻占时尚手机市场，在高端手机方面，mate 系和 P 系已成为中国智能手机市场的高端品牌，赢得了中国不少商务用户的欢迎，具备与在高端市场占据优势的苹果和三星竞争的能力，成功在高端市场突围。

推进5G商用。2017 年，华为将 5G 预商用系统推入数个信息产业发达的国家，在柏林、东京、伦敦、米兰、迪拜、温哥华、多伦多、首尔、上海、北京等多个核心城市，与全球各区域最领先的运营商如英国电信、德国电信、中国移动、中国电信、中国联通、沃达丰、Etisalat、LGU＋、Telus、Bell 等实现了 5G 预商用网络部署。在技术研发方面，2017 年华为与全球领先的芯片厂商 Intel、联发科、展讯等都已启动基于 3GPP 标准的 5G 新空口互操作性测试（IODT）。华为提出了 Cloud VR 理念，并在 MBBF 期间展示了 VR 足球应用，把本地复杂的图像处理搬到云上，实现交互式 VR 内容的实时云渲染，强大的云端服务器大幅提升了计算能力和图像处理能力，移动宽带网络提供了更为自然的业务模式。中国移动、上汽集团和华为共同开发了全球首个基于 3GPP/5G 技术的远程/自动驾驶，对 5G 网络具有的低延时、大宽带能力进行验证，奠定了智能网络汽车的发展基础。2017 年 11 月，华为联合 LG U＋ 在韩国首尔最繁华的江南区上空，联合演示了搭载 5G CPE 的无人机 4K VR 直播。2017 年 9 月，华为成为唯一一个全部完成由 IMT－2020 组织下中国 5G 技术研发试验第二阶段测试内容的企业。华为在 2017 年联合了中国移动、日本 NTT DOCOMO、韩国 LG U＋、加拿大 Telus 等世界领先运营商进行了 3.5G 低频、28G 高频的 CPE 联合测试，实现了无人机 4K VR 直播、IPTV、全息通信等未来应用的验证。

二、中兴通讯

（一）总体发展情况

中兴通讯于 1985 年成立，是中国最大的通信设备上市公司，于香港和深圳两地上市。公司主要为电信运营商和企业提供技术、产品和综合解决方案。

2017 年，中兴通讯预计实现净利润 43 亿元至 48 亿元，基于运营商网络，以及消费者业务收入的同比增加，公司于 2017 年营业收入和毛利均有所增长，实现同比扭亏为盈。

（二）发展策略

中兴主营业务集中在开发设计、生产安装以及分销各类先进电信系统设备的领域，积极布局电信设备领域，实施高端化、数字化策略，中兴依托坚实技术研发实力，已发展为全球电信设备领域的龙头企业，未来，中兴将进一步延续其在运营商 5G 设备集采中的优势。2017 年，中兴凭借新一代基带多模芯片 V2.0 的优秀性能，支持 5G 及网络虚拟化等新技术应用，在电信行业保持领先地位，中兴将进一步深入 5G 行业，推动 5G 创新应用和产业化进程，并积极参与国内 5G 第二阶段及第三阶段测试，推动 NB－IoT 和 5G 产业繁荣发展。

三、海尔集团

（一）总体发展情况

海尔集团成立于 1984 年，是全球大型家电第一品牌。海尔集团致力于成为全球领先的美好生活解决方案提供商，其业务领域覆盖家电、数码产品、通信等多个领域。2017 年海尔集团收入达到 2419 亿元，同比全球增长 20%，增速创近年新高。同时，集团利税首次突破 300 亿元，全球经营利润的增长达到了 41%，这也是这些年以来利润增长最快的一年。

（二）发展策略

2017 年，海尔产业结构趋向智能化战略方向。2017 年 7 月，海尔智能家居发布了全球首款搭载 NB－IoT 技术的海尔智能门锁·云锁，此产品推动了NB－IoT 在物联网时代智能家居领域的快速落地。2017 年 7 月，海尔 U－home 在以"智享安家·慧聚未来"为主题的中国智慧住居产业联盟成立暨海尔安家平台落地发布会上，发布安家平台落地成果，安家平台落地突破当前行业技术瓶颈，打造出智慧住居的全新发展模式。此外，海尔 U－home 以主要编写单位参与了由中国智标委牵头制定发布的《智慧城市建筑及居住区综合服务平台通用技术要求》，作为中国智能家居行业国家标准，为智慧住居行业的有序发展提供标准依据。

四、海信集团

（一）总体发展情况

海信集团成立于1969年，包含海信电器和海信科龙电器两家在沪、深、港三地的上市公司，旗下拥有海信、科龙、容声三个品牌，是国家首批创新型企业、国家创新体系企业研发中心试点单位，其业务范围涵盖家电、通信等诸多领域。根据工业和信息化部发布2017年（第16届）中国软件业务收入前百家企业名单，海信集团以软件业务118.6亿元位列第五名。据IHS统计数据显示，2017年上半年，海信电视销售额全球占比为6.2%，其中4K电视全球出货量占比达到7.8%，位居全球第三位。2017年第二季度，全球液晶电视平均出货尺寸为42.2英寸，而海信电视的平均出货尺寸达到了47.9英寸，超过三星和索尼，领先全球。

（二）发展策略

2017年海信集团坚持创新发展战略，凭借ULED超画质电视、智能电视、激光电视技术的研发，率先在全球市场上推出首款双色4K激光电视等创新产品，逐步掌握电视行业的核心技术，同时，将持续推进提升ULED液晶电视及智能电视水平的发展策略。

海信集团推出了自主研发的"天玑"系列ULED电视、"璀璨"系列ULED电视，推进落实全球"璀璨计划"，并持续研发推广"高画质、高颜值、高体验"的产品，目的在于提升海信电视的全球市场份额。此外，海信积极研发激光电视，抢占市场先机。据公司统计，海信激光电视在激光显示领域已拥有320多项核心专利技术，完成了从2K到4K、再到双色4K的技术突破，产品覆盖88、100、120英寸等多个尺寸规格。

海信集团经济拓展互联网运营业务，深耕教育、视频、游戏、购物等智能业务，依托大数据平台、人工智能等方面的技术平台布局，在运营能力及增值业务拓展上取得快速发展，海信的互联网电视用户激活量为全球最高。同时，公司致力于将该云平台业务打造为海信集团所有智能终端产品的云平台和运营平台，为海信智能电视、智能手机及智能空调、智能冰箱和智能洗衣机等所有智能家电产品及设备的互联网接入提供服务，并不断拓展向第三方客户提供服务。

五、南京南瑞集团

（一）总体发展情况

南瑞集团公司简称国电南瑞，成立于 2001 年，直属国家电网公司。南瑞集团业务覆盖工业控制、智能电网、新能源及轨道交通等诸多领域，主要从事电网调控技术、电网安全稳定控制技术、变电技术、配电技术、农村电气化技术、用电技术、风电光伏等电气控制技术、轨道交通控制技术、工业控制技术、节能和环保技术的研发应用，并提供各专业全方位解决方案和产品设备。据统计，2017 年，南瑞集团签订合同额超过 600 亿元，同比增长近10%；实现营业收入超过 370 亿元，同比增长超过 17%。到 2017 年，南瑞集团连续 16 届进入"中国软件企业百强"，连续 11 届成为"中国十大创新软件企业"。

（二）发展策略

南瑞集团坚持创新驱动战略，不断引进先进的信息、软件和测控技术，形成了多项富有竞争力的核心技术。南瑞集团聚焦产业链和价值链高端，重点推进"大云物移"、智慧城市、量子通信、电动汽车、无人机及机器人等新兴业务领域。为此成立战略新兴产业项目委员会，组建跨部门跨单位项目团队，安排专项扶持资金，加快推动新技术、新产品、新业态、新模式创新发展，形成了点面结合、梯次推进的新兴产业发展格局。2017 年，南瑞首批战略新兴产业项目已有 6 项取得首台首套应用、7 项实现市场拓展，新增 6 项纳入第二批战略新兴产业项目。为加快发展自主芯片产业，南瑞集团引入硅谷高端芯片专家团队，合资设立南瑞微电子公司，自主研发的宽带载波芯片实现量产和商业化应用。南瑞集团全年在新一代信息通信、综合能源服务、增量配电、节能环保等多个领域，新设及收购企业 11 家。

六、中控集团

（一）总体发展情况

中控集团成立于 1993 年，是国内领先的自动化与信息化技术、产品与解决方案供应商，其业务范围涵盖工业自动化、城市信息化、工程设计、机器人以及新能源等诸多领域。中控集团坚持以信息化带动工业化，用高新技术改造传统产业，着力打造中国自动化行业的名牌产品。根据工信部发布的2017 年中国软件业务收入百强名单，中控集团以软件业务 24.97 亿元位列第60 名。中控在国内化工行业 DCS 市场占有率多年来一直保持第一，市场份额超过 25%。

（二）发展战略

中控坚持自主研发战略，已经突破国内自动化领域被外资企业垄断的困境，成为进军民营自动化企业的领军者。2017 年 12 月 8 日，中控发布了中控面向未来的工业操作系统——supOS，这是集工业大数据全集成平台、工业智能 APP 组态开发平台、工业大数据分析平台、工业人工智能引擎服务、工业智能 APPs 等一体的工业操作系统，实现云（云互联网平台）、企（工厂互联网平台）、端（边缘计算节点）三层统一架构，可实现管控一体化交互。赋能用户共建生态，挖掘工业数据价值是中控一直关注和思考的事情。在 supOS开放平台上，工厂信息全集成、APP 组态式开发、工业 APP 孵化平台、智慧决策分析平台等均面向所有合作伙伴开放。

第三十二章　云计算企业

我国企业正在进入互联网＋和数字化转型阶段，从游戏、电商、移动、社交等在内的互联网行业向制造、金融、交通、医疗健康，云计算应用需求日益旺盛，其市场前景持续向好，云计算也成为国内科技企业业务发展的重要增长点。2017年，阿里云一方面通过成立达摩院等系列举措持续提升技术创新能力，另一方面通过推动云合计划加强企业生态体系建设。腾讯云聚合全行业AI能力，发布"AI即服务"战略"智能云"打造开放生态圈。华为继续加大对云计算领域的投入，成立了Cloud BU，把为政府和广大企业提供云服务定位为核心战略方向，立志将华为云打造为全球五朵云之一。

一、阿里云

（一）发展情况

阿里云计算有限公司（以下简称"阿里云"）是阿里巴巴集团旗下专注于云计算的子公司，成立于2009年，是我国技术水平最高、市场能力最强的云计算领军企业之一。阿里云在杭州、北京和硅谷等地设有研发和运营机构，致力于提供安全、可靠的计算和数据处理能力，打造全球领先的云计算与数据管理平台开发商。阿里云面向广大中小企业、开发者以及阿里巴巴集团的客户以及电商等广泛用户提供弹性计算服务、开放存储服务、开放结构化数据服务、开放数据处理服务、关系型数据库服务等云计算服务，以及搜索、邮箱、域名、备案等互联网基础服务。

受益于云计算付费用户的持续增长以及多元化的收入结构，累计营收已突破百亿大关，并持续保持三位数的增长，阿里云成为国内首次出现百亿规模的云计算服务商。据阿里巴巴集团财报显示，阿里2017年前三个季度营收分别为21.63亿、24.31亿和29.75亿元，阿里云计算业务连续第11个季度保持规模翻番。阿里云第三季度推出了 396 种新产品和功能，与屈臣氏中国、吉利汽车、北京首都国际机场等传统企业开展合作，云计算收入同比增长 104%，达到 35.99 亿元，云方面增长态势较强劲。IDC 报告显示，阿里云目前在中国公共云市场占有率为 47.6%，已成为中国市场最大的平台及服务（PAAS）供应商。而在全球范围内，阿里云业务服务范围已覆盖全球 200 多个国家和地区，全球化过程或与 AWS 直接竞争，市场规模仅次于亚马逊 AWS 和微软 Azure，排在市场前三位。

（二）发展策略

持续提升技术创新能力。2017 年 6 月，阿里云推出天猫精灵，销售破百万，用户黏性高，有超过 80% 的客户留存率；而在斯坦福大学发起的一项机器阅读理解领域顶级赛事中，阿里巴巴 IDST 团队推出深度学习 AI 模型，得到了比人类更高的分数，这也是首次取得战胜人类的成绩。阿里云在全球范围内已经在 17 个地域开放了 34 个可用区。2017 年 10 月，阿里成立达摩院，计划在 3 年内投资 1000 亿元人民币，用于基础科学研究和颠覆式技术创新，涵盖量子计算、机器学习、基础算法、网络安全、视觉计算、自然语言处理、下一代人机交互、芯片技术、传感器技术、嵌入式系统等多个领域，建造一个以科技为核心的，汇聚全球顶尖科技大牛、学者的交流中心。

重点打造布局"ET 工业大脑"。阿里云将工业云作为重要的战略组成部分，为客户提供工控 SCADA、光伏切片智能工厂、智能设备互联、智能设备运维以及工业大数据挖掘等解决方案。阿里云高度重视 BI（Business Intelligence）层面的解决方案，将这部分业务独立成"ET"工业大脑，为工业企业提供智能的供应链、研发、生产和营销管理服务。2017 年 11 月 23 日，阿里云栖大会广东分会在广州琶洲举行，宣布在广州设立阿里云研发中心，并招募 1000 名云计算 AI 工程师，同时在广东建设其工业互联网云平台，将全国工业云总部定于广州，深度再造 ET 工业大脑。广东作为"世界工厂"，集合了众多优秀的工业企业，尤其是迫切需求工业云服务的中小工业企业。在广东推广工业云相关服务，能够起到良好的示范与标杆的作用。2018 年 2 月，阿里云 ET 城市大脑被马来西亚数字经济发展机构（MDEC）和吉隆坡市政厅（DBKL）联合引入，人工智能将全面应用到马来西亚交通治理、城市规划、环境保护等领域。

多方位布局工业互联网。在消费互联网历经电商、O2O 等概念洗礼，市场发生巨大变革后，云服务、物联网等行业技术正推动工业互联网的快速发展，"工业互联网"成为当下全球争夺未来产业发展制高点的重要领域。阿里云一直在不断搭建工业互联网平台，基于 1688 网站打造的柔性供应链协同服务平台阿里巴巴淘工厂，通过大数据精准匹配产能与消费需求。一方面将碎片化零散、随机的生产加工需求进行整合，另一方面对生产企业产能实现标准化、在线化，然后通过智能供需匹配的算法模型将消费端整合需求精准、高效匹配给淘工厂平台对应满足加工需求的优质工厂，推动生产企业分散产能整合共享。至 2017 年淘工厂已经有 15000 余家纺织服务类企业。另外，阿里云也通过浙江 10 万企业上云，搭建了更多类型的工业企业，通过云来云化很多系统。

二、腾讯云

（一）总体发展情况

腾讯云最早仅用于腾讯内部的业务服务，2013 年 9 月开始面向广大企业和个人提供云服务。腾讯云是我国仅次于阿里云的云计算企业，增长速度非常快。腾讯云技术实力坚实，拥有成熟的基础架构，凭借多年在互联网服务领域的商业经验，聚焦于社交、游戏等领域，推出了大批的成熟产品和服务，可为开发者及企业提供云服务、云数据、云运营等整体一站式服务方案。腾讯云的主要产品可分为计算、网络、存储与 CDN、数据库、安全、监控与管理、移动与通信、视频服务、域名服务、大数据与人工智能等十大类，可提供视频、网站、位置服务等通用解决方案，电商、游戏、医疗、金融和行业解决方案以及安全、数据迁移等技术解决方案。

腾讯公司 2017 年第三季度财报显示，腾讯前三季度营收中，包含腾讯云业务营收的"其他业务"的营收 292.5 亿元，比上年的 107.7 亿元，增长171%，而腾讯云在整个"其他业务"中的占比在 10% 左右，增长速度稍微慢于腾讯支付。腾讯云基于 QQ、微信、腾讯游戏等海量业务的技术锤炼，已从基础架构到精细化运营，从平台实力到生态能力建设，可为企业和创业者提供集云计算、云数据、云运营于一体的云端服务体验。

2017年6月，腾讯云＋未来峰会上，随着腾讯云生态的高速增长，腾讯云合作伙伴的数量增长445%，合作伙伴的客户数量增长238%，合作伙伴业务收入增长560%。在构建合作伙伴的生态环境的过程中，腾讯云利用自身的卓越的互联网能力专注于做好"连接器"。腾讯云已经有超过200家各类型的开发合作伙伴，通过与神马、东华、东软、中科软、长亮、思迪、中科大洋等行业领军企业合作，为交通、政务、扶贫、公安、旅游、保险、证件、工业等各行各业的客户提供解决方案。

（二）发展策略

发布"AI即服务"战略"智能云"打造开放生态圈。腾讯聚合全行业AI能力，形成AI布局矩阵，包括腾讯AI Lab（腾讯人工智能实验室）、腾讯优图实验室、微信智能语音团队和腾讯云等团队，其中前三个团队向腾讯云输出算法研究等AI技术，而腾讯云结合市场需求，联合协作封装AI技术向全社会输出。2017年6月，在腾讯云＋未来峰会，腾讯云首次发布AI战略新品——AI即服务的智能云，AI即服务是腾讯云在传统云计算结构上建立的新的服务层，在软件层面、算法框架服务、基础设施服务等多维度提供新的AI开放服务层，开放计算机视觉、智能语音识别、自然语言处理三大核心能力。基于"智能云"的产品和服务开放，腾讯云还将打造一个"智能云"的开放生态圈，腾讯云和腾讯开放平台一同打造AI加速器项目，为中小型和创业企业提供集技术、资金、顾问、市场于一体的孵化资源。

全球自建CDN节点服务领先。从2007年开始，腾讯云就开始通过自建CDN节点为QQ平台提供服务，其技术架构全部基于自研平台，核心组件全部由腾讯云技术团队自己研发，从产品设计之初就能够从整体上布局各组件功能，深度优化组件性能，充分发挥CDN整体服务的能力，实现良好的协同效应。目前，腾讯云CDN带宽储备达到70T＋，在国内拥有超过800＋自建节点，覆盖移动、联通、电信及十几家运营商，能够为国内不同地域、不同运营商的用户提供稳定的CDN服务。同时，腾讯云CDN国外加速节点也已经超过100个，覆盖32个国家，无缝助力国内企业出海发展。据Gartner发布最新的全球CDN行业报告，腾讯云CDN在页面加速能力、电子金融方案、流媒体支持能力、内容管理能力四项核心性能指标上表现优异，领先于国内入选CDN厂商。

积极参与工业云平台建设。腾讯云与三一重工物联网战略合作，为其初创企业树根互联输出底层云计算基础架构能力，以及大数据平台TBDS，把分布全球的30万台设备接入平台，实时采集近1万个运行参数，利用云计算和大数据，远程管理庞大设备群的运行状况，不仅实现了故障维修2小时内到现场、24小时内完成，还大大减轻了备件的库存压力。

三、华为云

（一）发展情况

华为成立于1987年，是全球领先的信息与通信技术（ICT）解决方案供应商，专注于ICT领域。在云计算方面，华为于2010年发布"云帆计划"宣布进军"云计算"，2015年华为发布面向中国市场的企业云服务，更多聚焦行业用户。2017年，华为继续加大对云计算领域的投入，成立了Cloud BU。华为把为政府和广大企业提供云服务定位为核心战略方向，立志将华为云打造为全球五朵云之一，成为智能社会使能者，联结企业现在与未来。

华为云有两种模式，一是华为自建的公有云服务以及帮助企业客户建设的私有云，私有云中，华为提供技术和服务，帮助用户做数据变现；二是合作公有云，华为提供技术协助运营伙伴，如国内的天翼云3.0，和国外的德电、西班牙电信等合作建立的云。华为云的商业模式选择"靠技术和服务变现"，期望基于其公有云及共建云打造一张全球云网，接入到华为云即可通达全球，已有包括德国大众、奔驰在内的12家车企、飞利浦、工商银行及一些政务服务平台等选择了华为云或者合作伙伴的云服务。

华为云多服务于大中型企业、政务部门以及国际大企业，2017年，华为云实现5亿美元营收，是华为私有云＋政务云＋公有云为外部客户服务的销售收入。截至目前，华为云已发布14大类99个云服务，50＋解决方案，在用户数、资源使用量方面实现300%的增长，云服务伙伴超过2000家。华为云用户数、资源使用量均增长了3倍。

(二）发展策略

成立 Cloud BU 战略升级云业务。云业务成为华为近年来最重要的战略布局，2017 年 3 月，华为成立 Cloud BU 正式进军公有云，利用其 ICT 领域所积累的技术和服务能力长期提供云服务，到 8 月底，华为云的用户增长率和在用资源使用量均达到 200% 以上的增长，在这期间，华为云新发布包括数据仓库、高防 DDoS、CDN 等在内的 40 款云服务，累计超过 4500 多个特性；8 月份，华为将 Cloud BU 升级成为与三大 BG 并列的一级部门，并新增 2000 人专门进行业务扩展。从宣布成立到二级部门再到一级部门，华为云业务在半年内完成了"跳级"，成为了华为集团最重要的产品线，Cloud BU 战略地位仅次于华为三大 BG（运营商业务 BG、企业业务 BG 以及消费者业务 BG）。

致力打造全球"5 朵云"之一。2017 9 月，HUAWEI CONNECT 在上海举行，首次提出"平台 + 连接 + 生态"的企业物联网发展战略，定位智能平台的搭建者、多种连接方式的创新者和物联网生态的推动者。华为在会上发布了涵盖硬件、软件、数据、联接、架构、混合云等 6 个方面的创新解决方案，以云服务帮助客户数字化转型，成为越来越多的行业领先企业数字化转型的合作伙伴。华为创新产品已为全球 1000 多家制造企业提高了生产效能，开放架构的金融方案为全球 300 多家金融机构业务加速创新，智能电网方案优化了全球 170 家电力公司输配电业务，物联网方案节省了全球 100 多家运输企业的运维成本等。

发布"X + AI"智能云深耕行业。华为提出"X + AI"智能云解决方案，其中的"X"指的是各行各业，华为认为，只有将 AI 应用到各行业的实际业务中，特别是应用到生产系统中，才能真正发挥 AI 的价值。据悉，华为正在基于行业实践，为用户提供丰富的行业算法和一站式机器学习服务，让 AI 能力与现有业务系统敏捷结合。同时，华为会把 AI 的基本能力开放出来，让各行各业的合作伙伴能够把 AI 与自身行业应用结合，兼容业内主流深度学习的平台和算法，与业内通用平台进行对接，还可以二次定制开发，集成第三方应用。比如在制造行业，华为云正致力于通过"X + AI"智能云帮助企业迈向"智"造 2025。

第三十三章　大数据企业

一、华为

（一）发展概况

华为作为全球领先的信息与通信技术（ICT）解决方案提供商，专注于ICT领域，坚持稳健经营、持续创新、开放合作的发展理念，在电信运营、企业、终端和云计算等领域构筑了端到端的解决方案优势，通过创新的ICT解决方案打造数字化引擎，推动各个行业数字化转型，促进经济增长。公司长期致力于与合作伙伴、友商合作创新、扩大产业价值，构建良性发展的产业生态系统，已经加入了300多个标准组织、产业联盟和开源社区。2017年7月27日，华为对外发布2017年上半年度经营业绩。上半年，华为公司实现销售收入2831亿元人民币，同比增长15%；营业利润率11%。其中消费者BG销售收入达到1054亿元，同比增长36.2%。

（二）发展策略

做智能社会的使能者、推动者。智能社会拥有三大特征，即万物感知、万物连接与万物智能。面对智能化浪潮，华为定位为智能社会的使能者、推动者，推动智能社会发展。华为战略分为三个方面：做多连接，撑大管道，使能行业数字化。在做多连接方面，华为推动将人和人、人和物、物与物都连接起来，在连接后再做优连接。在撑大管道方面，视频成为新的载体，涵盖生活、工作管理、安全等各个方面。华为推动能运营商在视频领域发展，提升各个行业生产效率、决策质量等，将视频作为推动流量增长的关键。在使能行业数字化方面，华为将驱动云服务成为企业的统一平台，使能用户体验，使能运营商系统云化，使能华为自身系统数字化。

发展开放、可信的公有云。云是华为的核心。作为华为 Cloud Family 战略，华为自建公有云，并和运营商共建云。2017 年 3 月，华为成立专门负责公有云的 Cloud BU，2017 年增加投入 2000 人。从 2017 年开始，华为将以公有云服务为基础，强力投资打造开放的公有云平台；并聚焦重点行业，与合作伙伴一起构建云生态。

业务加速全球企业数字化转型进程。华为不断强化云计算、企业园区、数据中心、物联网等创新产品和解决方案，并在智慧城市、平安城市以及金融、能源、交通、制造等行业得到广泛应用。通过领先的"端、管、云"全栈式 ICT 解决方案，华为帮助客户进行 ICT 基础架构的顶层设计，并基于"平台＋生态"战略，与合作伙伴共同打造企业数字化转型所需的生态链。目前，197 家世界 500 强企业，45 家世界 100 强企业选择华为作为数字化转型的合作伙伴。企业业务正呈现出喷薄欲出的活力与潜能。

稳健运营商业务。为加快运营业务发展，华为一方面立足现实，以品质家宽、全场景站点、Mobile Money 等创新解决方案，摄入与挖掘数十万亿美元现网资产的潜能；另一方面，面向未来，加速 5G 预商用测试，建设以数据中心为核心的全云化网络和数字化运营运维系统，致力于为个人、家庭、企业用户提供视频、IoT、云通信等极致体验的业务，实现新增长。

二、人大金仓

（一）发展概况

北京人大金仓信息技术股份有限公司（以下简称"人大金仓"）成立于1999 年，从成立至今，人大金仓一直专注于自主可控数据库、数据管理领域，并掌控了大量数据库管理系统核心关键技术，走出了具有金仓特色的国产数据库之路。公司隶属于中国电子科技集团公司（CETC），在国家"核高基"、"863"等重大专项上承担了重要课题，研发出了具有国际先进水平的大型通用数据库产品，并广泛应用于政务、金融、能源、国防、医疗等领域。

作为中国电子科技集团（CETC）的成员企业，人大金仓是目前国内唯一拥有涉密全资质的数据管理与服务企业，服务领域集中于军工、政务、金融、智慧城市、企业信息化等，具备了强大的数据产品及解决方案研发能力、资源整合能力和项目实施服务能力。人大金仓的核心产品（金仓交易型数据库

KingbaseES）是唯一入选国家自主创新产品目录的数据库产品，也是国家级、省部级实际项目中应用最广泛的国产数据库产品，具备高兼容、高可靠、高性能、高扩展、高安全的特点，还具有易使用和易管理的特征。

在大数据时代，人大金仓立足自主可控国产化替代，依托在传统数据库领域的产品基础和技术沉淀，以云计算、大数据等新兴技术需求为牵引，大力提升传统数据库对于大数据和云计算的支持能力以及与大数据系统的深入融合，主要提供大数据基础平台、智慧城市大数据、政府大数据、大数据分析等方面的解决方案，同时为各领域提供大数据平台建设相关的规划、设计的一站式咨询服务。在解决方案方面，人大金仓面向党政军及企业市场，推出了政府大数据解决方案、大数据中心解决方案、智慧城市大数据解决方案等系列行业解决方案。在产品层面，人大金仓形成了成熟完善的大数据系列产品体系，涵盖数据采集、存储管理、分析挖掘、数据利用、数据管理等功能。在大数据实施服务方面，人大金仓依托自有产品和代理产品，提供以数据为中心，从采集、治理、存储到应用、分析全生命周期的服务，贯穿大数据规划、实施、运维全流程，助力客户大数据应用顺利上线。

（二）发展策略

适应"云大物智"发展的新需求，创研适应大数据应用的新产品。作为中国数据管理与服务领军企业，人大金仓基于需求导向，聚焦于大数据基础平台、智慧城市大数据、政府大数据、大数据分析解决方案，提供大数据建设的规划与设计咨询，提供从平台搭建到应用实施的一站式服务，有力地推动行业创新发展。人大金仓基于丰富的底层数据和实践积累，自主研发形成了多种大数据产品，包括数据整合工具 KingbaseDI、大数据平台 KingbaseDP、商业智能平台 KingbaseBI、数据资源管理平台 KingbaseDRP 等，其大数据产品及解决方案目前已经在金融、医疗卫生、教育、通信、政府部门、国防军工等十多个业务领域成功实施。

持续发展不同类型的数据库产品与技术，推动数据库安全可控的发展。通过自主研发、产学研合作、借鉴开源等一系列手段，积极面对市场的变化需求，不断修改完善数据库产品，人大金仓不断推动对产品的持续完善和增强。交易型数据库产品方面，人大金仓研发了共享存储集群组件，该组件类似于 OracleRAC，产品的并发处理能力和可用性得以提高；分析型数据库产品方面，人大金仓融合了分布式计算和大规模并行处理技术，提高了产品的计算速度和横向扩展能力。其具有自主知识产权的大型通用数据库管理系统——金仓数据库 KingbaseES 是国家自主创新产品的唯一数据库产品，稳定运行于 Windows、Linux、麒麟以及 UNIX 等主流操作系统平台。

紧随传统数据库与大数据新技术的融合发展趋势，不断推出大数据管理与应用解决方案。人大金仓作为中国数据库市场的重要力量，围绕数据库与大数据融合，走出了一条自主可控的国产数据库发展道路。在传统数据库领域，人大金仓不断完善和增强产品的高可靠、高性能、高安全、兼容性和产品成熟度；在新型数据库领域，为了达到为目标客户提供优质的产品、解决方案和服务的目标，人大金仓通过关系数据库与 Hadoop 的技术融合，构建大数据分析处理基础平台，不断研制云数据库新产品。

三、数据堂

（一）发展概况

数据堂成立于 2011 年 8 月，总部设立在北京，在南京、镇江、天津、贵阳等地拥有全资或控股子公司，是一家运营数据资源的公众公司。作为专注于线下数据的互联网综合服务公司，数据堂的主要业务包括数据采集、制作、共享和增值服务，同时提供大数据存储、管理、挖掘、分析等专业系统解决方案。至今，数据堂已为国内外超过 1000 位合作伙伴提供人工智能、金融征信、精准营销、智能交通等领域的数据采集、数据整合和数据云服务。

数据堂拥有丰富的数字资源，其可提供的数据产品包括 11 大类，包括智能交通、电子商务、人脸识别、自然语言理解、基础语音识别、智能安防、无人驾驶、智能教育数据等。在此基础上，提供数据商城、数据定制化采集等一系列服务。

据数据堂公布的 2017 年上半年报告显示，报告期内实现营收 4508.17 万元，较上年同期增长 49.42%；归属于挂牌公司股东的净利润为 -372.92 万元，亏损减小。截至 2017 年 6 月 30 日，数据堂资产总计为 3.43 亿元。数据显示，数据堂 2017 年上半年营业收入呈现了较好的增长态势，但企业仍然处在亏损阶段。

（二）发展策略

提升数据汇集能力，建立多渠道数据采集体系。从业务形态来看，数据堂可以定位为"数据银行"，因此，数据的采集与汇集至关重要。一方面，数据堂采用了众包模式作为数据采集的主要模式。数据堂自主建设了众包平台"数据堂众包"（crowd. datatang. com），基于该平台可以线上发布任务，进而依靠全球50万众客采集和标注，快速获取语音、图像、文本等各类大规模线下数据。众客完成任务往往不受时间、地点的限制，并且可以获取相应报酬。数据堂通过众包平台，从而实现低成本、高效率地采集和制作专业数据，为互联网企业，特别是为人工智能提供大量定制化的线下数据。目前已有客户包括百度、华为、三星、佳能、联想、NEC、Intel、Facebook、Microsoft、Snapchat等国内外知名互联网龙头企业。另一方面，数据堂建立了多渠道、大范围的固定优质数据资源供应体系。通过采购代理获取行业大数据，数据涵盖征信、交通、电信、健康医疗等领域，目前已有近300家数据提供伙伴和近千套数据。线上互联网大数据主要通过数据堂爬虫平台，在全球500个合作站点中，依靠精准的数据爬取、抽取、更新和整合能力，动态提取得到。

聚焦数据价值挖掘，提升数据综合处理能力。大数据应用程度的深化和行业成熟度的提升必然导致用户对于数据的要求的提高，原始数据往往难以直接使用，必须要经过初步处理，形成"二次加工品"。经过多年的发展，数据堂在数据处理方面已经具备行业领先的能力：一是数据清洗，包括脱敏、去噪、去重等环节，主要目的是优化数据信息，规避隐私问题，提高数据产品质量。二是非结构化数据处理。由于海量原始数据往往是非结构化的，难以直接使用，数据堂已经形成一套用于非结构化处理的工具和手段，能够有效提取数据特征信息。三是数据关联分析，包括身份、时间、空间的关联。数据堂将已掌握的数据资源进行关联分析，将原先的单一数据通过多个维度进行汇集，提高数据利用效率，放大数据使用价值。当前，数据堂已经拥有PB级大数据支撑平台，涵盖数据清洗、语音识别、人脸识别、购物小票识别、语义理解、物体识别、精细分类等多方面非结构化处理，转化为IT智能化、商家商价、健康医疗、智能交通的结构化数据，深度分析及挖掘数据价值。

围绕行业数据应用，建立多层次的应用服务平台。数据堂对外提供的数据是通过挖掘、处理、关联、分析后高度融合的标准化数据产品。依托大数据支撑平台，数据堂能够深度整合各行业数据资源，为客户产品和服务增值提供数据服务，现已推出金融信用、智能交通、企业征信、营销策略、用户画像等多种类型的企业提供优质数据应用服务。同时，数据堂还建立了大数据电商平台"数据商城"，在线上实现数据资源交易、定制、合作等多种业务模式整合。卖方客户可以将拥有的数据资源通过"数据银行"进行变现；买方客户既可以直接获取已完成的数据包，也可以提出特定数据要求，由"数据银行"提供定制化服务。多方的合作有利于提高数据价值的流通和变现。此外，数据堂通过数据 API 接口服务扩大了数据服务范围。API 数据服务允许客户在阅读使用说明后，直接通过 API 接口即可访问数据，通过云平台的形式向客户提供服务。API 数据能有效规避原始数据的版权问题，客户无须购买全套数据，可以根据自身需求访问云端数据库。尤其是针对个人和企业的身份、征信领域，数据来源方对于数据有保密性的要求，API 接口访问能够在客户不实质性接触数据的情况下，给出数据调用的判定结果，最大程度保留原始数据的隐私性。

四、拓尔思

（一）发展概况

北京拓尔思信息技术股份有限公司（简称"拓尔思集团"）是国内领先的大数据技术和服务提供商，是国家规划布局内的重点软件企业。拓尔思是自主可靠软件产品领域的领军企业，拥有一大批自主创新的领先产品，如 TRS 中文全文检索系统、WCM 内容管理平台、CKM 中文文本挖掘软件等。同时，拓尔思不断拓宽产品线，提升综合服务能力，可为政府、媒体、安全、金融等多个行业提供领先的产品、技术和解决方案。围绕云计算时代的科技技术创新趋势，拓尔思近年来加快了基于云服务的数据分析和知识服务的发展步伐，着力推动企业的战略转型与升级。当前，拓尔思集团拥有 10 多家全资、控股或参股子公司，20 多个分支机构遍布全国。自 2011 年上市以来，相继出资设立或参股 5 支产业投资基金，兼并和控股 5 家行业公司，投资参股

10 多家高速成长的新兴公司，累计投资额约 10 亿元，实现了产业和资本的深度融合，构建起强强联合互惠互利的合作生态系统。公司 TRS 系列产品已经被国内外超过 5000 家高端企业级用户采用。

拓尔思的核心业务有三大板块，分别为软件产品研发、行业应用解决方案和数据分析挖掘云服务，涵盖大数据管理、信息安全、互联网营销和人工智能等多个应用方向。拓尔思以平台化思维推动技术和产品创新，自主研发推出了海贝大数据管理平台、水晶分布式数据库平台，大数据智能分析平台、用户行为分析系统、思图云平台、网络信息雷达系统、网脉等软件产品，产品线涉及大数据基础平台、行业应用和数据服务等。公司从事的主要业务有大数据、内容管理、知识管理、身份管理、信息安全领域的软件研发和产品开发销售，相关的技术开发和运维服务；面向政务、媒体、安全、金融领域的大数据应用解决方案；面向企业级用户的大数据增值运营服务。涉及领域包括政府、媒体、安全、金融、教育、企业等政府公共服务平台、智慧城市、媒体融合、云服务、大数据、信息安全、舆情分析等多种产业。

据 2017 年年度业绩预告显示，2017 年期间，拓尔思归属于上市公司股东的净利润盈利 1599.27 万元—1839.16 万元，比上年同期增长 0%—15%。2017 年，公司持续投入新产品研发和市场拓展，各项业务经营情况良好，合并营业收入预期可实现 20%—30% 的同比增长。

表 33－1　2017 年大数据相关大事记一览表

类型	概　述
荣誉	3 月 30 日，拓尔思基于大数据的智能传播平台被评为中国大数据应用（媒体）最佳实践案例； 11 月 8 日，入选"2017 北京软件和信息服务业综合实力百强企业"； 12 月 6 日，荣获 2017 年度"百家最具影响力信用企业"； 12 月 13 日，荣获"2017 年度·中国人工智能产业十大创新力企业"； 12 月 15 日，被授予"中关村科创智慧军工产业技术创新战略联盟"理事单位。
业务	5 月 2 日，中标中信银行电子银行一体化运营服务项目； 9 月 21 日，在"大数·云·智"的发布会上正式发布了 9 大新产品； 11 月 27 日，中标广州市政府智能服务机器人云平台采购项目； 11 月 28 日，中标南宁市政府网站集约化建设项目； 12 月 6 日，中标中国教育报刊社媒体融合"数据＋服务"平台项目。

数据来源：赛迪智库整理，2018 年 1 月。

（二）发展策略

建立多层次技术产品体系，加速行业业务拓展。拓尔思将非结构化数据处理作为技术创新的重点和产品研发的核心，建立了多层次的技术产品体系。底层是大数据支撑技术和资源，包括信息检索、信息采集、自然语言理解和文本挖掘、多媒体检索等多方面，以及来自于互联网和特定行业、第三方的数据资源；中层是平台型软件产品，主要有 TRS Hybases 大数据管理系统、TRS WCM 内容管理平台以及面向企业门户应用集成的 TRS 身份服务器系统等；顶层是面向行业的应用服务层，主要包括 TRS 企业搜索软件、TRS 机器数据挖掘软件、TRS 垂直搜索引擎软件、TRS 知识管理软件、TRS 舆情管理软件以及 TRS SMAS 社会媒体分析云服务等。从行业服务领域来看，拓尔思重点布局政务、传媒、金融、公安等行业领域，积累了丰富的应用场景，不同领域也有不同的业务发展策略。政务领域，拓尔思主要通过"互联网 + 政务服务"平台的建设来打造政务大数据新生态；传媒领域，拓尔思则着力助力传统媒体的融合转型发展；金融领域，拓尔思的业务方向是大数据推动互金和 Regtech 业务；公安领域，拓尔思则主要依托其子公司，共同挖掘公安大数据的价值。

把握人工智能创新方向，将 AI 融入到自身产品体系。拓尔思高度重视人工智能技术的研发及应用，特别是在自然语言处理（NLP）方面，具有了业界领先的研发能力。作为国内 NLP 技术研发先驱，拓尔思自 2000 年即从事自然语言处理及文本挖掘研究，在国内最早推出商业化的文本挖掘软件 TRS CKM，涵盖文本分类、相似性检索、关键词标引和摘要、信息抽取、聚类、关联分析等多种功能。随着深度学习、机器学习浪潮来袭，拓尔思不断升级 NLP 技术框架，在词性标注、实体识别、自动分类、情感分类、文本比对和文本校对等领域得到提升，研发推出了新一代文本挖掘产品 TRS DL - CKM。目前，以 TRS DL - CKM 为核心的 NLP 架构进一步完善升级，使得企业几乎所有的技术产品、应用产品和云服务都内嵌 AI 技术，为大数据、人工智能战略发展和落地提供基础。

注重互联网营销，形成"数据 + 场景"业务体系。一方面，拓尔思通过自建数据中心强化数据基础，推动云服务的落地。通过对互联网开放数据

（包括新闻、博客、微博、论坛、微信等）进行收集、加工、存储、检索和挖掘，形成自有的互联网海量数据中心，并随着业务发展不断扩大。当前，基于自有数据资产，结合不同行业企业客户内部数据、第三方数据等数据资源，发展了在线网察网络舆情云服务（SMAS）、网脉云服务、"数家"媒体大数据云服务。另一方面，拓尔思通过积极的资本运作，加快在互联网营销市场中的布局，形成了技术驱动的"数据＋场景"的业务体系。近年来，拓尔思投资参股了深圳花儿绽放网络科技有限公司和北京微梦传媒股份有限公司、控股了耐特康赛网络技术（北京）有限公司，加速将公司基于大数据的互联网营销业务打造成实现公司跨越式发展的核心动力引擎。

五、亿赞普

（一）发展概况

亿赞普集团成立于2008年，是全球领先的互联网跨境贸易及大数据应用公司，业务遍及亚太、拉美、欧洲、中东等多个国家和地区，旗下拥有大数据、金融、贸易便利化三大业务板块。亿赞普是我国少数的在海外（89个国家和地区）部署有大数据平台的公司之一，在多数据源的采集与并发处理领域处于国际领先地位，连续两年承担国家"863"大数据项目的单位，并连续多年全程服务于两会，通过全球大数据洞察两会动态，在央视新闻联播等黄金节目中连续播出"大数据看两会"及"据说APEC"节目。

亿赞普集团率先构建了中国通向世界的互联网信息流通道，通过与全球运营商及互联网网站合作，研发了基于自主创新的大数据智能处理技术，在全球互联网上部署一张跨多个国家、多个地区、多个语言体系，覆盖面最广的电子商务平台和互联网媒体。在金融服务方面，亿赞普建立了三级的业务体系，包括NGP金融生态、华储和Fine大数据金融。其中，Fine指"银行就在你家"金融服务模式，目标是以核心企业为中心点，将服务扩展到整个上下游产业链，实现向产业链＋金融链相结合的新型FINE模式转变。

（二）发展策略

构建"一带一路"大数据中心，谋求国内外共同发展。亿赞普集团和国家发改委信息中心联手打造国家"一带一路"大数据中心，"一带一路"大数据平台将采集全球港口贸易、金融、GIS 信息，国内外统计和行业业务数据，以及国内外互联网数据、主流新闻媒体和社交媒体数据等海量数据，并加以分析、挖掘和应用，目前平台已采集沿线 64 个海外国家的数据，并仍在以每天 100TB 的流量增量持续增加数据存量。此外，平台将通过开发中文、英文、俄文、西语、法语、阿拉伯语等多语言版本，为国家有关部门统筹协调"一带一路"工作提供数据支持和决策支撑，为海外国家提供"一带一路"信息共享，为国内外参与"一带一路"建设的相关企业、组织或个人提供有效精准的信息和相关服务。

注重贸易场景落地，建立数据驱动的"丝路驿站"。丝路驿站是亿赞普集团全球化发展的重要部署，包括了大数据"经济雷达"和营销网络、面向大区域的商品展示交易中心、标准化的电子清关服务系统、面向大自贸区的保税出口加工区以及跨境支付、清算与金融服务设施五大核心模块。经过多年的发展，亿赞普集团"丝路驿站"已经在意大利、吉尔吉斯斯坦、厄瓜多尔、斯里兰卡、吉布提、白俄罗斯和立陶宛等国家落地，"丝路驿站"的建设辐射亚、欧、非、美四大洲，覆盖人口总数约 51 亿，覆盖经济 GDP 总量约为 26 万亿美元。亿赞普集团通过"丝路驿站"的建设，形成对"一带一路"战略的有效落实，打造覆盖全球的网络服务平台，促进"一带一路"的纵横发展。

第三十四章 信息安全企业

一、启明星辰

（一）发展概况

启明星辰作为国内信息安全领域龙头企业，其主要产品包括安全网关、安全检测、数据安全与平台、安全服务/工具和硬件等几个板块。其中 SOC、UTM、入侵检测等多项业务行业市场占有率处于领先水平，防火墙、VPN 等业务行业市场占有率保持前三，整体处于市场领先地位。当前公司旗下参股公司多达 30 多家，包括网御星云、杭州合众、书生电子等全资控股公司。公司主要产品覆盖安全网关、安全监测、数据安全平台、安全服务与工具、安全硬件等板块，客户主要包括政府、电信、金融、军队、能源、大企业等。根据 2017 年公司业绩快报，2017 年公司实现营业收入 22.8 亿元，同比增长 18.3%，净利润为 4.51 亿元，同比增速高达 70.01%。

（二）发展策略

强化运营中心业务，打造城市级安全运营中心。随着《网络安全法》及相关配套政策的落地实施，对关键信息基础设施的实时监测、预测溯源的需求快速释放，按传统方式部署的安全产品已经无法满足需求，需要信息安全企业提供全方位、实时高效的安全监测服务，政府采购的模式也逐渐从安全产品向服务转型。2017 年，公司加快推进安全运营中心的建设进程，先后在成都、昆明、郑州、杭州、济南等地与政府达成战略合作，并力争将安全业务从政务领域向关键基础设施、中小企业领域扩展，进一步提升公司市场占有率，巩固市场优势，重塑竞争格局。此外，城市级安全运营中心的建成，将为公司带来丰富的营收、客户资源和安全数据，无疑将提升公司安全服务领域的竞争实力。

深耕区域市场，重点布局智慧城市安全运维。2017 年 5 月，公司与云南省政府签署战略合作框架协议，与昆明市政府签署落地项目合作协议，将配合云南省级安全部门对重大活动提供安全技术保障，与昆明市政府共同建设云南省安全态势大数据运营中心，实现全省全方位安全态势管控和南亚、东南亚威胁情报感知。2017 年 9 月，公司与深圳市投资推广署签订了战略合作协议，将在深圳设立全资子公司，在深圳本地组建专业的信息安全人才队伍，打造领先的安全技术研究基地，并为粤港澳大湾区的政府部门和企业用户提供专业的安全服务。

云安全和工控安全成为公司业务新的增长点。公司注重技术研发，在云安全和工控安全领域布局较早。在云安全方面，公司加强与腾讯云、联想云等骨干企业合作，2017 年 6 月，公司与腾讯云签署战略合作协议，2017 年 9 月，公司与联想云签署战略合作协议，公司将与合作方在政企客户云计算项目建设、产业互联网、企业级云计算等多个层面开展深入合作。在工控安全方面，公司除自身加强研发之外，还参股投资工控安全公司中京天裕。目前云安全和工控安全产品开始放量，云安全业务收入过亿，未来几年有望实现爆发式增长。工控安全在国内正处于行业加速发展期，公司产品储备丰富，有望迎来高增长。

二、绿盟科技

（一）发展概况

绿盟科技作为国内信息安全骨干企业，产品涵盖检测防御、安全评估、安全平台、远程安全运维服务、安全 SaaS 服务等领域，主要提供入侵检测/防护、抗拒服务攻击、远程安全评估以及 Web 安全防护等产品以及安全运营等专业安全服务。公司在国内外设有 40 多个分支机构，行业客户涉及政府、电信、金融、能源、互联网、教育、医疗、军工等众多领域。根据公司发布的 2017 年业绩预告，2017 年公司实现归属于上市公司股东的净利润 1.5 亿—1.6 亿元，同比下降 31.86%—27.31%。

（二）发展策略

打造完整的安全产品链条，重点加强攻防技术及产品研发。公司长期致力于构建完整的信息安全产品链条，从网络最外层抗 DDoS 攻击，到防火墙特定端口扫描，再到入侵检测防御系统抵御网络攻击，以及终端 Web 安全、审计、安全评估，均能够提供整套解决方案。公司在 DDoS 和 IPS 等多个安全攻防产品领域保持龙头地位，抗 DDoS 产品在国内市场占有率超过 30%，入侵防御系统、Web 应用防火墙的市场占有率均超过 20%，处于国内市场领先地位。

推进传统产品模式向解决方案和安全运营模式（简称：P2SO）的战略转型。为更好地推进和落实公司发展战略，公司将业务线细分为大客户业务线和分销业务线两大部分，通过设立分销业务线，强化公司渠道和伙伴体系建设，开拓中小企业市场，进一步增强业务拓展能力；持续推进公司战略转型，强力推进 P2SO 战略，实现公司由传统产品模式向解决方案和安全运营模式的转化。同时，立足未来信息安全发展态势研究，建立"数据收集，数据分析和数据使用"三大能力，进一步提高产品核心竞争力；加强产品和服务支持的线上运营能力，提供相应速度和运营效率；对大客户加强行业纵向管理和引导工作，提升覆盖度、掌控度、深挖度，通过 P2SO 战略为用户提供价值。

继续汇聚资源，强化重点项目，提升安全服务能力。围绕智慧安全防护体系和安全数据科学平台两个重点项目，进一步整合公司云端能力和客户端解决方案能力，在公司原有安全云服务的基础上，实现云"线上环境或云端"、"地"（线下环境或客户侧）、"人"（专家团队）、"机"（安全防护设备）协同体系，最大限度发挥安全云系统、客户侧安全设备、专家团队等的协同效应。继 2015 年底募集 8.1 亿元之后，2017 年 3 月，公司再通过非公开发行股票募集资金 7.72 亿元，持续支持两大重点项目建设。

三、卫士通

（一）发展概况

卫士通公司作为国内专业信息安全产品和服务厂商，公司从核心的密码技术应用持续拓展，已经发展成为拥有三大类产品体系、近 20 个产品族类、100 余个产品/系统的国内领先的信息安全产品供应商。同时，以完整的产品线优势，基于 ISSE 体系框架为党政、军工、电力、金融以及其他大型企业集团、中小企业及事业单位等用户提供以"安全咨询、安全评估、安全建设、安全运维"为主的信息系统全生命周期的安全集成与服务。2017 年前三季度实现营业收入 10.33 亿元，同比增长 6.86%；公司预计 2017 年全年实现归属于上市公司股东的净利润为 1.60 亿元至 1.80 亿元，同比增长 2.73%至 15.57%。

（二）发展策略

从安全设备提供商向安全运维服务商转型。当前中国网安与中远海运集团签订安全运维订单，中远海运集团将委托中国网安提供全系统、全方位、全天候的网络信息安全整体保障服务，中国网安将建立安全管控、安全防护和安全服务三大体系，实现关键信息基础设施和数据资产从局部单一防护向整体综合防护转变、从静态被动防御向主动防御转变、从事后处置整改向事前预警监测转变、从基础合规性要求向系统性本质安全转变，为中远海运集团提供网络信息安全整体保障。双方本次的合作，创新了网络信息安全保障的模式，改变了单一、静态、被动的信息系统防护方式，提升为全方位、全过程、全覆盖的全生命周期安全保障服务。作为中国网安的核心成员企业，并且中国网安的集成业务主要在卫士通，卫士通将主导安全运维业务的推进，实现从设备商向安全运维商的转型。

继续巩固数据加密市场的龙头地位。公司是国内唯一一家同时拥有涉密、商密领域最高级别资质信息安全企业，也是目前国内以密码为核心的信息安全设备的最大供应商。公司密码安全产品覆盖芯片、系统、模块及设备等四大环节，包括密码卡、认证装置、安全模块、签名认证服务器等具体产品。除传统密码产品之外，公司还拥有包括安全网关、安全专用平板等基于加密技术的信息安全产品，以及基于数字签名技术的电子文档安全管理系统等。目前公司正迎接商密国产化进程超预期、央企运营需求持续爆发订单不断落地、政务内网招标以及安全手机标准立项四重催化，未来市场空间有望实现爆发增长。

四、山石网科

（一）发展概况

山石网科作为中国网络安全骨干企业，业务涵盖边界安全、内网安全、云安全、数据安全、安全运维以及安全服务。凭借领先的技术水平和创新能力，山石网科连续 4 年入选国际权威研究机构 Gartner 的"企业级防火墙魔力象限报告"和"UTM 魔力象限报告"，并连续两年入选 Gartner "入侵防御和检测魔力象限报告"。2017 年，山石网科下一代防火墙在全球最知名测评机构 NSS Labs 的测试中以超高检测率及"最优客户价值"获得推荐级别，其中静态测试检测率 99.60%，实时动态测试检测率 98.32%，两项数据均名列全球厂商前茅。山石网科在中国北京、苏州和美国硅谷均设有研发和技术支持中心，在国内 31 个省市自治区及南美、东南亚、中东和欧洲设有销售分支机构，业务板块覆盖了全球 50 多个国家，为来自全球各个国家的包括政府、金融、运营商、互联网、教育等行业超过 15000 家客户提供高效、稳定的安全防护。

（二）发展策略

产品线不断丰富和完善。2017 年，公司发布了数据安全系列产品，包括数据防泄漏（DLP）和数据库审计与防护产品，标志公司正式布局数据安全领域。新发布的内网安全产品智·感 2.0 加上基于云沙箱的高级威胁解决方案体现了内网态势感知的核心价值。在虚拟化产品线上，山石云·界 NFV 方案和山石云·格的 OpenStack 版本在 OpenStack Days China 上的发布成为业界亮点。公司在数据安全、内网安全、边界安全、云安全、运维分析、安全服务等各个领域的产品方案不断升级完善，形成了多层次综合全面的安全空间安全防御解决方案，可以纵览攻击发生全过程，从企业网、数据中心、内部不同安全域外部的"大边界"，到云内租户的"小"边界，再到虚机边缘的"微"边界，让网络攻击行为无处可藏。

积极布局海外市场，提升国际竞争力。公司连续 7 年参加美国 RSA 大会，向全球客户展示中国领先安全厂商。2017 年，公司凭借内网安全解决方案和"孪生模式"双活数据中心获得"编辑选择奖"以及"数据中心安全解决方案热门企业奖"。云·界发布了基于 OpenStack Tacker 组件的 VNF 编排方案，在 2017 年 5 月的 OpenStack 波士顿峰会上，被中国移动苏州研究院选中，向全球展示了公司在业界领先的产品解决方案。在法国尼斯举办的第二届 ETSI NFV Plugtests 上，山石网科作为中国网络安全领域的唯一代表，携 VNF 产品云·界与国内外多家具有国际影响力的 VIM 及 MANO 厂商完成了对接集成测试，获得 ETSI 和对接伙伴的一致认可。

进一步强化网络安全解决方案的研发创新及合作。公司在长期致力于网络安全解决方案创新和研发的同时，也非常重视和各个伙伴围绕信息安全进行技术合作，共同为用户打造更完整的安全解决方案。通过结合各自的技术优势和市场聚焦，山石网科在云/虚拟化、威胁情报、安全管理、网络/通信领域和领导企业进行了广泛深入的技术合作和商业拓展，初步打造了一个开放协作的安全技术生态。公司合作伙伴包括江民科技、鹏博士、安软信创、安天、阿里云、浪潮集团、中兴通讯、腾讯、华为、联通沃云、京东云、品高云、UMCloud、有云、九州云、EasyStack、云杉网络、中科睿光等市场领先和实力雄厚的国产厂商，也包括微软、亚马逊、趋势科技、VMware、Array、Cyren、FireMon、Flowmon、Lastline、Mirantis、Citrix、OpenStack 等技术领先的国际厂商。公司一直秉承"优势互补，强强联合"的合作方针，与合作伙伴共同打造安全健康的网络空间。

第三十五章 人工智能企业

一、百度

（一）总体发展情况

百度公司（以下简称"百度"）成立于 2000 年 1 月，是全球最大的中文搜索引擎网站，员工总数 45000 余人，在日本、越南、泰国、印度尼西亚以及巴西、埃及和中东地区设有分公司。近年来，百度致力于技术创新，将人工智能作为重要的技术战略方向，建有世界一流的研究机构——百度研究院，致力于人工智能等相关前沿技术的研究与探索，着眼于从根本上提升百度的信息服务水平。目前，百度人工智能研究成果已全面应用于百度产品，还将语音识别技术、图像识别处理技术、机器翻译等难度高、投入大的领先技术向业界开放。

2005 年 8 月 5 日，百度在 NASDAQ 成功上市，截至目前总市值达 900 亿美元。财报显示，2017 年二季度，百度营业总收入为 208.74 亿元，较上年同期增长 14.3%，其中移动端收入占比 72%，同比增加 10 个百分点。净利润为44.15 亿元，同比增长 82.9%。2017 年三季度，百度营业总收入为 235 亿元，同比增长 29%，其中移动端收入占比 73%，较上年同期增加 9 个百分点，净利润为 79 亿元，同比增长 156%。

（二）发展策略

加速产品研发，不断完善人工智能布局。百度在人工智能方面的布局已经相对完善，经过多年的发展，特别是多名全球人工智能领军人才的助力，百度已跻身全球人工智能第一梯队，无论是从 AI 部门的设置、集团战略定位，还是从开放的各类技术平台均能够帮助百度更快地构建生态圈，以此带来更多场景应用的落地。2017 年的百度 AI 开发者大会（Baidu Create 2017）

上，百度AI平台架构图首次完整亮相，全新开放了视频、语音、AR/VR、机器人视觉、自然语音处理等五大类目共14项全新能力。此次开放的技术能力总共有60个，是目前最全面的AI技术开放平台，包括百度智能云及百度大脑。

通过AI平台开放，将生态建设延伸至云端。百度AI平台以百度智能云为基础、百度大脑为核心，目前开放DuerOS和Apollo两大平台向终端下沉，与云端一起初步构建起AI生态圈。百度以DuerOS作为其人工智能的切入点，打造智能语音生态链；以Apollo自动驾驶开放平台作为其人工智能的核心突破口。自2017年7月发布Apollo以来，百度已开放14项核心能力，生态合作伙伴超50家，成为全球最强大的自动驾驶生态。此外，PaddlePaddle深度学习平台已经被应用于百度的30多个主要产品。百度目前正使机器从"能听"走向"能听懂"：以语音识别作为切入点构建人工智能生态圈；通过自然语言处理技术赋予机器认知能力；以全方位视频理解技术使机器不仅"会看"，还会理解。

推进产学研结合，强化人工智能生态支撑。百度与多家大学、研究院等达成战略合作，筹建国家工程实验室，成立生态联盟，促进人工智能在产学研结合、创新创业、人才培养等方面的进步，强化人工智能的生态支撑能力。2017年2月，百度作为牵头方，组建深度学习技术及应用国家工程实验室，与其他科技机构合作共同推动我国深度学习技术及应用领域的产学研标用全面发展。11月6日，百度安全联合华为、中国信息通信研究院发起成立了"OASES智能终端安全生态联盟"（Open AI System Security Alliance，简称OASES联盟），这是国内首个致力于人工智能时代提升智能终端生态安全的联盟组织。

二、科大讯飞

（一）总体发展情况

科大讯飞股份有限公司（以下简称"科大讯飞"）前身是安徽中科大讯飞信息技术有限公司，成立于1999年12月，主营业务为人工智能技术研究、软件及芯片产品开发、语音信息服务等。近年来，公司着力在智能语音领域的研究及应用，在语音合成、语音识别、口语评测、自然语言处理、机器翻译、常识推理等多项核心技术上取得国际领先的研究成果，在国际上获得多项该领域人工智能大赛的冠军，先后两次荣获"国家科技进步奖"。目前，公司在国内智能语音核心技术应用方面的市场占有率超过80%。其中，中文语音技术市场份额占比60%以上，语音合成产品市场份额占比70%以上，在主要应用行业，如电信、金融、电力、社保等的市场份额占比80%以上。

科大讯飞于2008年5月12日在深圳证券交易所正式挂牌交易，股票简称"科大讯飞"，股票代码"002230"。企业财报显示，2017年前三季度科大讯飞总体经营继续呈现出良好的发展态势：实现营收12.84亿元，同比增长89.11%，实现毛利6.55亿元，同比增长100.77%，三季度毛利率达到50.98%，同比增长2.96%；在教育领域的人工智能服务前三季度营收同比增长86%，毛利同比增长超过了91%。

（二）发展策略

加大研发力度，持续推进核心技术进展。科大讯飞持续加大在核心技术研发上的投入，确保公司在感知智能、认知智能方面以及感知智能与认知智能的深度结合等领域均保持国际领先水平。其中，在语音合成上的自然度和表现力进一步提升；在语音识别上研发完成在深度学习新框架下的语音识别技术，并具备大规模上线条件；首次将深度学习方案应用于声纹识别；在离线机器翻译算法上取得的重大突破有利于离线版本便捷式翻译机的发布。

强化商业化运作，加快市场拓展。公司采取"平台+赛道"的人工智能战略，依托在阅读理解、机器翻译、语音识别等领域的核心技术，一方面加强"平台"能力，提供全行业的人工智能解决方案，构建智能语音方面持续闭环迭代的生态体系，二是争取"赛道"优势，即提供人工智能核心技术+应用数据+领域支持，构建垂直入口或行业刚需+代理优势。通过核心技术创新，结合行业应用数据整合及业内专家的经验，聚焦行业需求持续迭代，形成广大用户可确实感知的人工智能应用成果。

三、海康威视

（一）总体发展情况

杭州海康威视数字技术股份有限公司（以下简称"海康威视"）成立于2001年11月，公司总部位于浙江省杭州市，主营安防视频监控产品研发、生产和销售，其主要产品包括监控摄像机、硬盘录像机（DVR）、视音频编解码卡等数据采集、存储及处理设备。公司既是国内视频监控行业的龙头企业，也是全球主流的DVR和板卡生产厂家之一。人工智能时代，海康威视扎根安防领域，定位以视频为核心的物联网解决方案提供商，成为"人工智能＋安防"落地率先践行者。

海康威视于2010年5月在深圳证券交易所挂牌交易。财报显示，2017年前三季度，海康威视实现营业总收入277.3亿元，比上年同期增长31.14%；实现归属于上市公司股东的净利润61.53亿元，比上年同期增长26.82%，毛利率为44.18%，盈利能力继续提升。公司预计2017年全年盈利增长15%—35%，盈利总额为85.38亿—100.23亿元。

（二）发展策略

以视频技术为核心，持续推进多行业发展的产业布局。海康威视以视音频编解码、视频图像处理、视音频数据存储等方面的技术为核心，运用云计算、大数据、深度学习等前瞻技术，提供专业的细分产品、IVM智能可视化管理解决方案和大数据服务。主要面向的行业是公安、交通、司法、文教卫、金融、能源等。公司以传统视频监控产业为支撑，重视产品和解决方案的扩展及延伸应用，持续拓展智能家居、机器人、汽车技术、存储等创新业务，为持续成长打开新的空间。

加大研发和人才投入，为持续发展储备力量。海康威视加快落实研发、营销等重点生产力部门的人才引进工作，同时持续完善人才培养机制，加快人才梯队建设，为实现公司持续成长与健康发展储备力量。为提升技术研发和人才培养能力，公司设有五大研发中心，在海外建立了蒙特利尔研发中心和硅谷研究所，并设有博士后科研工作站，输出高端专业人才。目前公司在全球范围内拥有员工超25000人，研发人员超10000人，研发投入占企业年销售额的 7% —8% 。

不断推进管理变革，优化组织能力。海康威视借鉴世界一流企业成功的经验，在研发管理、营销管理、供应链管理、质量管理、物流管理、人力资源管理、财务管理等方面进行了一系列的流程导入和管理变革，不断优化组织能力，提高运营效率，建立并不断完善现代管理体系。同时，公司大力推动企业文化建设，强调价值认同，追求员工与企业共担共赢和共同成长。

四、旷视科技

（一）总体发展情况

北京旷视科技有限公司（以下简称"旷世科技"）成立于 2011 年 10 月，是中国领先的人工智能产品公司。旷视科技以深度学习和物联传感技术为核心，立足于自有原创深度学习算法引擎 Brain＋＋，深耕金融安全、城市安防、手机 AR、商业物联、工业机器人五大核心行业，为企业级用户提供领先的人工智能产品和行业应用解决方案。自成立以来，公司发展迅速，在中国科技部火炬中心"独角兽"榜单中，旷视排在人工智能类首位。公司核心技术能力强劲，目前拥有国内外申请专利超过 500 件，累计获得国际人工智能技术评测冠军 10 余项，其中，旷视的核心人脸识别技术 Face＋＋被美国著名科技评论杂志《麻省理工科技评论》评定为 2017 全球十大前沿科技。目前的核心产品是"智能云"和"智能互联"。

2017 年 10 月 31 日，旷视科技宣布完成新一轮 4.6 亿美元融资，由中国国有资本风险投资基金领投，蚂蚁金服、富士康集团战略投资，同时引入的投资者还包括中俄战略投资基金、阳光保险集团、SK 集团、渤海华美等。此前，旷视科技曾在 2012 年 8 月获得联想之星和联想创投天使投资；2013 年获得创新工场 A 轮投资；2015 年获得来自创新工场、启明创投的 B 轮融资；2016 年获得建银国际、富士康集团的 B＋融资。

（二）发展策略

打造软硬结合的人脸识别技术平台。旷视科技旗下的产品 Face＋＋已成长为世界最大的人脸识别技术平台，有着强大的软硬结合能力，并以最简单易用的云服务方式提供人脸识别、图像识别的开放服务，还开发了应用于金融、安防、智能手机等板块的 Face＋＋Financial，Face＋＋Security，Face＋＋BI 等垂直人脸验证解决方案。截止到 2017 年 10 月份，旷视科技的人工智能开放平台的 API 已经服务了近 7 万开发者，已被调用 60 多亿次。

基于核心技术的行业应用拓展。旷视科技基于计算机视觉、深度学习算法方面的核心技术研究，打造了算法引擎 Brain＋＋，目前主要应用于安防、金融、移动应用 3 个领域，围绕用户需求，为行业提供综合智能解决方案。未来 3 年，公司的发展重点是"赋能机器之眼"和"构建城市大脑"，参与智慧城市类项目，更好地实现应用落地，形成产业上、下游的整合。

技术与场景应用双轮驱动。旷世科技作为创新领域纯自主研发的知识密集型初创企业，保持技术领先性的关键优势的同时，也注重个性化方案的开发。一方面，旷视科技从人脸识别技术切入，深耕计算机视觉领域，完成多项技术突破，每月产出国家、国际级发明专利十余项。另一方面，进行领域深耕时，公司注重满足不同行业客户的行业特性需求。在场景中对技术价值进行验证的同时，进一步提升技术水平，通过技术与场景应用的双轮驱动，形成具有良性商业闭环的可持续发展能力。

第三十六章　开源软件企业

近三年来，国内企业在拥抱参与开源社区方面热情显著提升。以阿里巴巴、华为、腾讯、360、百度等著名大企业为代表的国内信息技术企业在开源社区、顶级项目中的参与度和贡献度较前几年有了明显增加。当前，阿里巴巴仍然是我国参与开源项目数量最多的企业，而华为是我国拥有开源项目贡献者最多的企业，中兴、小米、360、百度、腾讯等企业也正在逐步加大对全球开源世界的贡献量，力图获取更多的产业发展要素和国际话语权。

一、华为

（一）发展概况

华为是我国最大的民营通信科技公司，其主营业务是通信设备的销售和相关行业解决方案。在 2017 年《财富》评选的世界 500 强企业中，华为排名全球第 83 位，比 2016 年上升 46 位。在 2017 年第十六届中国软件业务收入前百家企业中，华为以 2177 亿元的软件业务收入位列百家企业首位。近年来，华为积极参与国际大型开源项目，成为在全球开源世界中做出贡献最多的中国企业，在开源项目发展中不断发出中国声音。

在 2017 年，华为在开源领域依旧取得了不俗的成绩。2017 年 4 月，华为贡献给 Apache 社区的开源项目 CarbonData 从 Apache 孵化器毕业，正式成为 Apache 顶级项目（TLP）。在 2017 年 5 月的第十九届 OSCON 大会上，华为重点介绍了 2017 年新研发的 Serverless 云服务平台、OpenSDS 存储控制平台、iCan 新容器网络解决方案等一系列基于开源技术的产品，展示了在 IaaS、存储、容器、DevOps 等方面的开源技术、商业实践以及开发者生态建设的进展。此外，2017 年华为还在伦敦、巴黎等地新建成 6 个 OpenLab 开放合作平台。

（二）发展策略

坚持"源于开源，强于开源，回馈开源"的理念。近年来，中国开源市场不断快速增长，呈现市场空间大、开源参与者人数剧增和贡献度提升的特点。华为向全球开源社区贡献自己的力量，并以商业实践引领开源生态的发展。华为具备丰富的 ICT 能力开放经验，致力于与众多合作伙伴一起打造开放生态圈，将创新回馈开源社区，推动更多的基于开源社区的解决方案落地。从 2012 年开始，华为就着手构建自己的开发者生态圈，将自己的 ICT 基础设施能力开放出来，同时建立华为开发者社区，向开发者与合作伙伴提供能力开放交流与支持平台，实现华为产品统一的能力开放。目前，华为开发者社区提供了云计算、大数据、物联网、SDN、敏捷网络、企业移动安全等 15 个热门产品的开放能力和解决方案，开发者可以基于华为的 ICT 开放能力构建属于自己的创新解决方案或应用。此外，华为还推动建立很多新的生态联盟如 Apache CarbonDataTM、OpenSDS 和微服务框架等。

注重基于开源软件驱动技术和产品创新。华为立足于已掌握的 Linux、OpenStack、Hadoop 等开源软件的核心技术，积极研发定制同业务领域深度结合的产品与解决方案。比如，近年来华为瞄准桌面虚拟化及网络功能虚拟化为核心的电信虚拟化市场，持续发展基于开源 Xen 虚拟机为基础的云服务产品 FusionSphere，实现了对存储虚拟化、网络虚拟化以及计算虚拟化的整合，使其在传统应用、电信级应用、Web 应用等多领域实现统一管理。

此外，华为已将开源软件的研究、应用、回馈的全流程模式定义为面向未来新信息技术环境下的重要发展战略，已在企业内部构建完成了开源软件战略研究、开源社区建设、开源项目推动等多个业务部门，将在未来不断助力华为在开源领域的发展，通过以汇集开源软件为基础，继续加大对开源社区的资金、智力投入，从而获取更多的开源软件发展话语权，并促进企业价值的不断提升。

二、阿里巴巴

（一）发展概况

阿里巴巴成立于 1999 年，总部位于浙江杭州。阿里巴巴旨在利用互联网创造公平的竞争环境，让小企业通过创新与科技扩展业务，并在参与国内或全球市场竞争时处于更有利的位置。阿里巴巴同时经营着多项业务，另外也从关联公司的业务和服务中取得经营商业生态系统上的支援。公司业务和关联公司的业务包括：淘宝网、天猫、聚划算、全球速卖通、阿里巴巴国际交易市场、1688、阿里妈妈、阿里云、蚂蚁金服、菜鸟网络等。在 2017 年《财富》评选的世界 500 强企业中，阿里巴巴首次上榜，排名全球第 462 位。在 2017 年第十六届中国软件业务收入前百家企业中，阿里云计算有限公司以 68.6 亿元的软件业务收入位列百家企业 14 位。

近年来，阿里巴巴在推进软件开源方面持续发力，充分彰显了自身的技术实力与拥抱开源的积极态度。在用户端方面，阿里巴巴共享了两款企业级开源项目：UI 设计语言和 React 实现项目 Ant Design、Web 基础框架 Egg. js。其中，Ant Design 提炼自蚂蚁金服的中后台设计经验，使用 TypeScript 支持完整的类型定义，采用高质量 React 组件可以开箱即用，并且基于 npm + web-pack + dva 的企业级开发框架。在智能手机方面，灵活的 Android 开发框架 Atlas 借鉴服务端的 OSGI 思想，将业务拆出来独立成 bundle，隔离解耦运行，从而实现并行开发、快速迭代和动态部署。在中间件方面，据开源中国公布的 2017 年度"最受欢迎中国开源软件"榜单显示，阿里中间件（Aliware）4 大开源项目，数据库连接池 Druid、JSON 解析库 Fastjson、分布式服务框架 Dubbo、消息中间件 Apache RocketMQ 再次上榜。据榜单显示，上榜前 4 位是前端 UI 框架相关，其后的 5、6、7 位均为阿里中间件开源产品，在后端开源上，阿里中间件遥遥领先。值得一提的是，2017 年 9 月，阿里巴巴捐赠给 Apache 社区的开源项目 RocketMQ 正式毕业，成为 Apache 顶级项目（TLP）。RocketMQ 也成为国内首个非 Hadoop 生态体系、国内首个互联网中间件的 Apache 顶级项目。目前 100 多家公司和科研机构正在使用 RocketMQ，美国是 RocketMQ 全球第二大访问国。

（二）发展策略

自从 2011 年宣布第一波开源项目以来，阿里巴巴的技术人一直积极参与开源社区共建。开源项目数量每年都有所增长。目前阿里巴巴已经有 150 + 个开源项目，其中数个项目 star 破万。相关的 GitHub 2017 年数据统计显示，阿里巴巴是唯——家入围 GitHub 顶尖贡献名单的中国公司。在开源中国举行的"2017 年度最受欢迎中国开源软件 Top20"的评选中，阿里巴巴占据五席位。

阿里巴巴充分重视技术研发与创新驱动，积极联合多名企业家与学者共同创办湖畔大学，在回馈社会的同时也旨在选拔一批支撑企业未来发展的中坚技术人才。2017 年，阿里巴巴集团更是成立达摩院，聘请了科学界的多位院士与专家，以人类愿景为驱动力，致力于基础科学、颠覆性技术和应用技术的研究。这种"技术与创新并进，需求带动应用"的战略思维也充分反映在了企业发展开源软件方面。阿里巴巴集团内部并未设置与促进开源发展相关 KPI，员工都是基于业务需求与个人热情自主参与到开源项目的开发中来，这也成为了阿里巴巴在推进开源时的最大的企业特色。阿里旗下开源项目提交数最多的是 ant – design 项目，这是蚂蚁金服旗下的一种 UI 设计语言，也是阿里巴巴应对互联时代作出的必然业务选择，在开源两年来，得到了快速的发展，目前日具体教书已经达到 11. 60。它秉承了阿里巴巴"微小·确定·幸福"的理念，专注于提升用户和设计者的使用体验。同样，伴随着手机淘宝的不断发展，研发团队规模扩大，功能愈发复杂，而开发、运行和运维中遇到的问题不断增多，Atlas 项目也应运而生，它通过以容器化思路解决大规模团队协作问题，采用组件化模式将业务拆开并复用公共部分，有效实现项目隔离解耦运行，从而完成并行开发、快速迭代和动态部署。

三、恒拓开源

（一）发展概况

恒拓开源信息科技股份有限公司由首位华人世界级开源技术奖获得者于2007 年创办，是国内第一家以开源技术进行企业服务的高新技术公司，旨在为中国大中型企业和政府机构客户提供软件开源化技术服务。主要客户涵盖南航、东航、国航、联想、工信部等大中型企业及国家部委，与阿里、腾讯、百度等互联网行业巨头实现了深入合作。华为是恒拓开源的大客户，阿里是恒拓开源第一个客户，腾讯、浪潮、联想等均与恒拓开源有密切的业务往来。公司运营着国内最大的开源技术社区——开源中国，在社区基础上同时开展了开发云平台"码云"、软件开发众包平台"开源中国众包"等业务。2017

年 12 月，恒拓开源携多项创新 IT 技术服务、产品及解决方案，参加了"2017 中国转型 + 峰会"，在峰会上展示了恒拓开源在智能制造、电子商务、新零售、智慧民航等行业领域推出的核心解决方案，以及微服务架构 moria、移动协同办公产品 Workplus 等数字化产品。

（二）发展策略

多年以来，恒拓开源采取互联网社区、企业服务并行的业务模式，为企业客户提供专业的开源技术产品、IT 咨询、解决方案以及外包服务，在航空、汽车制造、电子商务等领域积累了丰富的行业经验。

企业深耕开源的推广与应用。专门建立了专为开发者提供的稳定、高效、安全的云端软件开发协作平台——码云。码云的私有库完全免费，全世界范围内的中文开发者因而能通过该平台享受针对性更强、交流便利度更高、访问速度更快的服务。借助该平台，个人、团队以及企业均能够用码云自由实现代码托管、项目管理、协作开发。针对国内中小型开发团队敏捷开发实践需要，恒拓开源还推出了码云企业版，重点强化了与代码联系最密切的项目/任务管理和文档功能（技术文档协作、知识沉淀），以及持续集成（内测阶段）。目前，码云平台上已经有超过 240 万的项目，托管了超过 500 亿行源代码。

第三十七章　区块链企业

一、布比网络

（一）发展概况

布比（北京）网络技术有限公司成立于 2015 年 3 月，是一家专注于区块链底层技术研发以及上层业务场景探索及运营的技术型公司，注册资金 1075 万元，员工 100 余人，其中 80% 为专业的产品及技术研发人员。

在对技术进行持续探索和研究的同时，布比始终关注技术与业务场景的有效结合，自成立以来，已为数十家科研机关、金融机构及客户提供区块链产品及相关服务，重要客户包括海尔金控、包商银行、人保集团、中信集团、东北亚煤炭交易中心等。解决方案涵盖供应链金融、小额数字资产、融资融券、企业治理、精准扶贫、公正公示等领域。

布比在区块链领域持续、稳定的技术积累和产业实践也获得了投资机构的高度认可，目前，布比已完成天使、PRE－A 及 A 轮共三轮融资，累计融资金额近 1.4 亿元人民币，投资机构包括启赋资本、招商局创投、创新工场、万链资本、点亮资本等。

目前，布比在北京、上海、深圳、广州、青岛、贵阳和香港设有全资/控股子公司，并以布比底层区块链及上层应用为纽带，与多家企业达成参股/战略合作关系，一个以布比网络为中心，以布比底层区块链为链接，涵盖供应链金融、供应链溯源、公益慈善、融资融券、投融资管理的区块链生态圈已初步形成。

表 37 - 1 布比大事记一览表

类型	概述
荣誉	2015 年 11 月，布比通过中关村高新技术企业认证。 2016 年 2 月，联合发起中关村区块链产业联盟，并任副理事长单位； 2017 年 5 月，联合发起贵阳区块链技术与应用产业联盟，并任副理事长单位； 2017 年 8 月，布比通过国家级高新技术企业认证； 2017 年 12 月，入选毕马威 2017 中国金融科技 50 强； 2017 年 12 月，入选中关村国家自主创新示范区金种子企业；
产品	2015 年 11 月，布比底层区块链产品 Bubi Chain V1.0 发布。 2016 年 3 月，布比发布"区块链 + 小额数字资产"网络—布萌； 2017 年 4 月，布比底层平台产品 Bubi Chain V2.0 通过赛宝区块链产品认证； 2017 年 5 月，布比发布"区块链 + 供应链金融"网络—壹诺金融； 2017 年 8 月，获北京市科委等六部委北京市新技术新产品（服务）联合认证； 2017 年 9 月，区块链底层产品 Bubi Chain V3.0 发布；
应用	2016 年 12 月，签约 PICC，助力 PICC 打造人保 V 盟系统； 2017 年 4 月，签约中信集团，打造用户联盟、中信云 Bass 及中信仓单系统； 2017 年 8 月，与中金支付达成基于壹诺金融战略平台的合作关系，并联合推出子品牌； 2017 年 9 月，签约海尔金控，助力海尔进行区块链 + 业务场景创新； 2017 年 12 月，获得贵阳市区块链创新创业大赛决赛一等奖及最佳人气奖； 此外，2017 年与金网安泰、博思软件、福建大儒等多家企业签约或达成战略合作关系，共同推进区块链技术与实体产业场景的有机融合。

数据来源：赛迪智库整理，2018 年 1 月。

（二）发展策略

持续加大研发力度，扩展技术内涵与外延。布比通过整合内外部优势技术资源，加大底层区块链研发力度，在底层架构、密码学技术、共识机制设计、通信及组网机制设计、数据存储、区块链互操作、区块链安全、隐私保护等方面提升底层产品的技术先进性及产品竞争力，同时，加强与行业内大数据、人工智能等相关技术厂商的合作沟通，进一步提升布比底层区块链产品的兼容性及输出外延，持续寻找新的技术突破点。

整合优势资源，营造区块链生态圈。布比高度重视加强与合作友商、科研院所、学会协会等优势资源的合作沟通，形成常态化的产业协同机制，通过各参与方的通力合作，逐步形成涵盖学术交流、技术提升、场景转化、业务落地等机能的，共建共享、相互促进的区块链生态圈。

注重实际应用，持续推动拓展"区块链＋X"落地场景。一方面，布比一直加大在区块链＋供应链金融等业务场景的运营投入，进一步提升平台市场竞争力和客户满意度，协助企业以更少的资本消耗、更集约的经营模式、更灵巧的应变能力，实现更高效的发展和更丰厚的价值回报。另一方面，通过整合技术、生态及业务资源，持续探索区块链与各传统业务场景结合点，挖掘区块链新的赋能价值，并进行持续商业模式创新、合作思路创新、运营体系创新。

二、太一云科技

（一）发展概况

北京太一云科技有限公司成立于 2016 年，是国内首家新三板上市的区块链企业。太一云自主构建了拥有自主知识产权的太一区块链应用体系，旨在为各行业互联网应用层提供稳定的区块链基础设施、便捷的中间工具和可靠的解决方案。现已研发包括区块链征信基础设施、区块链资产登记流转、区块链安全、智能合约、大数据中心，物联网、云计算中心、供应链金融及物流系统等多领域案例。公司拥有区块链及云计算领域近百项核心专利技术，是科技金融领域大数据和区块链的创新领导企业。

太一团队自 2014 年就开始投入研究区块链——太一团队自 2014 年 11 月就上线了数字资产区块链网络。现在太一超导网络可以承载每秒 10 万—25 万笔的交易，将来整个网络能承载每秒 100 万笔交易，仍然能 100％保证共享账本和所有账户的一致性。

作为国内区块链领域的领军企业，太一云是国家互联网金融风险分析技术平台的首批"试点"接入单位，并在国家互联网金融安全技术联盟（筹备）中担任新技术预研工作组和安全技术标准化工作组的副组长。太一云正在参与国家互联网应急中心的区块链安全技术标准的制定工作。太一云携手中国区块链应用研究中心、亚洲区块链基金会、中关村区块链产业联盟、国家版权交易中心联盟、国际文化金融交易所联盟、前海国际区块链生态圈联盟、赣州新链、亚洲 DACA 数字资产协会等多个行业联盟和协会，联合推进区块链在中国社会治理、应用安全、技术标准、技术设施建设等方面的应用和落地，同时与 IBM 中国实验室、亚洲区块链基金会等多家区块链行业单位联合发起可信区块链标准，促进中国可信区块链生态圈的健康发展。太一云积极响应"一带一路"建设号召，期望将区块链技术引入"一带一路"地区，共同推动区域经济发展。太一云与哈萨克斯坦首府阿斯塔纳达成战略合作，协助阿方开展一系列区块链产业建设行动。太一云与泰国 SCG 集团展开合作，首将区块链技术引入跨境食品追溯领域，探索区块链在现实商业环境下的真实应用。

（二）发展策略

着力技术纵深化探索。太一云重视区块链底层技术前瞻性、创新性和可用性等方面的研究，希望通过技术的纵深化发展，特别是在链网结构、共识机制、数据结构、智能合约、访问控制、隐私保护、密码机制等基础方面的深入研究，带动中国区块链产业尽早脱虚入实。目前太一与中科院数学所合作正在进行一些前瞻性的基础研究。

注重多技术融合架构。太一云深知区块链技术需要与其他技术相融合，才能更加贴近实际的应用需求，才能充分发挥多技术的融合优势。太一云重视区块链与传统 IT、大数据、云计算、物联网、人工智能的有机融合。

关注主体链数据链基础研究。太一云认为区块链应用离不开主体和数据，主体包括个人主体和企业等组织机构主体，任何区块链应用最终都是对数据的处理和记录。区块链与主体单位和数据的结合，将为以人为本的数字社会构建坚实的基础支撑。太一目前正在与相关政府机构合作主体链研究，与信通院中科院合作大数据研究。

发力重点适用领域。太一云相信区块链作为下一代网络基础设施，应用面前景广泛，但与当今社会一些领域的真实需求存在弱耦合关系，需要实地研究各领域的需求特征，考虑适用领域并结合现有的区块链技术进行落实。太一云在版权、食品、旅游、资产等方面比较看好，并已联合行业龙头提前布局。

以联盟链构筑产业生态。太一云坚信只有以联盟链的形态才能凝聚行业力量，更好地与行业结合，更好地服务于产业变革与发展。太一云已携手多领域中坚力量构筑涵盖整个产业生态的联盟组织，希望以联盟链推动产业升级。

统筹国内国际同步发展。受国家政策导向影响，国内外的区块链发展环境有所不同。国内重视区块链技术本身的发展，而国外对加密数字货币态度较为开明。区块链本身的技术特点使其不易受地域限制。太一云也秉承技术无国界的原则，立足国内，放眼国际，首创国内国际双链架构。

三、超块链

（一）发展概况

苏州超块链信息科技有限公司（简称"超块链"）是区块链技术创新领域的新锐力量，超块链致力于下一代互联网核心基础设施的构建。公司的超块链技术已发布并开源，该体系被业内认为是区块链三大技术体系之一。公司在苏州、北京设有公司和子公司。业务覆盖区块链互联网基础协议标准，新一代并行区块链开放基础网络，数字货币与通证智能合约，跨链计算与协作、数字资产担保与程序化交易，互联网内容变现，公共事务数据确权与共享流转等领域。公司成立初期，已为上百家媒体、自媒体、出版商、企业和政府相关部门提供区块链技术和业务演进服务。

超块链注重自身创新发展及产业整合，重点全新的并行区块链技术、开放架构的区块链基础设施和其上构建的区块链应用生态系统驱动发展，自主研发推出超块链核心基础网络，吾有互联网内容变现平台，数字资产担保与程序化交易平台，公共事务数据确权共享平台等软件产品，产品线覆盖了区块链基础平台、智能合约、跨链计算与协作、区块链应用和技术服务的领域全业务价值链。公司从事的主要业务有区块链底层技术研发、数字资产交易服务、区块链应用软件研发和产品开发销售及相关的技术开发和运维服务；面向政务、媒体、安全、金融领域的区块链应用解决方案；面向企业级用户的数字资产确权及交易运营服务。涉及领域包括互联网、媒体、金融、教育、企业、安全、政府等。

表 37 - 2   2017 年超块链相关大事记一览表

类型	概述
荣誉	8 月 3 日，吾有互联网内容变现平台获评苏州工业园区"科技领军项目"； 11 月 8 日，获选中国区块链生态联盟副理事长单位。
应用	8 月 15 日，上线吾有 UYOO 互联网内容变现平台； 10 月 16 日，上线数字资产担保与程序化交易平台； 12 月 28 日，上线公共事务数据确权共享平台。
业务	1 月 3 日，业界首个并行、开放架构的区块链技术——超块链技术白皮书发布。 3 月 2 日，多项超块链核心发明专利获得世界知识产权组织（WIPO）的 PCT 国际发明专利优先权。 6 月 7 日，超块链基础测试网络发布。 8 月 15 日，吾有互联网变现平台测试版发布，数十家自媒体、出版商加入吾有平台测试计划。 9 月 3 日，超块链核心源码以 MIT 许可在 GitHub. com 上向公众开放。 11 月 8 日，和国家工信部中国电子信息产业发展研究院共同发起成立中国区块链生态联盟。 11 月 13 日，超块链核心 API 参考在 GitHub. com 上对公众发布。

数据来源：赛迪智库，2018 年 1 月。

（二）发展策略

坚持"基础技术研发 + 产业生态服务"驱动的战略，研发超块链技术之上的区块链应用平台，研发、投资、服务并举构建下一代区块链应用生态系统。超块链不但注重在区块链基础技术研发领域的创新，同时致力于区块链应用生态系统的构建和驱动发展。在这个战略构想下研发出了超块链核心基础网络、跨链计算与协作引擎，开放应用框架，吾有互联网内容变现平台，数字资产担保与程序化交易平台，公共事务数据确权共享平台等软件产品，产品线覆盖了区块链基础平台、智能合约、跨链计算与协作、区块链应用和技术服务的领域全业务价值链。此外，超块链还将通过专利授权与投融资并举的方式组建区块链产业基金、扶持典型区块链产业应用，寻求跨地区跨产业合作以构建全新的下一代区块链产业生态系统。

以技术立本，专利驱动，填补国际空白，反哺中国生态。超块链将构建全球化区块链开源社区与国际技术专利池，发掘和整合全球区块链产业应用资源，加速区块链应用全球生态的构建，用区块链赋能中国产业企业在全球业务上的竞争力。互联网打破了信息流的孤岛障碍，区块链打破价值全球流转的中心化系统制约，叠加现代科技对制造业和物流业的变革，在此基础上将诞生全新的跨领域、跨国界应用和产业。超块链放眼全球，不断地通过推动超块链技术在全球互联网、传媒、金融、能源、政府公共事务、教育、出版、安全等产业的互通互利、优化升级的同时，积极为中国产业和企业对外合作提供产业技术基础设施与方案，实现资源的高效配置和流通互助，为中国各产业"引进来"和"走出去"提供区块链的产业赋能。

四、赛智区块链

（一）发展概况

赛智区块链（北京）技术有限公司成立于 2016 年 6 月，是一家专注于数字经济中数据、智能设备、机器人等新型数字资产发布、共享、交易和管理的区块链创新型企业（简称赛智区块链，SageLedger）。

赛智区块链（SageLedger）旨在打造一个公有链，帮助新型数字资产的供需双方进行新型数字化资产的登记、共享和交易。主要登记、管理和交易的新型数字化资产包括数据资产、程序和算法资产、物联网智能硬件资产和人工智能与机器人资产。

赛智区块链（SageLedger）通过基于区块链的智慧化的账本（sageledger），构建企业新型数字化资产供需分享和交易市场，促进数字化资产流动、共享和增值。赛智区块链是以公有区块链技术为基础，通过发行 sagetoken 进行资产通证化。

2017 年，赛智区块链积极拓展区块链行业应用市场，与国家部委、地方政府、行业重点企业密切进行业务合作，拓展赛智区块链的服务。2017 年 6 月起，赛智区块链全面推进区块链业务转型，在原有行业联盟链产品的基础上，全面推进面向数据、智能硬件、机器人等新型数字资产管理的公有链产品的研发，旨在建立支撑数字经济发展的价值网络。期间，赛智区块链与国家电网、中国兵总、广发银行、中兴公司、中国铁塔等公司密切联系，沟通需求，探讨构建服务实体经济数字化转型、智能制造和共享经济发展的新型互联网基础设施。

表 37 – 3 赛智区块链 2017 年相关大事记一览表

类型	概述
荣誉	1 月，全国区块链创新创业大赛，三等奖； 5 月，贵阳数博会区块链展示体验中心入选应用场景，向国务院领导汇报； 11 月，入选全国区块链创新 Top100。
产品	1 月，《贵阳区块链发展和应用白皮书》发布。 3 月，sageledger 浏览器、钱包功能上线。 4 月，sageledger 数据公证、信誉管理、数据共享等合约上线。 6 月，sageledger 数据资产登记、发布和上链功能上线。 8 月，sageledger 新型数字资产登记平台内测。
应用	5 月，sageledger 数据铁笼应用。 8 月，sageledger 企业常用数据分享区块链应用。 11 月，sageledger 企业智能化设备分享区块链应用。 12 月，sageledger 企业机器人分享区块链应用。

数据来源：赛迪智库整理，2018 年 1 月。

（二）发展策略

服务实体经济数字化、网络化和智能化转型应用。赛智区块链面向实体经济发展中面临的新需求，面向实体经济企业提供数据、智能设备、机器人等新型数字资产的发布、分享和交易，促进智能化资产的管理，提升资产利用效率。

政产学研合作推进示范应用。赛智区块链依托与政府的长期战略合作关系，以产业规划和产业基地为突破口，整合基础链上下游的企业、研究机构、金融资本、专家学者共同推进新型数字化资产区块链产业生态的形成。

技术创新引领理念创新。赛智区块链依托大数据区块链实验室，加快大数据、物联网、人工智能等技术与区块链技术的融合应用，以新一代信息技术创新引领新一代数字化资产管理理念的创新，促进应用的创新。

政策篇

第三十八章 《新一代人工智能发展规划》

一、政策背景

当前，在全球范围内人工智能发展势头迅猛，正在不断引发链式突破，推动经济社会各领域从数字化、网络化向智能化加速跃升。各发达国家已经把发展人工智能作为提升国家竞争力、维护国家安全的重大战略，纷纷加紧出台规划和政策，围绕核心技术、顶尖人才、标准规范等强化部署，力图在新一轮国际科技竞争中掌握话语权与主导权。与此同时，人工智能作为新一轮产业变革的核心驱动力，也将进一步释放推动科技与产业变革的主要动能，持续催生在生产、分配、交换、消费等环节的新业态、新模式、新产品。此外，人工智能在提高社会治理水平、维护社会稳定上也具有重要作用，可以为我国的社会建设带来良好机遇。在此背景下，国务院于 2017 年 7 月，印发了《新一代人工智能发展规划》。

二、主要内容

《规划》是我国在人工智能领域引发的第一个系统全面部署的文件，文件重点对 2030 年我国新一代人工智能发展的总体思路、战略目标和主要任务、保障措施进行系统的规划和部署，明确确立了我国人工智能发展的"三步走"目标。第一阶段，到 2020 年，AI 总体技术和应用要与世界先进水平同步，要推动人工智能产业成为重要经济增长点，人工智能技术应用要持续用于改善社会民生，人工智能要成为我国步入创新型国家行列的重要支撑与实现全面建成小康社会目标的重要推手。第二阶段，到 2025 年，人工智能的基础理论要实现重大突破，部分技术与应用要达到世界领先水平，人工智能逐渐发展成为带动我国产业升级和经济转型的主要动力，并做到以 AI 推动智能社会、数字中国建设。第三阶段，到 2030 年，我国人工智能理论、技术与应用水平总体要达到世界领先水平，中国成为主要人工智能创新中心，利用人工智能发展智能经济、构建智能社会应取得明显成效，为跻身创新型国家前列和经济强国奠定重要基础。

《规划》以提升新一代人工智能科技创新能力为主攻方向，以加快人工智能与经济社会国防深度融合为主线，以"构建一个体系、把握双重属性、坚持三位一体、强化四大支撑"进行总体布局，形成了推动人工智能健康持续发展的战略路径。《规划》中明确强调，要把握人工智能技术属性和社会属性高度融合的特征，构建开放协同的人工智能科技创新体系，坚持人工智能研发攻关、产品应用和产业培育"三位一体"推进，全面支撑科技、经济、社会发展和国家安全。

《规划》清楚地点明了我国当前人工智能发展面临的问题，并确立了相应的发展要求与重点。文本中提出应当围绕增加人工智能创新的源头供给，加强在前沿基础理论、关键共性技术、基础平台、人才队伍等方面的部署，以开源技术与共享为重要方式方法，持续提升创新能力，增加我国对人工智能领域发展的贡献，同时确保我国人工智能科技水平与时俱进，力争步入世界前列。

与此同时，《规划》明确了六方面的重点任务：一是要建立开放协同的人工智能科技创新体系，包括建立新一代人工智能基础理论体系、建立新一代人工智能关键共性技术体系、统筹布局人工智能创新平台、加快培养聚集人工智能高端人才；二是要培育高端高效的智能经济，包括大力发展人工智能新兴产业、加快推进产业智能化升级、大力发展智能企业、打造人工智能创新高地；三是要建设安全便捷的智能社会，包括发展便捷高效的智能服务、推进社会治理智能化、利用人工智能提升公共安全保障能力、促进社会交往共享互信；四是要加强人工智能领域军民融合；五是要构建泛在安全高效的智能化基础设施体系；六是要前瞻布局新一代人工智能重大科技项目。

《规划》中提到，要发挥财政引导和市场主导作用，撬动企业、社会资源，形成财政、金融和社会资本多渠道支持新一代人工智能发展的格局。通过不断优化布局，建设人工智能创新基地的方式，全面统筹国际国内创新资源；坚持"引进来"与"走出去"并举，鼓励国内人工智能企业在海外开展业务，同时欢迎国外科研机构、人工智能企业在华设立研发中心。此外，《规划》提出了制定促进人工智能发展的法律法规和伦理规范、完善支持人工智能发展的重点政策、建立人工智能技术标准和知识产权体系、建立人工智能安全监管和评估体系、大力加强人工智能劳动力培训、广泛开展人工智能科普活动等六点保障措施。

第三十九章 《关于进一步扩大和升级信息消费持续释放内需潜力的指导意见》

一、政策背景

当前，我国已迈入中等收入国家行列，居民消费水平不断提高，消费结构同时也面临着加速升级。在网络信息技术推动下，我国信息产品形态日渐丰富，信息服务方式也日趋多样，信息消费的内涵和外延有了极大扩展。可以说，当前信息消费已逐渐成为增长最迅猛、创新最活跃同时也是辐射最广泛的经济领域之一，其需求端与供给端都呈现出截然不同的发展特征，在拉动内需、促进就业和引领产业升级方面起到的作用不断加大。2017 年 5 月，国务院常务会议还曾专门将信息消费作为专题进行研究。在此背景下，国务院正式印发《关于进一步扩大和升级信息消费持续释放内需潜力的指导意见》（国发〔2017〕40 号，以下简称《指导意见》），对未来一段时期内信息消费发展的重点领域和政策措施作出了系统性规划部署，该文件对进一步扩大和升级信息消费、推动供给侧结构性改革具有重要意义。

二、主要内容

一是提出我国信息消费进入全面升级阶段。《指导意见》中强调，网络信息技术正引领着我国信息消费步入新一轮创新浪潮，全新的供给模式不断出现，全新的消费需求不断产生，信息消费发展已然面临全方位升级。在需求端，新兴消费需求持续释放；在供给端，新型供给能力逐渐孕育。

二是指出了当前我国面临的信息消费供需匹配的难题，具体表现在四个方面，包括：中高端信息产品和服务供给不足、个性化需求挖掘不足、新业态与政府治理模式适应性不足与挤出效应的潜在风险等。

三是明确了"一四二六"的政策举措，即围绕一条主线、聚焦四类领域、把握两大抓手和做好六个保障。《指导意见》中指出，要围绕推动供给侧结构性改革这一主线，将扩大和升级信息消费聚焦在生活类信息消费、公共服务类信息消费、行业类信息消费及新型信息产品四大重点领域，大力拓展高品质消费，不断满足人民群众日益增长的信息消费需求。《指导意见》同时强调，要从供给侧和需求侧两端发力，兼顾远近目标，着力突破制约信息消费发展的瓶颈。这就要求必须从两方面入手，齐头推进：一是扩大有效供给，提供产品质量和服务水平，通过供给创新不断拉动消费潜力，完成低水平的供需平衡向高水平的供需平衡的转变；二是要进一步扩大信息消费覆盖面，不断共享技术发展成果，使得信息消费更加亲民，打造广大人民群众都能用得起、用得惯、用得好的信息消费模式与产品。

在保障措施方面，《指导意见》提出应在行业监管、信用体系建设、个人信息和知识产权保护、信息消费安全、财税支持、信息消费统计监测和评价等六个方面全面发力，以创新制度体系为基础、以提高信用和安全水平为目标，以持续优化信息消费环境为支撑，真正让信息消费变成老百姓能消费、敢消费、愿消费的一种全新消费模式。

第四十章 《关于深化"互联网＋先进制造业"发展工业互联网的指导意见》

一、政策背景

当前，工业互联网已逐渐成为深化"互联网＋先进制造业"的关键支撑。作为制造业与新一代信息技术深度融合的产物，人们已经普遍意识到，全面深化发展工业互联网，是新一轮工业革命发展的必然要求，也是关键所在，未来工业将因为工业互联网而产生全方位、深层次、革命性变革。通过系统构建网络、平台、安全三大功能体系，工业互联网可以打造人、机、物全面互联的新型网络基础设施，催生智能化发展的新兴业态和应用模式。工业互联网是推进网络强国和制造强国建设的重要基础，也是全面建成小康社会和建设社会主义现代化强国的关键支撑。在此背景下，为进一步深化供给侧结构性改革，深入推进"互联网＋先进制造业"，国务院印发了《关于深化"互联网＋先进制造业"发展工业互联网的指导意见》，旨在规范和指导我国工业互联网发展，以下简称《意见》。

二、主要内容

第一部分清晰地论述了我国工业互联网的关键性作用与重大意义，以及与当前阶段发展存在的明显不足。重点发展工业互联网平台，对于促进"互联网＋先进制造业"融合，打造新型工业主要具有以下三点作用：一是能够充分发挥互联网平台的集聚效应；二是能够承担工业操作系统的关键角色；三是能够有效释放云计算平台的巨大潜能。值得注意的是，当前我国工业互联网平台建设与国际领先企业的平台相比还有一定差距，起步相对较晚、产业基础不如发达国家等情况客观存在，这直接导致了当前工业互联网平台还存在三个需要大力解决的问题：一是产业基础薄弱，具体包括工业控制系统、高端工业软件、云计算平台等；二是平台应用领域相对单一；三是缺乏具有产业链集成整合能力的龙头企业。

《意见》第二部分明确提出了"三步走"的发展战略。其中，在 2018—2020 年的起步阶段，初步建成低时延、高可靠、广覆盖的工业互联网网络基础设施，初步形成各有侧重、协同集聚发展的工业互联网平台体系，初步构建工业互联网标识解析体系，初步建立工业互联网安全保障体系。在 2021 年至 2035 年的第二阶段，要建成国际领先的工业互联网网络基础设施和平台，形成国际先进的技术与产业体系，工业互联网全面深度应用并在优势行业形成创新引领能力，重点领域实现国际领先，安全保障能力全面提升。在第三阶段，即到本世纪中叶时，工业互联网综合实力应进入世界前列，网络基础设施要全面支撑经济社会发展，工业互联网创新发展能力、技术产业体系以及融合应用等全面达到国际先进水平。

第三部分重点介绍了包括夯实网络基础、打造平台体系、加强产业支撑、促进融合应用、完善生态体系、强化安全保障、推动开放合作等七个主要任务。同时还明确了六方面保障措施，具体包括：建立健全法规制度、营造良好市场环境、加大财税支持力度、创新金融服务方式、强化专业人才支撑、健全组织实施机制等。

第四十一章 《云计算发展三年行动计划（2017—2019 年）》

一、政策背景

当前，我国云计算产业发展势头迅猛。一方面，我国云计算产业规模正迅速扩大。据统计，2015 年，我国云计算产业规模约 1500 亿元，同比增长超过 30%。2016 年，云计算骨干企业收入均实现翻番。SaaS、PaaS 占比不断增加，产业链条趋于完整，产业结构不断优化。另一方面，在关键云计算技术方面取得了重大突破。骨干企业在大规模并发处理、数据中心节能、海量数据存储等关键领域均取得不错突破，部分指标甚至已达到国际先进水平，在国际标准化组织与主流开源社区里的话语权逐渐增加。此外，国内云计算龙头企业加速形成，围绕咨询设计、应用开发、运维服务、人才培训等环节不断加快合作伙伴培育，同时积极构建生态体系。在行业应用方面，大型企业、政府机构、金融机构不断加快应用步伐，大量中小微企业已应用云服务，云计算正从游戏、电商、视频向制造、政务、金融、教育、医疗等领域延伸拓展。与此同时，云计算显著降低了创业创新门槛，使得"双创"门槛不断降低。通过云计算，能轻松汇聚数以百万计的开发者，各种平台经济、分享经济也应运而生。

不容忽视的是，虽然我国云计算发展势头迅猛，但依然面临诸多挑战。一是市场需求尚未完全释放。云计算的安全性、可靠性、可迁移性依然让重点行业用户在使用时存在顾虑。二是当前产业发展水平与国际先进水平仍有较大差距，产业供给能力需要提升。三是数据中心建设过于重复。四是专业人才供给能力需要提升，评测认证与标准体系建设有待完善，产业发展环境亟须优化。针对上述现状与问题，工业与信息化部出台了《云计算发展三年行动计划（2017—2019 年）》（以下简称《计划》），旨在进一步推动我国云计算健康发展，推动制造业和互联网深度融合，全面支撑制造强国、网络强国建设。

二、主要内容

《计划》中明确提出，要以党的十八大和十八届三中、四中、五中、六中全会精神和习近平总书记系列重要讲话精神为指引，牢固树立五大发展理念，以推动制造强国和网络强国战略实施为主要目标，以加快重点行业领域应用为着力点，以增强创新发展能力为主攻方向，全面提升我国云计算产业实力和信息化应用水平。与此同时，《计划》强调，应当坚持打牢基础、优化环境，应用引导、统筹推进，协同突破、完善生态，提升能力、保障安全，开放包容、国际发展的基本原则，从产业规模、行业应用、绿色节能、标准制定、企业发展、安全保障等六个方面全面发力，提出未来三年的总体目标。

《计划》一共提出了五项重点行动：一是技术增强行动。重点是建立云计算领域制造业创新中心，开展云服务能力测评，完善云计算标准体系，夯实技术支撑能力，加强知识产权保护。二是产业发展行动。重点是建立云计算公共服务平台，支持软件企业向云计算加速转型，加大力度培育云计算骨干企业，建立产业生态体系。三是应用促进行动。积极发展工业云服务，协同推进政务云应用，积极发展安全可靠云计算解决方案。支持基于云计算的创新创业，促进中小企业发展。四是安全保障行动。重点是完善云计算网络安全保障制度，推动云计算网络安全技术发展，积极培育云安全服务产业，增强安全保障能力。五是环境优化行动。重点推进网络基础设施升级，完善云计算市场监管措施，落实数据中心布局指导意见。

《计划》提出了四方面的保障措施，具体包括：一是优化投资融资环境。借推动金融机构提供针对性的产品服务，加大授信支持力度，简化办理流程，支持云计算企业拓展市场。鉴首台套保险模式推动重要信息系统向云平台迁移。二是创新人才培养模式。加大高层次人才引进力度，鼓励部属高校加强相关学科建设，促进人才培养与企业需求相匹配。鼓励企业与高校联合开展人才实训。三是加强产业品牌打造。支持云计算领域行业组织创新发展，加大对优秀云计算企业、产品、服务、应用案例以及产业园区、行业组织的宣传力度。四是推进国际交流合作。结合"一带一路"战略实施，推进建立多层次国际合作体系，支持骨干云计算企业加快海外布局，提高国际市场能力。

第四十二章　《中国软件名城创建管理办法（试行）》

一、政策背景

近年来，软件业规模不断扩大、国际化水平持续提升、特色化发展日趋显著，软件赋值、赋能、赋智的作用更加明显。同时，随着大数据、互联网＋等国家战略深入推进，产业区域集聚发展规律不断演化，行业管理变革持续加快，原有管理办法和指标体系出现了与新形势不相适应的地方，软件名城创建也面临新的形势和任务。鉴于此，工业和信息化部认真总结以往经验，经过充分调研，研究修订了《中国软件名城创建管理办法（试行）》（含指标体系），以下简称《办法》。

二、主要内容

《办法》指出，在新时期开展创建中国软件名城，要深入贯彻落实国家创新、协调、绿色、开放、共享的新发展理念，发挥中国软件名城的载体平台作用以及软件的赋能作用，充分调动地方发展软件产业的积极性，集聚资源、突出特色、营造环境。这具体包括两方面的工作：一方面，要大力支持软件和信息服务业进一步发展壮大，加快形成特色化、国际化、融合化发展相得益彰的局面；另一方面，要以软件和信息服务业创新发展带动和支撑互联网＋、信息安全、大数据等国家重大战略及规划目标的落实，更好地发挥软件名城的示范和带动作用，促进城市经济社会更好更快发展。

《办法》确立了一整套完备的指标体系，作为创建目标设置和评估考核的主要依据。主要包含产业实力、企业培育、人力保障、创新能力、应用水平、发展环境、带动效益等 7 个方面的指标。相较之前的指标体系，《办法》对部分指标进行了微调，如按照行政审批制度改革的要求取消了相关指标，以便更好地顺应新形势下的发展要求。此外，为更好地贯彻落实互联网＋、网络强国等国家重大战略，指标体系在国家重大战略贯彻、国际化和特色化发展、关键核心技术突破、名城创建体制机制探索与创新等指标上设置了"加分项"，重点突出了新时期中国软件名城创建的战略导向性。

《办法》中明确提出，中国软件名城的管理体系主要包括三个方面内容：一是强调中国软件名城是"创建"出来的，不是"授予"出来的。本次软件名称的整个创建过程一共分为申请、创建、评估、授予、发展提升五个主要环节，充分保障了创建工作的连续性。二是为保障政策协同和资源集聚的力度，采用省部市协同创建的形式。三是按照综合型和特色型软件名城的标准要求，创新采用分级创建与动态调整相结合的方式。评估每两年进行一次，以"晋级"和"退级"方式完成对各城市的中国软件名城级次的动态调整，从而有效激发中国软件名城持续创建的动力。

第四十三章 《促进新一代人工智能产业发展三年行动计划（2018—2020年）》

一、政策背景

当前，新一轮科技革命和产业变革孕育兴起，大数据的积聚、理论算法的革新、计算能力的提升及网络设施的演进，驱动人工智能发展进入新阶段，人工智能正加快与经济社会各领域渗透融合，带动技术进步、推动产业升级、助力经济转型、促进社会进步。

党中央、国务院高度重视人工智能及其产业发展。在党的十九大中明确提出，要推动互联网、大数据、人工智能和实体经济深度融合。2017年7月，国务院印发《新一代人工智能发展规划》，为推动我国人工智能的长期发展指明了方向，对2030年我国人工智能发展的总体思路、战略目标和主要任务、保障措施进行了系统的规划和部署。与此同时，聚焦基础理论研究、关键技术研发及支撑平台建设的新一代人工智能重大项目也在加速启动。

推动我国人工智能发展，必须加快推进产业化和应用发展。对此，工业和信息化部从推动产业发展角度出发，制定了《促进新一代人工智能产业发展三年行动计划（2018—2020年）》，以下简称《计划》。《计划》对《新一代人工智能发展规划》相关任务进行了细化和落实，以信息技术与制造技术深度融合为主线，着力推动新一代人工智能技术的产业化与集成应用，重点发展高端智能产品，夯实核心基础，提升智能制造水平，完善公共支撑体系。《计划》以三年为期限明确了多项任务的具体指标，对产业发展具有较强的指导意义。

二、主要内容

《计划》按照"系统布局、重点突破、协同创新、开放有序"的原则，在深入调研基础上研究提出四方面重点任务，共涉及 17 个产品或领域：一是重点培育和发展智能网联汽车、智能服务机器人、智能无人机、医疗影像辅助诊断系统、视频图像身份识别系统、智能语音交互系统、智能翻译系统、智能家居产品等智能化产品，推动智能产品在经济社会的集成应用。二是重点发展智能传感器、神经网络芯片、开源开放平台等关键环节，夯实人工智能产业发展的软硬件基础，加快补齐短板。三是深化发展智能制造，作为人工智能最先落地的行业之一，制造业智能化升级一直是重中之重，要不断鼓励新一代人工智能技术在工业领域各环节的探索应用，提升智能制造关键技术装备创新能力，培育推广智能制造新模式。四是构建行业训练资源库、标准测试及知识产权服务平台、智能化网络基础设施、网络安全保障等产业公共支撑体系，不断优化人工智能发展环境。

在保障措施方面，《计划》明确要从五方面入手，确保各项重点任务的落实推进：一是加强组织实施。加强省部合作，支持地方发展人工智能产业，加强政府的政策引导，鼓励企业、行业组织等共同参与、协同推进，同时不断建立完善人工智能产业相应统计体系。二是加大支撑力度。要充分发挥现有资金渠道的引导和支持作用，鼓励地方财政对相关领域加大投入力度，支持人工智能企业与金融机构加强对接合作。三是鼓励创新创业。加快建设人工智能领域的制造业创新中心和重点实验室，鼓励建设人工智能企业创新交流平台，开展人工智能创新创业和解决方案大赛。四是加快人才培养。吸引和培养人工智能高端人才和创新创业人才，支持一批领军人才和青年人才成长，支持加强人工智能相关学科专业建设，引导培养产业发展急需的技能型人才。五是优化发展环境。开展人工智能相关政策和法律法规研究，推动行业合理开放数据，鼓励开展双边、多边国际合作。

热 点 篇

第四十四章　类脑智能成为全球科技和产业创新的前沿阵地

一、事件回顾

人工智能可分为"弱人工智能"和"强人工智能"，前者关注单一领域的技术和应用突破，后者则旨在实现全面接近或达到人类智能水平的人工智能。2017年，人工智能发展正处于由"弱人工智能"向"强人工智能"过渡的阶段。为推动人工智能向"强人工智能"迈进，类脑智能研究受到广泛关注。类脑智能借鉴人脑神经系统构成要素、组织结构以及信息处理方式等前沿理论，利用神经形态工程构造能够仿真人脑结构的类脑芯片和仿真人脑信息处理方式的学习系统，以发展具有自主学习、推理和解决问题能力的统一智能框架，是实现"弱人工智能"向"强人工智能"突破的重要方向。

类脑智能作为人工智能跨越式发展的重要突破口，引起了各国政府的高度重视，发达国家纷纷抢先布局。2013年，欧盟将"人类大脑工程"列入未来旗舰技术项目，并给予10亿欧元的资金支持，该项目的一项主要任务就是构造仿真神经元和类脑芯片，并以此开发具有自主意识和智能的类脑计算机系统。同年，美国提出"创新型神经技术推动脑科学研究"（BRAIN）计划，以探索大脑组织结构和信息处理机制。随后，美国国防高级研究计划局和情报高级研究计划局分别启动了类脑图像处理器研发、大脑皮层网络机器智能研究等类脑智能项目。此外，日本也公布了其大脑研究计划。与此同时，科技企业纷纷涌入该领域，抢占类脑智能研究及应用高地。2011年，谷歌启动"谷歌大脑"工程，该工程构建了拥有数十亿连接的中枢网络系统，并利用深度学习等类脑学习算法使"谷歌大脑"具备了多领域的自主学习能力。目前"谷歌大脑"的应用已经部署到谷歌的多项产品中，可以同时承担图像识别、语音识别、决策等任务。IBM 投资逾 10 亿美元开发认知平台 Watson，并不断提升其语音、语言、视觉等各方面的能力，意图构建能够媲美人脑的认知系统。此外，IBM 还研制出了具有百万仿真神经元的类脑计算芯片"TrueNorth"并于 2016 年制造出世界首个人造纳米级随机相变神经元，该神经元能够用于制造高密度、低功耗的类脑芯片。

我国也高度重视类脑智能的研究。在政府层面，《国家中长期科学和技术发展规划纲要（2006—2020）》和"十三五"规划纲要均将脑科学与认知科学列入战略前沿创新突破的重点领域；《"十三五"国家科技创新规划》将脑科学与类脑研究列为国家重大科技专项；《"互联网＋"人工智能三年行动实施方案》将类脑智能领域的前沿理论和技术研究、类脑基础服务平台建设作为发展人工智能新兴产业的重点任务；科技部积极筹备和论证中国的脑科学和类脑研究方案，"中国脑计划"即将启动。此外，地方政府先试先行，北京和上海均已启动"脑科学与类脑智能"地区性计划，全面布局脑认知、脑医学、类脑计算、类脑智能等前沿研究和应用项目。在企业层面，2014 年百度启动"百度大脑"项目，构建了一套巨大的深度神经网络，并通过融合深度学习算法等多项技术实现了自主学习和成长。科大讯飞的"讯飞超脑"计划建立基于类脑神经网络的智能认知系统，以实现自然语言理解、语音交互、逻辑推理和自主学习等目标。上海西井信息科技则致力于类脑硬件研究，2017 年已研制出 100 亿规模的"神经元"人脑模拟器和可商用的 5000 万"神经元"类脑芯片。在科研层面，复旦大学牵头成立了"脑科学协同创新中心"共同推进脑科学研究和应用转化；中科院成立了包含 20 家院所 80 个精英实验室的"脑科学和智能技术卓越创新中心"，聚焦脑认知、脑研究新技术、类脑模型与智能信息处理、类脑器件与系统等前沿领域。此外，清华大学等科研机构也纷纷成立了类脑智能、类脑计算研究中心，共同推动类脑智能技术研究。

二、事件评析

随着计算能力的提高、海量数据积累以及深度学习等算法的突破发展，人工智能技术和产业取得了长足进步，但当前依然处于由"弱人工智能"向

"强人工智能"缓慢过渡的发展阶段。类脑智能作为人工智能由"弱"向"强"跨越式发展的重要突破口，我国类脑智能的发展应走类脑芯片与学习系统同步发力、科技攻关与行业应用互相推动的发展路径。

（一）软硬兼顾：类脑芯片与学习系统同步发力

类脑智能主要包括两个研究方向：以类脑芯片为代表的硬件方向和以学习系统为代表的软件方向。类脑芯片旨在从组织结构和构成要素上实现对人脑的仿真和建模，通过对大脑进行物理和生理解构，研制能够模拟神经元和神经突触功能的微纳光电器件，并将数以亿计的光电器件按照人脑结构进行集成，最终构造出人脑规模的神经网络芯片系统。这种新型架构突破了"冯·诺依曼"架构的束缚，为类脑智能的发展提供了物质基础。该领域是类脑智能取得突破进展的一个重要方向，全球发达国家和科技巨头企业均有布局。在此形势下，我国应进一步加大对仿真神经元、仿真神经突触等微纳光电器件和类脑芯片的研发和产业化支持力度，抢抓发展先机。

尽管类脑芯片为类脑智能的实现提供了物质基础，但固定硬件不能实现智能的可塑性，仅有类脑芯片还是无法实现高层次的智能。类脑智能的学习系统则旨在通过软件方式实现对类脑硬件的调度和管理，并通过对类脑硬件系统进行信息刺激、训练和学习，使其产生与人脑类似的智能甚至涌现出自主意识，实现智能培育和进化，是实现"弱人工智能"向"强人工智能"过渡的最关键一环。当前，发达国家在深度学习等类脑神经学习系统的研究上已取得一些引人注目的成就。在此背景下，我国有必要加紧推动类脑神经学习系统、类脑信息处理系统等类脑智能领域的技术研发和产业化，抢占科技创新和产业发展制高点。

（二）研用结合：科技攻关与行业应用互相推动

类脑智能作为实现人工智能由"弱"到"强"突破发展的重要途径，突破了传统人工智能的研究范畴，是一门以计算机科学、脑科学和认知科学为基础，需要医学、生物学、心理学、神经科学、电子、微电子、材料科学等多学科协同推进的综合交叉学科。目前，类脑智能技术研究存在诸多科技难题，仍以科研攻关为主。Gartner技术成熟度曲线显示，通用机器智能和神经形态硬件仍然处于技术萌芽期，距离到达成熟期仍需要至少10年的时间，这为各国抢抓发展机遇、布局前沿颠覆性技术提供了重要的机遇期和窗口期。在此形势下，我国应加大对类脑智能核心技术的攻关力度，争取在制约技术进步和产业发展的关键领域取得实质突破，提高国际话语权。

2017 年，人工智能领域的产业应用仍以"弱人工智能"为主导。"弱人工智能"的行业应用不仅可创造巨大的社会和经济效益，随着行业应用的不断深化，也可为类脑智能技术创新提供孵化平台和应用基础。因此，我国应继续推动"弱人工智能"在制造、教育、环境、交通、商业、健康医疗、网络安全、社会治理等重要领域的深化应用，推动人工智能的规模化应用、丰富应用场景、积累应用数据资源，在带动经济发展的同时推动技术进步。

第四十五章　平台型开源软件重塑信息技术创新模式与竞争格局

一、事件回顾

当前，随着互联网的高速发展，开源世界的资源汇集能力大幅增强，开源软件数量呈现出爆发式增长态势，几乎涵盖了从操作系统、数据库、开发工具到应用软件等各个软件细分领域。根据统计，2016 年全球各类开源软件共计约 240 万个，开源代码总行数将超过 1300 亿，开源软件项目超过 1500 万个。

平台型开源软件是指处于系统架构层、提供软硬件交互基础平台的开源软件，典型代表如 Linux、OpenStack 等。从数量上来看，平台型开源软件只是海量开源软件的极小一部分，处在开源软件类型金字塔的顶端。但从行业影响力或行业价值来看，平台型开源软件则集聚了大量的行业资源，是推动信息技术创新的核心主体，处在开源软件价值倒金字塔的顶端。随着互联网的快速普及，信息技术的创新速度进一步加快，其中，平台型开源软件成为了推动信息技术创新的重要引领。在云计算领域，有以 OpenStack、Cloud-Stack 为代表的开源基础架构，也有以 Docker 为代表的开源微服务架构；在大数据领域，开源 Hadoop 和 Spark 是大数据创新发展的主流平台；在人工智能领域，TensorFlow 等开源平台极大促进了智能技术的创新与应用；在虚拟现实、物联网等领域，DayDream、Fuchsia、LiteOS 等正成为行业技术创新的先驱力量。长期以来，商业软件在软件创新资源集聚中占据着主导地位，拥有大量技术人才的商业软件公司牢牢把控着软件领域的新兴技术和技术演进路线。但随着开源成为软件技术创新的首要模式，基于开源软件特别是平台型开源软件的技术和产业创新的新格局正在形成。开源 Android 是当前智能终端技术和应用创新的基本平台，已成为影响当前全球智能终端市场的关键环节。开源容器 Docker 正成为微服务领域的通用标准，带动形成了一大批的技术创新项目。

二、事件评析

大企业是平台型开源软件创新的主体，也探索形成了成熟的商业模式。

看现象，大企业成为平台型开源软件创新主体。开源世界为开源软件的发展提供了丰富的创新和应用资源，汇聚着各种类型的"玩家"，包括大型企业、行业组织、中小型企业、科研机构、个人爱好者等等，其中大型企业是推动开源软件特别是平台型开源软件发展的主要力量。大企业参与平台型开源软件发展呈现出两种较为典型的模式：一是利用其技术优势和先发优势，以企业为主导将平台型软件进行开源，从而使企业在软件的持续创新演进中占据主导地位，其典型代表包括了谷歌主导开发 Android、Daydream 以及 Facebook 主导开发 BigSur 等。二是积极参与国际合作的大型开源项目，通过提高贡献度，不断提升企业在开源项目创新发展中的话语权。以 Linux 为例，2016 年 Linux 内核创新贡献度排名前五的公司均为大型 IT 企业，包括 Intel、红帽、Linaro、三星和 SUSE，五家公司累计贡献度达到32%。在 OpenStack 最新版本 Ocata 的贡献度排名中，前8家企业累计贡献度达到了64%，独立开发者的贡献度总和仅约为3%。

析动机，基于平台型开源软件的商业模式不断成熟。大企业参与平台型开源软件发展的主要动机可分为三类：第一类是"以软带硬"型，主体是以硬件销售为主的企业，其参与平台型开源软件的发展的主要目的在于通过推动软件系统的创新与应用，带动其硬件设备的销售，典型代表企业包括英特尔、惠普、IBM、华为、思科等。第二类是"依软促服"型，主体是以定制化软件服务为主的企业，其通过参与开源软件的创新可以掌握最新平台型开源软件的核心技术，进而为用户提供定制化产品、服务及解决方案，典型代表企业包括红帽、SUSE 等。第三类为"生态构建"型，主体是以提供互联网增值服务为主的科技企业，其通过开源平台型软件来构建起面向新型计算设施或平台的产业生态，进而通过各类增值服务来获取收益，同时掌控产业创新发展的主导权，典型代表企业为谷歌、Facebook 等。从信息产业发展趋势来看，第三类的发展模式更具有借鉴价值。谷歌通过开源 Android 重构了移动终端操作系统的竞争格局，根据最新统计，Android 全球市场占有率已经超过了 85%，一方面基于广告和应用商店谷歌通过 Android 已经获取了 310 亿美元的营收额及 220 亿美元的利润额，另一方面随着安卓成为移动互联网领域的第一平台，谷歌占据了在移动互联网创新发展的绝对制高点，Android 为谷歌带来的市场竞争软价值不可估量。当前，在物联网、人工智能、虚拟现实、区块链等前沿领域，谷歌、微软、Facebook、IBM 等科技巨头都在积极寻找新的平台型开源软件发展机会，力图依托开源模式以及平台化思维获取市场竞争核心优势。

找差距，我国企业开源式技术创新融入感明显不足。近年来，随着我国科技企业综合实力的不断提升、互联网技术的融合与渗透，我国在全球开源世界中的参与度不断提高，我国主导的开源软件数量持续提升，开源开放的创新体系初见端倪。根据我国最大的开源社区——开源中国的统计，其收录的国产开源软件数量已经超过了 7700 个，国产开源软件项目已经超过 50 万个。华为、阿里巴巴等领军企业成为我国企业融入全球开源世界的带头人，华为在 Linux 内核、OpenStack 等项目中的贡献度位居全球前列，阿里巴巴每年都会向全球开源世界贡献十多个软件项目。但综合而言，我国企业开源式技术创新融入感较国外领军企业尚有不少差距，具体表现为我国企业在全球主要平台型开源软件项目中的参与度、贡献度普遍不高，难以获得主要项目创新发展的话语权甚至主导权，这为我国抢占全球信息技术创新制高点带来隐患和挑战。究其原因，主要有三：一是我国大多数科技企业对开源软件的认识不深刻，很多企业将开源软件视作是公益而不是建立产业竞争优势的利器。二是企业参与国际平台型开源项目缺乏参考与引导，部分企业想参与但不知道如何参与。三是企业融入开源世界的产业生态尚不完善，开源贡献度无法量化且不被认可。

关于推动平台型开源软件创新发展，提出三点政策建议：

提高认识，普及开源商业模式。聚焦形成开源商业模式新认识。支持科研机构开展关于开源商业模式的课题研究，重点聚焦研究全球主要的平台型开源软件创新机制、主要贡献企业的商业动机和商业模式、平台型开源软件重塑产业竞争生态作用机理，梳理形成全面系统的研究成果以及可参考、可借鉴的商业模式案例。着力推动开源商业模式广普及。一是依托开源软件推进联盟等行业组织开展企业参与平台型开源软件创新发展的经典案例宣传，为我国企业融入国际开源世界提供参考。二是依托华为等国内外领军企业开展开源式商业模式创新经验分享论坛或会议，推动我国企业开展基于开源的商业探索。三是依托科研机构及第三方咨询服务机构面向国内 IT 企业开展围绕开源软件参与及发展的咨询服务，为我国企业构建基于开源软件的市场竞争优势提供专业化指导。

加快布局，引导企业投身开源。积极参与全球平台型开源软件创新。一是依托科研机构梳理云计算、大数据、移动互联网等领域典型的平台型开源软件项目，整理各个项目的技术创新方向与参与方式，为我国企业参与全球平台型开源软件创新提供参考。二是积极发展我国开源社区，支持我国开源社区与国际主流代码托管平台的信息互通，为我国企业参与全球平台型开源软件创新提供基础平台。面向新兴领域率先布局开源项目。一是聚焦人工智能、物联网、虚拟现实等前沿领域，依托重点企业和科研机构研究未来平台型开源软件创新发展机遇与方向，确定若干重大开源项目。二是依照全球开源软件创新模式组织国内主要 IT 企业力量共同推进重大开源项目的发展，加速推动我国主导的重大开源项目获得国际各方普遍认可和国际主要科技企业的广泛参与。

完善环境，优化开源激励体系。建立开源软件贡献评价指标体系。一是以代码贡献为聚焦，建立面向个人的开源软件贡献评价指标，对个人开源贡献进行科学权威评估。二是综合考虑代码贡献、组织贡献、资金贡献等方面，建立面向企业的开源软件贡献平台指标，对企业开源贡献进行科学权威评估。以开源软件贡献指标为基础促进开源激励。一是对主要个人开源贡献者和主要开源贡献企业依据贡献评价指标进行资金奖励。二是结合开源中国开源世界论坛等活动，对突出贡献个人及企业进行表彰。三是探索将个人开源贡献和企业开源贡献纳入到个人能力及企业评价相应体系中。

第四十六章 AlphaGo 不断迭代步入 "摆脱数据" 新阶段

一、事件回顾

2017 年 10 月 19 日，*Nature* 发表了人工智能公司 DeepMind 的最新研究成果，新一代的 AlphaGo 通过仅有规则输入的自学训练，40 天击败战胜柯洁的上代 AlphaGo。两年间，这款名为 AlphaGo 的 AI 程序击败了众多顶尖职业围棋选手，完成了四次产品迭代，效能不断快速提高。新一代 AlphaGo 无须人类经验的训练尝试，打破了人们对大数据与 AI 强相关的固有看法，推动 AI 技术创新与产业应用的螺旋式上升。

AlphaGo 来自于一家专注于机器学习和神经科学等前沿技术的 AI 公司——谷歌 DeepMind。2010 年 9 月，DeepMind 由两位 AI 专家和一位关注社会问题的企业家三人共同创立于伦敦，其早期商业化产品主要包括模拟器、电子商务和游戏中的 AI 应用。2014 年 1 月，DeepMind 以 4 亿美元被谷歌收购，更名为谷歌 DeepMind。发展至今，公司的技术团队由在神经网络、机器学习等领域的 500 多位专家组成，其中半数为科学家，科研实力可谓雄厚。七年来，DeepMind 不断在 *Neuron*、*Nature* 等全球顶级杂志刊物上发表其研究成果。备受瞩目的 AlphaGo 只是 DeepMind 公司的深度学习算法在围棋领域的一次 "亮相"，公司未来的 AI 应用发展方向将主要面向医疗、智能手机助手以及机器人方面。

在两年的时间内，AlphaGo 快速完成了四次产品迭代。2015 年 10 月，第一代 AlphaGo Fan 以 5∶0 击败职业围棋冠军樊麾二段。2016 年 3 月，第二代 AlphaGo Lee 以 4∶1 击败世界冠军李世石九段。2017 年 5 月，第三代 AlphaGo Master 以 3∶0 击败世界排名第一的柯洁九段，并在围棋网站创下 60 连胜的佳绩。2017 年 10 月，第四代 AlphaGo Zero 经过 3 天的自我训练，以 100∶0 战胜 AlphaGo Lee，并在 40 天后以 89∶11 击败 AlphaGo Master。硬件上，一代 Fan 需耗用 176 块 GPU 进行数月的训练计算，三代 Master 使用了一台搭载 4 个 TPU 的机器，其运算量只有 Lee 的 1/10，TPU 的使用令 AlphaGo 在棋艺、效率极大提升的同时，耗能大幅下降。在算法上，AlphaGo 的各个版本都采用了深度学习进行训练计算，主要变化体现在：三代 Master 将神经网络层数由二代的 12 层增至 40 层；四代 Zero 将进行训练评估的两个卷积神经网络合二为一，同时，放弃了前三代所用的人类棋谱训练，只以规则和目标作为输入，通过自我对弈进行"白板"式进化学习，进入到"摆脱数据、依赖规则"的算法设计新阶段。

DeepMind 的企业愿景是"破解智能，用它来让世界变得更好"，企业的创始初衷决定了 DeepMind 公司是一家致力于使用 AI 技术解决人类社会和生活问题的公司。DeepMind 创始人哈萨比斯表示，虽然目前专用 AI 系统表现更好，但要在不同领域间建立联系，预编程的专用系统显然是不够的；要执行需要创新、发明等灵活性的任务，通用人工智能是唯一出路。在专用基础上研发更加灵活、普适的通用型 AI 技术，应是 DeepMind 下一步的研究方向。在现阶段，DeepMind 已与 NHS 结为合作伙伴，进军医疗市场，开发用于医疗领域的机器学习平台。同时，DeepMind 也致力于改善谷歌搜索引擎，让 Google Now 更好地理解人的需求。此外，DeepMind 还将在人类缺乏了解或目前缺少大量标注数据的领域（如疾病、气候、能源、经济学等），尝试通过 AI 技术辅助人类科学家来分析和理解海量信息和数据，加快人类科学研究的进程。

二、事件评析

当前，AI 产业已成为信息技术领域的核心焦点，受到各国政府、企业的高度重视，我国也将 AI 发展上升至国家战略高度，发布了《新一代人工智能发展规划》。基于此，以 AlphaGo 的创新演进历程为出发点，总结分析其对我国发展 AI 产业的启示，为进一步明确产业发展方向、优化政策支持提供参考，就显得意义深远。

深度学习是 AI 技术创新的主要方向。业界普遍认为，深度学习是引领这一次人工智能技术和产业发展浪潮的核心引擎。从 AlphaGo 的技术演进可以看出，从学习百万量级的人类棋谱到无师自通的完全自主学习，深度学习算法在发展中呈现出曲折性与前进性的统一，表现出强大的特征提取能力和寻找更优解的潜力。"深度学习"一词，最早是在 2006 年由时任多伦多大学教授的 Geoffrey Hinton 于 *Science* 中提出。十年间，走出实验室的深度学习先后颠覆了语音识别、图像识别、自然语言理解等诸多技术的算法设计定式。当前，AI 领域的应用创新以深度学习算法为主，AlphaGo 所使用的开源深度学习框架 TensorFlow，以及 Caffe、Theano、Torch 等同类型框架，是当下的 AI 研究中实现和优化各类深度学习算法的主流选择。

弱人工智能是 AI 技术应用的现实选择。从纵向发展角度，业界将人工智能划分为弱人工智能和强人工智能两个阶段。弱人工智能阶段机器尚不具备自主意识，可用于完成某类特别设定的任务；强人工智能阶段，机器能表现正常人类所具有的所有智能行为，具备与人类同等智慧、或超越人类的人工智能。尽管 AlphaGo 在围棋领域取得了不俗表现，各界也正抓紧强人工智能核心技术攻关，但现阶段 AI 应用仍停留在弱人工智能时代。当前，机器能够自主学习和快速处理的是信息透明、结构明确，且可用规则穷举的数据信息，人工智能的产业应用应当聚焦于机器辅助和服务人类的科学研究、生活工作的特定场景和特定领域，如智能物流、智能交通等。另外，Zero 的成功表明，AI 在应用于辅助人类解释和解决复杂无解问题的前沿领域，具有强大的应用潜力，如气候建模、宏观经济学、蛋白质折叠、减少能量消耗或搜索新材料等。

软硬件协同是 AI 产业发展的重要路径。人工智能产业的发展是一个全局联动的过程，涉及从传感器到芯片，从开发框架到软件模块，从数据挖掘、分析到最后付诸应用的方方面面。从深度学习乃至人工智能技术螺旋式上升的发展历程中，可以清楚地看到只有软硬件同时取得进步，才能全面推动人工智能产业的发展。AlphaGo 的创新发展除了将进行决策评估的决策网络和价值网络合二为一，使算法结构更加精简高效之外，也进行了底层硬件的芯片革新。从一代的 176 个 GPU 芯片，到二代的 48 个 TPU 机器学习加速芯片，再到三四代只需一台搭载 4 个 TPU 的机器。由此可见，我国人工智能产业的发展一定要注重 AI 产业链条各个环节的全面发展，软硬共同发力。

完善的产业生态是 AI 产业发展的重要保障。任何产业的发展都离不开包括政策、标准、投融资支持等各方面的生态要素，其中，以投融资为代表的市场活动在产业生态构建中起着至关重要的作用。人工智能作为当前最具创新活力的产业领域，其产业生态的价值更为突出。DeepMind 的快速成长有赖于谷歌的强大计算资源和雄厚财力，在巨头企业的庇护下，DeepMind 得以进行长周期的核心技术突破，而无须过多考虑产品短期内的商业收益。对初创企业而言，大公司以收购等方式完成的资金、资源的支持是其良性发展壮大的重要方法之一。对谷歌、微软、苹果等科技巨头而言，为加快企业内部 AI 产业生态的构建，将发展潜力较大的小企业进行整合也是高效完善产业链和汇聚人才的途径。

第四十七章　我国人工智能单笔融资连创纪录

一、事件回顾

2017 年 7 月，国内创业公司商汤科技宣布获得 4.1 亿美元 B 轮融资，这是截至当时全球范围内人工智能领域单轮最高融资。至此，这家成立仅三年的公司累计融资额达 4.5 亿美元，估值超过 15 亿美元，成为全球融资额最高的人工智能独角兽企业。10 月，旷视科技完成 4.6 亿美元 C 轮融资，刷新人工智能领域融资纪录。

自 2014 年起，人工智能领域一直都是全球投资热点。近年来，技术与产品的迅速成长带动国内创业热情高涨，也引发了资本的高度关注。据统计，截至 2017 年 5 月 31 日，我国人工智能类创业公司已超过 650 家，产业规模较 2016 年同期增长达到 51.2%，投融资事件超过 430 起，融资总额达 340 亿元人民币。科技巨头加大在人工智能领域的布局，投资案例不断涌现。同时，社会资本竞相追逐人工智能领域的优质项目，整体行业获投率偏高，超过一半的人工智能公司成立时间在两年之内，可见资本市场对人工智能产业发展的信心。

在大数据、深度学习等新技术推动下，以计算机视觉和语音识别为代表的感知智能正呈现出高速演进态势。目前我国计算机视觉技术水平已达到全球领先水平，并在安防、汽车、金融等领域取得了显著的应用成效。在安防领域，智能技术如人脸识别、图形识别应用场景众多，如车牌识别、车辆视觉特征识别、被动人像卡口、身份证比对等应用。在汽车领域，围绕智能驾驶汽车人工智能在环境感知、路径规划与决策等关键环节均有所应用和体现，在该领域百度、乐视等企业已开展卓有成效的实践。广泛的商业化渠道和技术基础推动计算机视觉成为创投热门领域，据数据显示，中国人工智能创业公司所属领域分布中，计算机视觉领域拥有最多创业公司。2016 年，人脸识别服务开发商旷视科技完成至少 1 亿美元融资，估值超过 20 亿美元，专注图像识别的图普科技获得千万美元 A 轮融资。

此次的独角兽企业商汤科技主攻人脸识别、视频监控识别算法、增强现实、文字识别、自动驾驶识别算法和医疗影像识别算法等技术，基础研究实力强大，高质量专利数量、专业学术论文发表数量均保持全国领先水平。2015 年 ImageNet 大规模视觉识别竞赛中，商汤科技获得视频识别冠军，次年该竞赛中，商汤科技凭借原创深度神经网络平台，获得 3 个项目的冠军。商汤科技主要业务范围是将计算机视觉技术赋能给安防、金融、机器人、政府大数据分析以及虚拟增强现实等行业。2016 年，企业已实现全年整体盈利，收入来源主要包括安防智能视频、金融、手机移动互联网等，与英伟达、中国移动、银联、华为、小米、科大讯飞等 400 多家公司展开商业合作。

二、事件评析

当前，人工智能发展势头良好，技术和产品研发能力大幅提升，市场空间逐步拓展，社会关注与投资力度持续加大，技术创新驱动的人工智能企业正成为资本青睐的热点。

由人工智能领域融资情况可见，技术创新始终是人工智能领域的核心竞争力。人工智能作为前沿技术领域，与互联网消费领域不同，前者市场大、壁垒强，技术的先进性和成熟度决定了产品的商业化程度和企业的市场竞争力。因此，人工智能项目团队的技术实力备受资本追捧，正如本次商汤科技获得巨额融资，一流的人才团队和强大的计算机视觉技术储备成为投资方最看重的地方。大型科技企业很早就认识到人工智能技术创新的重要性，谷歌、苹果等巨头纷纷招募人工智能顶尖人才，收购不同领域的人工智能领域的初创企业，来加强自身在人工智能领域的科研能力和生态布局。国内，百度邀请国际人工智能顶尖专家吴恩达加盟，实施全面的人工智能优先战略，阿里旗下蚂蚁金服联合清华大学成立人工智能实验室。

同时，行业应用落地、企业市场化发展尤为重要。我国具备庞大的互联网市场，网民人数逼近八亿大关，互联网快速普及带动了人工智能技术商业化需求的猛增。科技企业坐拥海量数据和充沛资金，如何将技术成果产业化并应用到各行各业成为亟待解决的难题。商汤科技本次融资，除继续深化人工智能基础技术研发外，主要用于加大产品投入，扩充产品线，包括与原始设备制造商深化无人驾驶项目合作，加强计算机视觉技术在智慧医疗领域的应用。

第四十八章　工业互联网平台成为决定制造企业竞争力的关键

一、事件回顾

当前，全球工业互联网正在加速发展，工业互联网平台作为构建工业互联网生态的核心载体，成为推动制造业与互联网融合的重要抓手。自两年前，GE 公司率先推出首个面向工业数据和分析的云平台 Predix。2017 年汉诺威工业展，西门子公司的云平台 MindSphere 作为其最核心内容展出。同年，瑞士 ABB 公司推出 ABB Ability，集成了公司从设备到边缘计算到云服务的跨行业、一体化的数字化能力，施耐德电气同样推出了 EcoStruxure 平台。在国内，三一重工、海尔、中国航天科工等公司也开始打造自己的平台，推出了树根互联、COSMOPlat、航天云网等工业互联网平台产品。上述工业互联网平台中最具影响力的是 GE 在 2015 年推出的 Predix。

随着制造业智能化不断推进，制造业对承载设备泛在联系、海量数据集聚管理、深度智能应用的通用 PaaS 平台的需求越来越大，而 Predix 正是现阶段为工业数字化提供 PaaS 服务的典型代表，其发展经历了从资产管理平台向综合工业平台转型、由 IT 向 OT 延伸的过程。最初，Predix 作为企业内部的资产管理平台，负责链接、监控、优化 GE 数以百万计的数据资产。随后，GE 将 Predix 升级为面向全球服务的工业互联网平台，具体表现在：扩充了连接设备，允许连接各种机器、传感器、控制系统等非 GE 资产；完善了工业服务，同时提供云服务和边缘计算服务；扩展了开发功能，允许第三方进行资产建模和应用程序开发。之后，Predix 借助美国强大的互联网优势，通过与 IT 厂商的合作向工业领域逐步推进。与思科合作推出了经过强化处理、适用于油气行业的工业路由器，与软银、Verizon 和沃达丰组成联盟，为工业互联网提供经过优化的无线网络连接方案。

便捷高效的移动体验是工业互联网发展的趋势之一。基于这种判断，GE于 2017 年 10 月宣布与苹果合作，将业务从 PC 和 HMI（人机交互界面）向移动终端扩展。双方将共同为 iOS 平台推出一套 Predix 软件开发工具包（SDK），推动移动端的工业互联网应用开发。同时，工业互联网发展的另一个趋势是边缘计算。据 Gartner 预测，到 2022 年全部企业数据中约 75% 是在数据中心和云之外生成和处理的。基于这种判断，Predix 推出了重要的更新功能 Predix Edge（边缘功能），可以在网络边缘端进行数据收集、分析、事件响应，利用边缘计算优化性能以提供更为精确的洞察。

随着工业互联网平台的不断涌现，平台之间"差异化竞争"的特征越来越明显。GE 也适时调整业务战略，于 2017 年 8 月宣布将 Predix 的业务范围由全行业覆盖向优势行业集中，主要强调能源、航空和油气等业务领域，减少对生产制造等其他领域的投入。众所周知，GE 的主要业务是生产高端装备，例如风力发电机、飞机发动机、燃气轮机、机车等大型工业产品，其在离散制造行业既有庞大的设备装机量，也有深厚的工业知识积淀。这次战略调整，使 Predix 更加紧密围绕着离散制造行业里的高端装备的设计、生产和运维，提供以设备运行监测和工业设备数据分析为主线的一系列能力。

二、事件评析

现阶段，我国制造业龙头企业正积极探索工业互联网平台的技术、管理、商业模式，建设了航天云网、根云平台、COSMOPlat 等平台。但也要看到，我国工业产业基础较弱，尤其需要重点关注以下几个方面。

工业系统建设落后，数据汇聚难度大。一是制造业数字化、网络化程度低。以工控系统普及率为例，截至 2016 年底，SCADA、CAM、MES 等工控系统普及率仅在 15% 左右，数据采集难度较大。二是高端装备和关键核心技术对外依赖度高。例如，工控系统及设备主要来自西门子、施耐德、罗克韦尔等国外厂家，其中，只有约 1/3 的企业进行了自主研发设计。众所周知，各大工控系统制造商主导封闭协议，其中传输的生产数据具有复杂性和多样性的特点，因此，大量生产数据被留存在各个独立的工业系统中，设备通信和数据汇聚难度很大。

工业知识体系不健全，应用创新能力弱。一是工业基础知识缺失。我国工业知识体系建设起步晚，工业基础和工业 know‒how 方面落后，尤其制造技术、知识和经验积淀不够，还不具备将核心经验知识封装为模块的标准组件的能力。二是工业数据分析能力落后。其中，提供的分析服务主要是描述性分析，较少涉及预测性分析和规范性分析，边缘计算分析也处于起步阶段，这极大地影响了工业应用的创新能力。

工业云应用平台缺失，核心支撑能力受限。目前，几乎所有的主流工业互联网平台，如 GE 的 Predix、西门子的 MindSphere、施耐德的 EcoStruxure 都构建在 Cloud Foundry 上，Cloud Foundry 实际已成为工业云应用的标准开发框架。反观我国，PaaS 的发展明显落后，对工业互联网平台建设的支撑能力不足。一是缺乏面向工业应用的 PaaS 平台。阿里、腾讯等云平台运营商提供的 PaaS 平台主要面向 IT 领域，难以满足工业应用对可扩展性、安全性、合规性的要求。二是缺乏具备行业主导力的工业云平台。我国工业 PaaS 还在探索阶段，还没有类似 Cloud Foundry 这样具有强大行业影响力的开源 PaaS 平台。

通过跟踪分析 Predix 商业模式的演进历程及其技术架构，对于我国工业互联网平台的下一步发展具有重要借鉴意义，提出以下三点建议。

一是强模式变革，借助互联网优势从 IT 向 OT 延伸。综合考虑我国工业发展现状，工业互联网平台的建设可以分两步走。第一步，参考 Predix 的商业模式，从 IT 向 OT 延伸。以互联网为基础，实现产品层面的互联，重点进行产品的使用状态和运行数据采集分析，进而指导产品的生产和销售。第二步，随着工业数字化程度的提高，实现对工业生产过程的数据采集和分析，进而对智能工业的过程进行控制和优化，建设兼具运行监测和工业数据分析的综合性平台。同时，加强同国内外电信运营商的合作，优化网络连接能力，强化通信方式的多样性，支撑工业互联网平台的发展。

二是补自主短板，强化产业基础。我国工业互联网平台的建设总体还处于商业化前期的探索阶段，应重点强化产业基础。一是完善工业知识体系。强化工业知识、经验积累，推动核心知识经验软件化、平台化能力，实现工业知识的复用和推广；另外，从工业互联网平台普遍支持的第三方功能开发入手，强化描述性分析，推动预测性分析，研究规范性分析，提早布局边缘计算分析。二是夯实核心支撑能力。引导阿里、腾讯、华为等主流 IaaS 平台提供商与航天科工、三一重工、海尔集团等领先的工业企业合作，研发 PaaS 平台底层技术和核心架构，探索满足安全性、合规性的工业数据传输解决方案，建设面向工业领域的开源 PaaS 平台。三是逐步推进工业自主化发展。发展自主工业技术体系，建设自主的工业生产环境，从根本上强化我国工业发展的产业基础。

三是延应用创新，抓住机遇培育工业 APP。工业互联网平台的上层是 APP 层，我国正在实施百万工业 APP 培育工程，这为壮大工业互联网平台提供了发展机遇，应调动多方主体积极性，借助 APP 开发构建工业互联网生态。一是发挥龙头企业带头作用，聚集生态资源。鼓励信息化水平高的制造业龙头企业自主开发工业 APP，以此作为平台生态发展的初始性驱动，聚集用户和数据资源。二是发展应用开发伙伴，扩大平台生态圈。鼓励平台开放共享算法工具、开发工具等共性组件，引导第三方开发者开发面向重点行业的新型工业 APP。三是构建开源的开发者社区，形成创新生态。打造完整开发环境及社区，吸引并鼓励开发者进行应用开发及技术经验交流共享。

第四十九章　我国 AI 核心深度学习框架的 "双缺" 问题凸显

一、事件回顾

自 Hinton 在 *Science* 提出著名的深度学习框架，引爆了新一轮人工智能的热潮。十年间，无论是国际科技巨头，还是权威研究机构，都致力于深度学习框架的研发应用，带来了视觉、语音等领域革命性的进步，极大地推动了人工智能的创新发展。事实上，随着人工智能时代的来临，深度学习框架已然被视为核心突破口和科技前沿阵地，依托深度学习框架构建人工智能生态也必将成为未来发展方向。我国在对核心技术的预见性和探索方面与发达国家存在明显差距。尤其是，深度学习框架的 "双缺" 问题日益凸显，即国际战略缺位、核心技术缺失。

二、事件评析

面对上述形势，我国应深入思考深度学习框架的 "双缺" 问题，采用积极有效的措施予以应对，推动深度学习框架深入发展。

第一，我国深度学习框架研究领域在国际战略缺位，依赖国外开源框架。我国人工智能产业蓬勃发展，在特定领域甚至已处于世界先进水平。但也可以看到，我国在人工智能核心环节即深度学习框架领域国际发声较少、战略缺位明显，特别是开发、开源方面仍远落后于欧美发达国家。例如，2017 年 GitHub 中最受欢迎的开源框架 TensorFlow、Caffe、Caffe2、CNTK、MXNet、Torch、DL4J 和 Theano 均由美国科技公司或科研团队开发。其他具有国际影响力的框架还包括瑞士的超级深度神经网络框架 Brainstorm、日本的动态计算图神经网络框架 Chainer 等等。反观我国，比较知名的深度学习框架仅有百度于 2016 年 8 月开源的 Paddle，由于缺乏资源支持和正面反馈，在国际开源社区的活跃度一般，造成国际影响力十分有限。我国在深度学习框架的国际战略缺位还表现在严重依赖国外开源框架，阿里的分布式深度学习框架 Pluto 是在 Caffe 的基础上扩展而来，小米的深度学习平台 Cloud – ML 则是基于 TensorFlow 和 Kubernetes 等框架开发而来。

第二，我国深度学习框架核心技术缺失，核心生态圈未建立。人工智能是前沿尖端的研究领域，其技术突破对产业发展的作用非常突出。经多年积累，我国在若干技术领域已实现重要突破。但同时，深度学习框架方面，我国一直处于跟随阶段，创新引领能力十分有限，核心技术缺失表现得愈发凸显。具体来看：一是基础研究无法支撑深度学习框架核心技术的研发，特别是对于神经网络模型可用性、稳定性、运行效率等基础问题探索不足；二是缺乏对深度学习框架的超前设计和开发，包括跨平台移植、分布式学习、模型模块化等核心部件的研究滞后；三是尚未开发适用特定场景的深度学习框架和服务型产品，缺乏对其应用场景的探索。更为重要的是，深度学习框架作为决定人工智能技术、产业、应用的核心环节，是人工智能核心生态圈建立的基础和关键。深度学习框架核心技术的缺失，直接影响到生态圈关联的深度学习芯片、深度学习系统、深度学习软硬件平台等产业发展，可能造成巨大的生态圈红利损失，甚至阻碍我国人工智能的跨越发展。

推动我国深度学习框架发展的建议主要有如下几点：

第一，整体布局，抢占战略制高点。深度学习框架作为承载人工智能各种硬件设备和软件应用运行的基础平台，是人工智能生态中替代难度最大、系统要求最高的部分。全球各国政府、科技界和产业界清楚认识到深度学习框架的重要性，加快技术创新和战略布局。我国应加紧整体布局，抢占深度学习框架领域的战略制高点。一是制定《深度学习框架发展指南》，确定发展方向和重点任务，明确深度学习框架研究和应用推广的时间表和路线图；二是建立以研发深度学习框架为核心任务的人工智能创新中心，统筹协调大型科技公司和科研机构，推动深度学习框架关键技术研发和成果产业化；三是设立深度学习框架研究重大科技项目，支持研发并开源一批有国际影响力的深度学习框架；四是统筹政府和市场多渠道资金投入，对深度学习框架研发提供优先支持，引导社会资本关注深度学习框架方向的创业企业和创业项目。

第二，自主创新，推动核心技术攻关。人工智能作为前沿尖端的研究领域，技术创新是其最典型的特征。解决我国深度学习框架核心技术缺失、依赖国外框架的问题，必须积极推动自主创新，推出由我国主导的深度学习框架。一是以深度学习算法框架协同攻关为基础，形成芯片、平台、应用协同的集成创新平台，加快深度学习算法框架的核心技术发展和应用创新，夯实技术基础。二是支持科研团队开发用于科研、教学和测试的深度学习框架，特别针对神经网络模型稳定性、运行效率、可用性等方面进行重点研究，强化高性能深度学习框架的基础支撑能力。三是支持大型科技公司开发商业级和工业级的深度学习框架，重点突破深度学习框架跨平台移植、跨系统运行、分布式学习等核心技术，利用所拥有的海量数据对神经网络模型进行训练，形成开放式、模块化、可重构的训练模型。四是支持科技创业企业对框架语言、接口、性能等应用问题进行研究，开发针对特定领域的专用深度学习框架。

第三，研用结合，壮大产业实力。人工智能的关键技术存在应用转换的环节，高转化水平能够带动关键技术的集成应用。针对深度学习框架，我国应统筹利用在理论研究方面的优势积累，推动研用结合，壮大以深度学习框架为核心的人工智能产业实力。一是引导科研机构与产业界积极合作，借鉴国际先进科研机构开发深度学习框架研发的成功经验，坚持理论研究与应用模式结合，研发先进的、高可用性的深度学习框架。二是鼓励科研资源开放共享，为科研人员提供平台设施、数据资源和计算资源，用以训练和改进深度学习框架。三是建立政产学研用相结合的创新型组织，联合涉及芯片、软件、硬件、互联网等行业的企业及科研机构，打造研用结合、广泛参与、合作共赢的生态系统，壮大产业整体实力。四是鼓励企业积极探索深度学习框架应用场景，创新在制造业、金融、医疗、农业、安全等行业的应用，在应用中加速技术的迭代创新。

第四，开放开源，营造创新环境。开源开放是深度学习框架快速发展的重要推动力，也是其为人工智能发挥创新价值的基础。我国应遵循开源开放原则，营造创新良好的深度学习框架发展环境。一是引导参照国际中立的联盟和基金会的运作模式，整合国内科技界、产业界的研发力量，联合建设国家主导的开源社区。二是组织制定开源社区发展指南，制定社区技术和数据共享规范，指导企业、高校和开发者积极参与开源社区的管理、建设和维护。三是建立以深度学习框架研发为核心，深度学习芯片、深度学习系统、深度学习软硬件平台研发布局为支撑的科技创新体系，促进创新主体互动，协同推进发展，完善人工智能核心生态圈。

第五十章　API 经济对我国制造业数字化变革产生巨大影响

一、事件回顾

2017 年，API 已成为云计算市场增长最快的领域，众多企业通过 API 的形式对外提供服务和数据，让物联网 IoT、大数据、移动应用领域有了更大的可创造空间。工信部数据显示，预计到 2020 年中国物联网整体规模将超 1.8 万亿元，API 是实现万物互通，形成新价值网络的"技术胶水"。数据营销机构 Chinapex 预测，到 2018 年，API 经济将成为一个 2.2 万亿美元的全球市场。API 经济是伴随工业 4.0 等一系列信息化变革产生的一种崭新的经济现象，它可最大限度提高企业各业务流程与参与对象间的协同效率，有效提升企业竞争力，助推企业数字化变革。我国正加快实施制造强国、网络强国发展战略，以制造业与新一代 IT 融合发展，培育新兴产业，促进传统制造业转型升级。

二、事件评析

API 经济是企业业务创新和增长的催化剂，主要体现在 API 技术应用催生了 API 经济、API 经济是国际企业抢占市场的重要战略部署、API 技术在我国行业领域的应用逐渐形成三个方面：

API 技术应用催生 API 经济。API 技术通过预先设定好的一套规则和函数，应用者在不需了解系统内部运行原理的前提下，直接调用相关应用的功能实现。在 API 经济中，API 技术是服务、应用和系统的数字纽带，是驱动企业数字变革的主要力量。企业利用 API 技术，一方面可在业务逻辑和数据基础上，实现不同系统的连接和整合；另一方面可开放变现企业数据资源，实现纵向与横向产业链环节的业务布局，加速同行及跨行业间的资源协作与整合，从而获取更大的经济效益。

API 经济是国际企业抢占市场的重要战略部署。API 技术的开发与应用，最早为国际企业巨头创造了巨大的经济效益。未来两年，全球开展 API 项目的企业数量有望增长 150%，API 技术对各行业领域的助推应用将更加广泛。

API 技术在我国行业领域的应用逐渐成形。我国各行业领域对 API 技术的应用处于迅速发展阶段，主要体现在社交、电商、航空等领域的平台型企业应用。然而，受整体信息化建设水平的影响，目前，我国 API 经济仍未形成一定的市场规模。

API 经济加速了我国制造业数字化变革。资源开放是我国制造业数字化变革的核心环节。新一代信息技术的广泛应用推动全球各行业转型升级，以客户需求为核心的"制造 + 服务"转变是我国制造业数字化变革的大势所趋。"互联网 +"时代，制造业企业的服务提供能力依赖于其生产设备、工艺技术、过程管理等制造资源的软件化及开放程度。通过构建资源共享与服务平台，以服务最大化实现制造资源价值，提升企业内外、产业链条甚至跨行业间的协同制造能力，是我国实施制造强国战略的关键环节。

API 技术有助于充分释放制造资源服务能力。制造业企业应用 API 技术封装其核心资本、产品和知识，全面开放制造能力和资源，有助于提升企业对外业务的数字化和社交化能力，使企业参与除生产制造以外的业务流程，如网络销售、定制化采集、订单汇聚等前端流程，以及供应链、物流管理等后端流程，从而最大化产品竞争力、业务效率及企业营收。此外，API 技术的模块化调用为激发行业创新提供基础，有助于加速制造业与信息技术服务业的融合创新，以"创新驱动"培育制造业新业务、新模式。API 技术应用将有助于构建上下游良性互动、协作发展的制造业生态体系，以 API 经济模式实现制造业的数字化转型升级。

应从如下几个方面推动 API 经济的进一步发展。一是加强 API 关键技术研发，提升制造业 API 应用能力，发挥大型制造企业的引领作用，支持大企业研发 API 产品，以服务模式带动中小企业的 API 技术应用能力，构建协同发展的制造业 API 经济发展环境。二是促进工业技术软件化，建立 API 应用资源和服务平台，加快制造业企业与信息技术服务企业的高效协同，实现生产设备、工业产品、流程管理的互联互通，着力提升工业技术软件化能力，为发展制造业 API 经济奠定数字资源基础。三是支持制造业企业、软件与信息技术服务企业及行业标准组织跨界融合，加快制定制造业 API 应用系统接口、数据格式等关键急需标准体系。四是鼓励互联网企业与行业基金会合作，打造 API 开放平台，开发 API 安全管理工具，并鼓励建立 API 门户管理机制，实现访问权限、访问内容控制，加强后端集成、移动优化、云协调以及开发人员管理等高级功能实现，构建 API 经济可持续发展生态体系。

第五十一章　SaaS 快速增长为软件产业创新发展带来新空间

一、事件回顾

2017 年 10 月，Gartner 发布公有云调查报告，提出当年全球的公有云服务市场呈上升趋势。截至 2017 年底，预计公有云的营收将会达到 2662 亿美元，与 2016 年相比增长了 18.5%。报告指出，公有云市场的增长主要得益于软件即服务（SaaS）和基础设施即服务（IaaS）的增长。2016 年全球 SaaS 收入远超预期，达到 482 亿美元。2017 年其增长仍比预测的要快，导致整个公有云收入的预期大幅提升，预计将比 2016 年增长 21%，达到 586 亿美元。这种快速的增长是由于 SaaS 服务提供商将更多的软件产品以 SaaS 的形式提供。这些云服务解决方案是专为特定目的而设计，通常可以提供比传统软件更好的业务服务模式。

与 2016 年相比，2017 年 SaaS 市场有更多的并购发生，SaaS 市场风起云涌。例如，7 月 21 日，天马股份以 12 亿元收购微盟 60.4223% 股份，以及博易智软 56.3401% 股份，交易对价分别为 11.9972 亿元和 3.3804 亿元。对于收购公司而言，微盟是天马股份收购的第一家互联网服务企业，也是天马股份转型之路上新的支撑力量，微盟的加入对于天马股份此次转型起到了不可忽略的助推作用。同类型收购案例还有 1 月 9 日通用电气宣布 9.15 亿美元收购了基于云现场服务管理软件制造商 ServiceMax，本次收购并非传统软件公司 SaaS 收购，通用电气早就有进驻电子领域的迹象，因此一向重视为工业公司提供电子化服务，这将是进军电子领域的敲门砖。同时，事件背后还向业界证明了 SaaS 和电子产业对于企业未来发展的重大影响，反映了云计算对于企业转型更新的重要性。2017 年规模最大的收并购案件是博通与高通之间的争斗之战，高通发表声明表示拒绝博通 1300 亿美元的收购。处于 5G 转型落地的重要发展阶段，博通与高通这一惊动业界的芯片并购案对于未来产业格局、科技反垄断等问题都产生了巨大的影响。

二、事件评析

当前，随着基础设施的完善和市场教育的基本完成，云计算深刻改变了包括互联网、软件、硬件企业等的运营模式，使得更多的应用能够以互联网服务的方式交付和运行。这直接推动传统软件企业加快产业服务化转型的步伐，全球 SaaS 服务落地明显加快。国际软件巨头微软、甲骨文、SAP 相继从内部部署、基于许可的软件向云端订阅形式转变，其业务已进入高速增长阶段。2016 年第二季度，微软占全球 SaaS 收入 15% 的份额，超过云服务公司 Salesforce 14% 的市场份额，成为全球最大的 SaaS 厂商，也是消费者 SaaS 市场增长最快的提供商。企业级软件厂商甲骨文自 2010 年全面向云计算模式转型，2017 年财年实现云业务收入达到 48 亿美元，2018 财年第一财季云业务总收入上升 51% 至 15 亿美元，跻身全球云计算领导厂商之列。

国内 SaaS 行业持续升温，移动端兴起和云技术成熟为 SaaS 服务发展奠定了技术基础，互联网的普及使得企业客户对外数据连接和交互的需求提升。当前，国内传统软件企业向云服务转型的进度不及预期，主要是由于转型过程中需要面临组织架构、新老业务的利益等多层面的冲突。但是，传统软件企业拥有庞大的客户群和成熟的软件产品线，在解决能力、对客户需求的把握等多个方面仍占据优势，具备在 SaaS 市场进一步成长的空间。管理型产品方面，已经形成客户优势的企业开始向平台化升级。如用友网络的 SaaS 服务正逐步由轻型增量应用向重型存量软件应用服务延伸，加快推进面向大中型企业与组织的私有云应用平台 UAP 和面向中小企业的公有云平台 CSP 两个平台建设。行业型产品方面，企业在满足客户更为多元化的信息系统需求的同时帮助下游客户打通产业链。石基信息在酒店、零售等领域具备绝对的客户优势，其云 PMS、云 POS 的市场覆盖率不断提升，在相关领域的数据运营探索也在逐步落地；广联达基于在建筑软件领域的核心优势推动产品向云模式的转型，加速原有产品向云模式转型的同时，持续开发细分领域基于云服务的新产品。

未来一段时间，以 SaaS 为主要形态的软件服务化将成为产业发展的主旋律，也必将伴随云计算的应用深化不断成长壮大。为加快我国 SaaS 云服务转型，应从战略研究和市场培育两方面着手。一方面，加强 SaaS 云服务转型战略研究。审视 SaaS 云服务发展趋势，研究和评估 SaaS 模式快速发展对本土传统软件企业和产业带来的影响；借鉴国际经验推动云计算转型从"小处着眼"，鼓励和引导企业应以最易获得认可和成功的优势业务领域为突破点，积累用户和经验，建立市场影响力和竞争优势，以点带面逐步扩展到其他业务领域。另一方面，推动 SaaS 云服务市场形成和扩大。增强 SaaS 云服务提供能力，引导企业将产品和技术实力提升作为发展动力，满足国内市场对 SaaS 云服务不断增长的需求；完善政府采购，发挥政府对推动产业发展方面的市场导向作用，建立和完善政府采购 SaaS 服务的标准体系和采购机制；加强示范应用，推动 SaaS 云服务在金融、医疗、电力等传统领域的应用，重视用户体验及产品交互设计，打造最佳解决方案进行应用推广。

第五十二章　区块链行业案例日盛，创新应用大有可为

一、事件回顾

2017 年，第一个区块链系统——比特币的收益率超过了 1300%。在这一年，区块链技术变得难以忽视，更多企业对它产生了兴趣。同时，纽约证券交易所向 SEC 提交了两个比特币 ETF 的上市申请，CBOE 成为第一个推出比特币期货市场的机构投资者，CME 集团也在一周后实现了类似的进展。但是，想要参与区块链游戏的不仅仅是这些大型交易所，许多行业都有兴趣使用区块链技术来使自己的业务更经济高效。在 2017 年围绕着区块链技术所产生的关注与兴趣越来越浓厚，美国商品期货委员会（CFTC）甚至发布了一份虚拟货币入门指南，而这也标志着，政府、传统金融机构与更多的跨行业组织开始试图引入区块链技术，通过区块链系统来优化日常的运营。

二、事件评析

区块链作为一种新兴的基础性、前沿性技术，其价值体现离不开行业创新应用。当前区块链技术应用仍主要集中在金融领域，应用场景包括跨境支付与汇款、资产管理、供应链金融等。而在医疗健康、政务、能源、民生、物流、教育、农畜等非金融领域，也逐渐形成了一批区块链应用产品、平台与解决方案。整体来看，我国区块链行业应用正处于初步发展阶段，具有范围广、潜力大等显著特点。

区块链在金融领域的应用场景复杂多样。金融行业是应用区块链最早也是需求最大的领域。由于金融体系中存在银行、结算中心等大量中介机构，极大降低了金融系统的运转效率。区块链技术为金融体系的去中心化可提供

有效解决方案，典型应用场景包括跨境支付与汇款、资产管理、供应链金融等。比特币为代表的数字货币的成功发行证实了区块链技术可有效取代传统金融底层协议系统，基于区块链技术的数字货币交易为解决跨境支付、跨境汇款问题提供有效途径。该领域应用案例为"OKLink 小额跨境汇款网络"、"usender（bankchain 汇款技术）"等。

区块链在非金融领域的行业应用逐渐展开。医疗健康是金融领域以外区块链应用的第二大领域。以个人医疗健康为例，由于电子病例、行为习惯等医疗数据的敏感性，数据拥有者不愿主动开放共享数据。区块链技术的非对称加密算法可将个人敏感数据进行脱敏处理，它能够在保护个人隐私的前提下提供分布式健康数据存储方案，该存储机制下的患者病例有助于慢性病等的研究与分析，从而通过医疗数据资源的流通与整合推动健康管理和预防医学发展。该领域应用为禅城区"互联网＋医疗平台"，在保障医疗数据安全下实现账户安全的主动管控。政务领域，基于区块链技术的不可篡改、可信任等特点，针对政府各职能部门、政府面向民众、公安司局等不同业务职能，分别构建基于区块链技术的政府数据存储及监管平台，保障各职能部门之间数据的共享、开放与安全，实现政府权力的运行监督、绩效考核和风险防范。该领域应用为"禅城区基于区块链技术的数字身份认证平台"。能源领域，区块链技术应用于能源系统数据记录和过程管理中，可有效减少能源浪费，规范数据管理和操作，从而优化整体能源体系经济产出能力。该领域应用为华润电力（贺州）区块链技术在燃料全价值寻优系统中的应用、武汉华宇建筑新技术开发有限公司基于区块链和 BIM 的低碳绿色智能光伏幕墙设计。民生领域，区块链技术应用于民生重要数据的记录、公证和服务，可保证数据的真实可靠和无法篡改，有助于提升社会公信力。该领域应用为北京阿博茨科技城市"智能停车联盟链"、广州市数链科技"物业管理信息区块链公示平台"等。物流领域，针对物流领域环节长、角色多、流程复杂等行业痛点，基于区块链技术的共识机制和分布式存储机制，通过将所有物流参与者的数据连接并记录到物流区块链网络中，有效解决因物流参与方的信任未知和物流信息离散而产生的物流纠纷问题，保证物流的安全性和可靠性，并有助于提高物流车辆匹配效率，降低物流成本。该领域应用为乌鲁木齐易讯联信息科技阿拉山口分公司"大贸通进口大宗物资交易平台"。

除上述区块链行业应用以外，在教育、农畜、烟草等其他行业，也已出现了相关区块链产品及应用。随着我国对区块链技术的关注度愈加提升，各地方企业及研究机构对区块链技术应用的研究热度持续升温，区块链技术在各行业领域的应用空间有望进一步拓展，其重构社会价值信用体系的表现也将愈加显现。

第五十三章　数据安全事件频发，强化数据安全防护迫在眉睫

一、事件回顾

2017 年，从顺丰菜鸟"数据断交"到腾讯华为"数据争端"，数据争议事件频发。2017 年 6 月，菜鸟指责顺丰宣布关闭对菜鸟的数据接口，随后，顺丰曝出猛料称是菜鸟率先发难封杀丰巢，最终目的是为了让顺丰由使用腾讯云切换到阿里云。2017 年 8 月，华为荣耀手机 Magic 采用全新的人工智能概念，通过收集手机用户微信的天气、位置、时间、活动等信息，来提供餐饮、娱乐等智能服务。腾讯认为，这种行为不仅违规收集了腾讯的数据，并且侵犯了微信用户的隐私。华为则认为，所采集的数据仅仅归用户所有，而非属于微信或荣耀 Magic，华为经过用户授权才收集、处理数据，且荣耀 Magic 智能手机也已通过检测，其行为不存在问题。以顺丰和菜鸟、华为和腾讯为代表的用户数据之争，已为用户数据争夺战拉开了序幕，未来企业间的数据争夺恐将愈演愈烈。

二、事件评析

在互联网 + 时代产业融合的战略背景下，产业间竞争日益加剧。互联网 + 时代，各种产业不断融合，原本处于不同产业及利益链条的企业之间出现业务交叉，产业间竞争日益加剧，因此，顺丰与菜鸟之争、腾讯与华为之争、京东与天天快递之争、苹果与腾讯之争等事件并非偶然发生。

在人工智能时代已至的全新背景下，数据将成为企业谋划市场布局的核心要素。2017 年 7 月，国务院印发《新一代人工智能发展规划》，人工智能进入国家驱动时代，智能化产业迎来重大发展机遇期。数据资源作为推动人

工智能发展的燃料，是人工智能发展的基石。对企业而言，控制数据就意味着抢占了未来的人工智能市场先机，企业势必围绕数据展开新一轮激烈竞争，数据所有权、控制权及使用权之争将成为常态。

在互联网巨头已形成生态闭环的现实背景下，企业生态之争愈演愈烈。早年涉足通信、物流等领域的企业已建立起数据享有、控制、使用的先天优势，近年来，各大龙头企业依靠其市场支配地位，逐渐形成各自的闭合生态圈，进一步巩固市场优势地位，包揽行业红利。华为腾讯"数据之争"实为"生态之争"，华为以获取微信用户数据为由，目的是为了打开腾讯即时通信生态闭环，分享腾讯的巨额数据红利。

在大数据产业蓬勃发展的长远背景下，大数据相关立法面临着滞后窘境。大数据产业高速发展，数据的财产属性凸显，商品化特征日趋显著，数据采集、使用、交易、流转等活动日益增多，然而，数据交易、数据权属等问题却缺乏明确的法律规定，难以定纷止争，各种企业数据之争处于法律规定的"灰色地带"。同时，"可识别性"个人数据的范围不断扩大，数据分类趋于模糊，企业对个人信息的采集、利用出现各种复杂多变的新形式，在企业数据之争背后，个人信息安全、隐私正遭受严重的潜在威胁。

菜鸟与顺丰、华为与腾讯的数据之争，深刻暴露出我国数据权属法律依据不明确、数据交易市场法治化程度不高、个人信息安全及隐私的法律保护不完善的三方面问题。

第一，深刻暴露出我国数据权属，尤其是未脱敏数据权属界定不明晰的问题。以华为与腾讯事件为例，双方核心争议点在于，华为获取的用户"知情同意"授权，能否对抗腾讯享有的"数据控制权"。从现行法律来看，我国缺乏关于数据权属问题的明确规定。在互联网相关法律法规方面，我国《电信和互联网用户个人信息保护规定》和《网络安全法》仅从保护个人信息安全角度规定了电信、互联网运营商收集、使用个人信息应当经被收集者同意，并未对企业间或者用户与双方企业间的数据分享、使用、收益等权利进行规定。在民法和知识产权法方面，数据权属无法完全参照物权予以界定，数据信息的基本特征亦不符合知识产权法保护路径。在不正当竞争法方面，法院虽在"新浪微博诉脉脉"案中对互联网企业在获取、使用用户信息的商业行为予以规范和界定，却未涉及数据权属这一本质问题。

第二，数字交易市场法治化程度不高。一方面，数据交易流动相应法律规则的缺失和不完善，导致企业在面临数据争议时，很有可能采取不规范的市场行为来获取、利用数据，忽视竞争底线，对社会公共利益造成损害。例如，菜鸟与顺丰采用关闭数据端口的方式不仅对企业声誉造成不利影响，更对企业用户造成很大损失，影响正常的市场秩序。另一方面，大数据领域市场监管体系不完善，体现在对大数据相关市场争议纠纷缺乏事先防范，以及市场监管机构缺位。近来的企业数据之争本质上属于市场竞争行为，从长远看，数据行业及其市场的规范化，有赖于政府部门、社会组织建立起科学、合法、有效的市场监管体系。尤其是当大数据打通产业全链路，形成以数据为基础的新型商业竞争模式，传统的市场监管体系如何完善，数据交易监管体系如何设立，成为急需解决的问题。

第三，个人信息安全及隐私的法律保护不完善。"知情同意"架构法律适用存在困难，企业与个人约定的隐私条款过于宽泛、复杂，多数用户对自身数据被采集和利用的情况并不完全了解，"知情同意"在多数场合成为企业获取、利用个人信息的形式依据，而其保护个人信息的实质内涵和基本出发点则被企业所忽视。我国个人信息保护的法律体系仍存在规范层级低、立法碎片化等问题，依靠传统法律体系、分散性法律制度对个人信息保护进行规范，不仅带来法律适用的不确定性，也对公民权利意识、司法救济及政府部门自身规范造成不利影响。

建议推进数据权属相关法律法规制定和完善，促进有关数据权属的法律研究，推动大数据相关立法进程，确立数据相关的法律权利和义务，建立统一的数据交易规则。建立统一规范的数据交易机制，依法构建数据资源交易机制和定价机制，加强对数据交易服务机构的监管，形成数据交易机构规范化运行机制，加速建立和完善数据交易的技术标准及安全标准体系，积极参与大数据国际化标准的制定。建立大数据行业监管体系，明确政府监管部门对大数据行业的相关职能及执法权限，制定细化部门规章及执行细则，针对大数据行业运行特点、竞争新样态依法建立科学、合理的大数据行业监管机制，促进大数据行业公平有序竞争。推进个人信息保护法制定，推动个人信息保护的专门立法，强化对个人信息的行政保护，统筹各行业对个人信息的全面保护，进一步完善现行法律法规中对个人信息保护的相应规定及条款。

建立交易隐私与信息安全评估机制，对交易的数据集进行专门的安全风险评估，涉及隐私与信息安全问题的，要求交易方履行充分的匿名化义务，向公众公开匿名化数据集所包含的数据要素，隐私与信息安全风险较高的，应限制交易的对象，并通过合同机制对购买方提出限制性要求等。

展望篇

第五十四章　主要研究机构预测性观点综述

一、Gartner 的预测

（一）针对 IT 企业及消费者的十大预测

2017 年 10 月，Gartner 在美国佛罗里达州奥兰多市举行的 Gartner Sympo-sium/ITxpo 研讨会上，发布 2018 年暨未来的十大预测。Gartner 十大预测可让企业跳脱单纯的科技建置概念，转而专注于在数字世界中人类应如何突显价值的重要议题。

预测 1：至 2021 年，率先采用图像及语音搜寻的品牌网站，其电子商务的营收将成长 30%。

Gartner 发现，语音搜索是增长最快的移动搜索类型，语音和视觉搜索将加速手机浏览器和手机应用的发展。2021 年消费者对于语音搜寻装置的需求预计将达 35 亿美元。消费者将逐渐适应这类搜寻方法，而率先采用图像及语音搜寻的品牌与网站就能受益，并将直接反映在客户转换率、营收成长率、新客户数量、市占率，以及客户满意度上。

预测 2：至 2022 年，全球前七大数字巨头中，将有五家通过"自我颠覆"来开创新的领先机遇。

阿里巴巴、亚马逊、苹果、百度、脸书、Google、微软、腾讯等七大数字巨头在开拓新领域的过程中，很可能遇到由于自身影响力大而无法开创新局面的情形，必须进行自我颠覆。这样的做法虽然具有风险，但企业无所作为将面临更大危机。

预测 3：至 2020 年底，基于区块链的加密数字货币将为银行产业创造出 10 亿美元价值。

Gartner 估计，目前全球流通的数字加密货币（Cryptocurrency）总值约

1550亿美元，随着数量的增加及市场关注度提升，其价值还将不断增加。一旦银行开始将数字加密货币及数字资产视为传统金融工具，其商业价值就会体现。届时，每个产业需要重新思考以法定货币为基础的商业模式，包括产品与服务定价、会计与税务方法、支付系统、风险管理能力等方面，才能将这新的价值形态融入商业策略当中。

预测4：至2022年，发达经济体系中的大多数人"消费"的虚假信息将超过真实信息。

2017年"假新闻"已经成为全球政治与媒体的主要议题之一，而虚假或未真实呈现正确信息的数字创作内容已不再局限于新闻领域。对企业来说，需要注意虚假信息可能带来的损失。Gartner预计，在2020年前，虚假信息会造成重大财务欺诈事件。至2022年，没有一家大型互联网公司能够完全解决这一问题。3年以内，至少一个国家将通过法律法规，遏制人工智能生成的虚假信息的传播。

预测5：至2020年，基于人工智能的虚假内容创作能力，将超越人工智能探测虚假内容的能力，引发数字不信任感。

所谓的"虚假内容（Counterfeit Reality）"是指以数字方式创作的图片、影片、文件或声音，让从未发生过或从未存在的事物看似真有其事或真有其物。探测虚假内容的最佳方法是使用人工智能，它能够比人类更快地发掘到虚假内容。但近几年来使用人工智能探测虚假内容的速度，已落后于以人工智能创造虚假内容的速度。

预测6：至2021年，超过半数的企业每年在机器人或聊天机器人开发方面的支出将超越传统移动应用程序的开发支出。

用户的注意力已开始从移动APP移转到各种新式的后APP时代技术，如机器人和聊天机器人。Gartner预测，到2020年，55%的大企业将已经部署至少一款机器人或聊天机器人。由于机器人可快速自动处理一些标准化的工作，因此适当地运用机器人，例如使用聊天机器人或虚拟助理来回答一些制式问题，让企业可以调配人力做一些非程序化的工作。

预测7：至2021年，40%的IT人员须具备多项才能并身兼数职，其中大部分工作是业务相关而非技术相关。

2017年IT专业技术人员占所有IT人员的比例约为42%，但Gartner预测，到 2019 年，IT 专业技术人员的招聘将减少 5% 以上，因为数字项目需要更多具备多项才能的 IT 人员，越来越多具备多项专长的非技术 IT 经理和主管出现。

预测 8：2020 年，人工智能带来的就业机会将增长，取代 180 万个工作岗位的同时创造 230 万个工作岗位。

Gartner 预测，从现在到 2019 年，人工智能所取代的就业机会将超过其创造的数量；然而从 2020 年起，人工智能创造的就业机会将足以弥补其取代的数量。就业机会的正成长或负成长与行业相关：某些产业的整体就业机会将减少，某些产业将只有几年的正成长，某些产业（如医疗和教育）则完全不受影响。

预测 9：至 2020 年，物联网技术（IoT）将被应用在 95% 电子产品中。

物联网关键技术，例如结合智能型手机管理、云端控管以及便宜的激活模块（enabling modules）等，将允许用少许的成本监测、管理与控制目标装置。这类技术一旦实现，具备物联网技术的产品的需求将快速增加。Gartner 预测，带有智能手机激活功能、支持物联网技术的产品将在 2019 年年初问世。

预测 10：至 2022 年，半数物联网相关的资金预算，将用于错误修正、产品召回。

物联网产业化并普及以后，"无所不在的数字化"将带来非预期的风险。手机、远程系统等装置定期更新的需求将因众多因素而加倍，若无法应付这样的需求，将会导致大量召回事件。另外，在工业环境中，由于个人与环境安全，以及系统安全的众多法规要求，物联网在工业领域的快速扩张将带来系统安全上的法规挑战。

（二）2018 年十大战略科技发展趋势

作为全球领先的信息技术研究和顾问公司，Gartner 经过研究公布了将在 2018 年对大部分企业机构产生显著影响的首要战略科技发展趋势。2018 年十大战略科技发展趋势与智能数字格网息息相关。

趋势 1：人工智能基础（AI Foundation）

Gartner 预测，至少在 2020 年之前，技术提供商的主要任务还是开发能够自我学习、调整并自主行动的系统；至 2025 年，数字化进程将进一步得到推动，人工智能将在决策、重塑商业模式与生态系统、重建客户体验等方面发挥更大作用。

趋势 2：智能应用与分析（Intelligent Apps and Analytics）

在未来几年中，智能应用程序在人与系统之间构建了一个新的智能中介层，几乎每一个应用程序和服务都将包含一定程度的人工智能，工作的本质和工作场所的结构将有可能改变。

趋势 3：智能物件（Intelligent Things）

智能物件是指利用人工智能，而非使用严密的编程模型，来与周围环境或人类更自然地进行互动的实物产品。目前，自动驾驶汽车（automobile vehicles）是智能物件中成长最快速的一个领域。

趋势 4：数字孪生（Digital Twin）

数字孪生是指以数字化方式，呈现真实的实体或系统。Gartner 预测，在未来三至五年内，此项技术将在物联网方面大有前途，并可能颠覆企业的决策方式。届时，数字孪生将被用于了解物件或系统的状态、及时反映变化、对运营模式显示改进方向，从而提升企业价值。

趋势 5：从云到边缘（Cloud to the Edge）

边缘计算描述了一种计算拓扑，在这种拓扑结构中信息处理、内容收集与交付都将在此类信息的源头完成。Gartner 认为，对于拥有大量物联网元素的企业应提早着手将边缘设计模式用于基础设施架构之中。

趋势 6：会话式平台（Conversational Platforms）

在人与数字化互动方面，会话式平台将接收用户的问题或指令，通过执行某些功能、展现某些内容或询问是否更多输入信息来进行响应。会话式平台将推动下一个重大模式转变。计算机将接替人类，来进行意图的诠释。

趋势 7：沉浸式体验（Immersive Experience）

会话式界面正在改变人们掌控数字世界的方式，而虚拟、增强和混合现实（virtual, augmented and mixed reality）则在改变人们对数字世界观察和互动的方式。当前，虚拟现实和增强现实市场还处于碎片化阶段，尚不成熟。为了推动实现真正的商业化利益，各企业应该加强审视此项技术运用的真实场景。

趋势 8：区块链（Blockchain）

区块链技术与现有的集中式交易和记录机制截然不同，这项技术正在从数字货币基础架构向数字化平台转变，虽然目前有关区块链的应用大都集中于金融业和服务业，但区块链在政务、医疗、制造业、媒体、身份识别、所有权登记服务和供应链等领域也有很大的应用前景。

趋势 9：事件驱动（Event Driven）

数字化业务时刻驱动着数字企业，数字化业务可以是以数字表达的任何事物反映出明显的新状态或状态变化，比如订单完成或飞机着陆等。人们可以通过事件代理（event brokers）、物联网、云计算、区块链、内存数据管理（in-memory data management）和人工智能等技术和手段更迅速地发现事件并进行更加详细的分析。

趋势 10：持续自适应风险和信任（Continuous Adaptive Risk and Trust）

持续自适应风险和信任（CARTA）评估是一种基于风险和信任的可实现实时的决策机制，对安全赋能的数字企业实现自适应响应。为了确保数字化业务计划，在面对不断发展和演变的威胁时，领导者必须采用一种 CARTA 方法，进行实时决策。

二、IDC 的预测

2017 年 12 月 IDC 发布了一份报告"IDC：2018 年度全球制造业 10 大预测"，对全球制造业进行了调查，从云计算、移动互联网、大数据、物联网、认知计算、下一代安全、3D 打印、机器人技术、虚拟现实技术等多个维度预测 2018 年到 2021 年全球制造业状况和数字化转型。

预测 1：到 2020 年，60% 的顶级制造商将使用数字平台来加强生态建设和投资，其带来的收益占总收入的 30%。

制造商正在将数字平台作为协作和协调流程的基础，将基于云的生态系统的关键技术组件（包括员工、客户、供应商和合作伙伴）汇集起来。该平台大大简化了信息交换流程，确保高安全等级的业务交互。因此，数字平台使制造商能够更加无缝和快速地应用新功能、通过技术提升客户体验，并且支持生态系统内的创收活动。由于生态系统的影响，将会出现一些新的机会。

预测 2：到 2021 年，20% 的顶级制造商将使用嵌入式智能，利用物联网、区块链、认知技术等实现大规模的流程自动化，将执行时间缩短 25%。

大多数制造商都会通过应用程序和嵌入式智能实现自动化和快速执行。具体来说，ERP 系统将与物联网整合，支持关键数据输入，通过认知强化分析，使用区块链技术来保持数据和决策的完整性。这些智能应用整合了第三方平台，并越来越多地利用创新加速器——物联网、认知计算、下一代安全、3D 打印、机器人，甚至是 AR/VR。这些系统利用云计算和机器学习，更加广泛地分析所有类型的数据。

预测 3：到 2020 年，75% 的制造商将使用行业云计算，在这些制造商中，有三分之一通过数据盈利。

随着物联网连接产品、资产的激增，成本的降低，创造了大量的基于性能和位置的运营数据。行业云是共享和分析这些数据的渠道。此外，行业云还可以基于企业的合作机制，整合更多的数据资源。IDC 认为数据分析才能最大化运营数据的价值，在最理想的状况下，公司可以通过云数据获取利润。

预测 4：到 2019 年，由于物联网需要整合业务技术和信息技术，这将使 30% 以上的 IT 和 OT 技术人员在两个领域有直接的项目经验。

报告显示，运营设备已经变得越来越广泛，越来越互联，物联网成为连接的主要贡献者。为了利用这种连接，需要信息技术和运营技术的协作。理解业务流程的基本能力，以及处理过程生成的数据的能力，都将导致 IT 和 OT 人员在项目合作方式上发生变化。这种变化是由以下几个因素驱动的：一是应用新技术而不影响运营效率的必要性；二是大量的数据未合理使用对商业决策的影响；三是操作中的独特安全需求；四是具备更广阔的视角的人才的需求；五是员工为角色转变所做的准备。

预测 5：到 2019 年，50% 的制造商将通过云众包、虚拟现实和产品虚拟化，直接与客户和消费者进行新产品和改进产品设计的合作，使产品成功率提高 25%。

制造业的产品失败率很高，在某些情况下甚至高达 80%，很大程度上是因为制造商在创新的前端不了解客户的需求。随着云平台的发展和成熟，企业内部协同创新系统具备整合社交媒体的功能，并广泛利用仿真、数字双胞胎技术和虚拟化工具，创新产品开发方式。根据 IDC 制造业洞察 2017 年产品和服务创新调查，39%的制造商正在尝试将分析技术来提高思维能力和创新管理能力。

预测6：2020 年，从耐用消费品和电子产品开始，增强现实和移动设备将推动服务业经济转型为自由经济（gig economy），"专家聘用"可以替代20%的专职和现场客服人员。

自由经济被定义为兼职、临时和自由职业。2017 年，这种方式已经成为美国和全球拥有数字基础设施支撑的国家劳动力的重要组成部分。IDC 预测，在与数字服务平台相交叉的更快的服务需求下，制造服务相关的自由职业"专家聘用"的数量将增加。所有这一切都是由第三方平台实现的，随着个人移动设备的普及和增强现实等创新技术的实现，远程专家指导成为可能。

预测7：到 2020 年底，三分之一的制造业供应链将使用分析驱动的认知能力，使成本效率提高 10%，服务性能提高 5%。

很多较大的组织都投资供应链技术，以实现数据采集和分析功能。本质上建立认知模型的数据的主要来源是物流运营系统、仓库管理系统、来自OEM 的运输货单、经销商管理系统和销售点（POS）设备。这样收集的数据将有助于建立供应链模型，该模型以环境、季节和经济因素的形式来描述非结构化数据，能够准确地预测库存和物流需求。

预测8：到 2020 年，80%的供应链交互将发生在基于云的商业网络中，极大提高参与者的弹性，并将供应中断的影响降低三分之一。

商业网络是数字化转型的重要推动者。IDC 研究发现，在参与基于云的商业网络的运营商中，54%表示已经看到有形的成本节约。开放和灵活的云架构将是一个必不可少的工具，因为它们可以从任何源向运营商提供数据。运营商利用数据调整其供应链，以便根据订单数量和地理来源迅速重新配置供应链。

预测9：到 2020 年，25%的制造商可以实现根据需求平衡生产，并通过智能和灵活的资产实现最大程度的定制化。

制造业的最终目标是实现需求驱动的价值链，这意味着在不牺牲已经取得的基本成本优化结果的前提下，满足需求市场的变化速度。基于工具和机器技术的进步，制造商现在已经准备推出数字化执行的流程。例如，可以在不需要人为干预的执行变量的任务，如智能机器人、3D 打印机和重组能力的机器。不同行业可能以不同的方式利用技术，资产密集型产业可能会从调整生产需求和能源价格中获得经济利益。

预测 10：到 2019 年，15% 的管理数据密集型生产和供应链流程领域的制造商将利用依赖于边缘分析的云执行模型，以实现实时可见性和增强操作灵活性。

将原始数据从机器级转换为企业级信息的机会可以改变和提升车间在制造组织中的作用，并使其成为执行过程中的中心。为了实现这一目标，公司需要从多个来源收集数据，并在适当的时间提供正确的信息。但这些数据与执行相关，实时性要求很高，不容易通过云传输。而边缘分析允许制造商保留和处理它自然存的数据，同时确保这些数据被应用程序使用。

第五十五章　2018 年中国软件产业发展形势展望

2017 年，在全球经济增长乏力和产业深度转型调整背景下，我国软件和信息技术服务业增长速度仍然保持较高水平，产业发展的社会经济发展带动价值不断提升。2018 年，我国软件产业发展既面临着《深化"互联网 + 先进制造业"发展工业互联网的指导意见》等政策红利释放、大数据等新兴动能深层次拓展等发展机遇，也面临着国内经济增速持续放缓、产业加速转型调整等重大压力和挑战。整体来看，我国软件和信息技术服务业发展态势仍然向好，软件产业发展挑战与机遇并存。

一、整体产业发展形势展望

（一）产业创新发展面临新挑战

一是新的产业支持政策亟待出台。一方面，软件企业所得税优惠政策到期后亟待新税收优惠政策跟进。为促进产业发展，我国出台了《关于印发进一步鼓励软件产业和集成电路产业发展若干政策的通知》（国发〔2011〕4号）、《关于软件产品增值税政策的通知》（财税〔2011〕100 号）等国家政策和配套措施，明确"软件企业在 2017 年 12 月 31 日前自获利年度起享受企业所得税'两免三减半'、'五免五减半'优惠政策"。所得税优惠政策即将在年底到期，后续所得税等税收政策的出台备受软件企业关注。另一方面，新的产业发展形势对现有的软件政策提出更高的要求。经过近 30 年的发展，我国软件产业的技术架构、产业结构、应用价值等已经发生了翻天覆地的变化，云计算、大数据等新兴产业发展迅猛推动产业转型，这就要求在原有软件产业政策体系的基础上与时俱进进行调整，从而为新形势下产业创新发展提供有力支撑。

二是核心技术自主创新体系亟须构建。核心技术创新是产业跨越式发展的重要引擎，是构建产业竞争优势的关键环节。十九大报告强调，要突出关键共性技术、前沿引领技术、颠覆性技术创新，加强创新能力开放合作。当前，我国软件产业核心技术研发能力薄弱，自主创新体系建设有待完善。基础通用技术和产品受制于人，关键信息系统重要应用依赖国外操作系统，高端操作系统和攻防软件技术为国外垄断；自主创新和自主研发能力严重不足，在云计算、移动互联网、大数据、物联网等对传统软件产业可能产生颠覆性冲击领域的核心关键技术，主要还是处于跟随式发展阶段；开源式技术创新生态尚未形成，企业特别是传统软件企业在全球开源软件领域的贡献依然较少。

三是软件融合创新能力不均衡、不充分。十九大报告对我国软件和信息化服务业提出了融合创新发展的要求，提出要加快发展先进制造业，推动互联网、大数据、人工智能和实体经济深度融合，建设数字中国。但我国传统产业数字化转型才刚刚起步，与新兴产业融合创新的行业差异性巨大。制造业、农业、交通、金融、医疗等不同行业信息化程度存在较大差异，对数字化转型的需求各异，软件与各个行业领域的融合创新能力和水平参差不齐。此外，各地产业发展状况、创新环境和创新资源特点均不相同。同时，企业需求不同增加了融合创新的复杂度，大型龙头企业、中小型企业、技术创新型企业对融合创新发展的需求和投入差别巨大，依靠单一的解决方案难以满足复杂的企业需求，需要针对企业个性化需求的融合创新解决方案。

四是信息安全保障形势依然严峻。2017 年，"互联网＋"持续升温，互联网应用范围不断扩大的同时，信息安全面临的挑战也在升级，主要体现在三个方面：一方面互联网逐步向万物感知的泛在互联演化，网络终端愈发丰富，基于网络的安全威胁变得更加强大和复杂，大型攻击事件的次数和攻击流量不断刷新纪录。5 月，WannaCry 勒索病毒在全球爆发，加密文档并索取赎金，包括中国在内的接近 150 个国家超过 30 万台电脑受到严重攻击，攻击涉及政府、电力、电信、医疗机构等重要信息系统。另一方面，越来越多的机构和企业高度依赖互联网开展业务，信息安全漏洞数量呈现整体增加的趋势。据国家信息安全漏洞库统计，2017 年上半年新增安全漏洞 5966 个，对比往年出现爆发式增长，漏洞呈现越来越严峻的形势。此外，工业互联网的蓬勃发展给工控系统带来了新的安全威胁,金融、交通、电力等关系国计民生重要领域的安全风险持续加大。

五是新型软件人才供给能力亟待提高。近年来快速发展的智能制造、大数据、人工智能等新产业的特点对人才供给提出了更高要求,而新型软件人才供给不足正成为我国新兴产业的最大"痛点"。一是人才缺口加大,根据初步测算到 2020 年,我国新一代信息技术产业人才缺口将达到 750 万人。二是人才结构性矛盾突出,缺少既懂前沿技术又懂管理的领军型人才、既熟悉创新技术又熟悉各行业领域业务流程的复合型人才,新型人才培养和新兴产业需求不相适应。

(二) 产业转型调整步入新阶段

2017 年,在我国经济转型进入新常态、GDP 增速放缓的背景下,软件和信息技术服务业作为与国民经济联动性很强的战略性新兴产业,亦步入平稳发展时期。1—10 月累计实现软件业务收入 4.4 万亿元,同比增长 13.9%,增速较 2016 年同期回落 0.8 个百分点,增速同电子信息制造业增速基本持平;实现利润总额 5314 亿元,同比增长 13.2%,增速同比回落 5.4 个百分点,企业平均营业利润率 7%,与上年同期基本持平;实现出口 407 亿美元,同比增长 2%,增速同比回落 3.9 个百分点。

展望 2018 年,随着软件和信息技术服务业、大数据产业、"十三五"发展规划以及《深化"互联网 + 先进制造业"发展工业互联网的指导意见》《云计算发展三年行动计划(2017—2019 年)》《中国软件名城创建管理办法(试行)》等国家政策性及地方配套措施的贯彻落实,政策红利不断释放,加快推动企业创新发展。云计算、大数据产业化应用加速拓展,人工智能、虚拟现实、区块链等领域技术和产品创新持续活跃,为产业发展和新业态培育提供新动能。预计 2018 年,我国软件和信息技术服务业发展将迎来融合创新、协同发展的转型增长,继续保持平稳快速发展态势。

(三) 与制造业融合成为新主题

2017 年,随着制造强国、网络强国战略进入全面实施阶段,对软件产业与制造业融合发展提出了更高要求,工业技术软件化成为我国发展智能制造的务实选择和重要方向。共性基础平台层面,航天云网、三一重工、海尔等企业依托自身制造能力和规模优势，率先推出工业互联网平台服务，并逐步实现由企业内应用向企业外服务的拓展。行业通用平台层面，海尔建设COSMO平台，开发与工业技术相对应的功能模块及技术组件，实现在云平台上灵活配置形成定制化智能工厂解决方案。工业APP层面，国外的GE、西门子、波音、NASA等以及国内的海尔、航天科工、三一重工、徐工、华为等均高度重视通过发展工业APP来推动工业技术软件化。

展望2018年，随着《深化"互联网+先进制造业"发展工业互联网的指导意见》等政策的颁布实施，软件业与制造业的深度融合将成为发展的主要方向，我国工业软件及其相关的信息技术服务将迎来崭新的发展阶段。一方面，工业软件业务收入将得到持续快速增长，新型工业APP将加速涌现。另一方面，大数据、人工智能等将加快与工业生产、服务的融合创新，催生出新模式、新业态、新产业，创造出制造业发展新空间。

（四）新兴业态逐步集聚新动能

大数据产业将步入快速成长期。2017年，我国大数据产业政策继续加速出台，政府数据开放共享取得突破，大数据学科建设以及国家工程实验室建设不断深入，创新体系不断完善。展望2018年，随着大数据相关政策深入实施以及大数据产业应用与布局的不断深化，大数据产业发展环境将继续优化，特色化集聚发展格局将逐步形成。大数据与人工智能、云计算、物联网等的融合将更加深入，工业大数据对智能制造的赋能效应将进一步释放。

人工智能产业将处于爆发增长期。2017年，国家对人工智能产业发展的重视程度上升到新高度，国务院发布《新一代人工智能发展规划》。基于大数据的人工智能融合性新业态加速成熟，龙头企业在人工智能创新应用中取得突破进展，拥有核心技术的创业公司加速成长。人工智能应用上从消费领域向生产领域扩展，诸多传统行业开始与人工智能应用服务相结合。展望2018年，随着相关政策的落地实施，龙头企业加强战略实施，拥有前沿引领技术的人工智能创业公司将加快成长。人工智能与实体经济的深度融合将进一步加强，形成一批面向工业、农业、医疗、金融、交通等重点行业的智能化解决方案。

区块链市场将处于加速扩张期。2017年，在国务院、工信部等政府部门发布的一系列有关信息产业、软件和信息技术服务业发展的政策文件中，均提到了要加快推动区块链技术创新和产业发展。随着各大龙头企业加速区块链领域的布局，基于区块链技术的创新型应用不断涌现，在数据验证、金融交易、资产管理、物联网方面应用逐渐成熟。预计2018年，我国区块链市场结构逐步形成"私有链与联盟链并存"格局，龙头企业将切实推动一批极具市场竞争优势的行业应用，重构网络安全、电子商务等场景传统运营模式。

边缘计算发展将更受关注。2017年，边缘计算作为ICT与OT融合的支撑与使能技术，与云计算互相协同，助力各行业数字化转型。以华为、沈阳自动化所为创始单位的边缘计算产业联盟成员数量已达136家，正推动边缘计算创新发展和应用。2018年，随着边缘计算技术的不断成熟以及相关基础设施的加快部署，边缘计算将为软件和信息技术服务业发展带来新的空间，边缘计算在工业制造、智慧城市、电力能源以及交通、安监等领域的数字化创新和行业应用落地有望加快。

（五）软件创造数字经济新引擎

2017年，在软件定义的助推下，数字经济蓬勃发展，成为新经济的典型代表。在基础型数字经济方面，日益丰富的软件端业态拉动硬件端需求增长，推动以半导体、智能芯片制造为代表的电子信息制造业蓬勃发展。在资源型数字经济方面，以开源软件为代表的创新技术软件已经覆盖到了大数据产业发展的各个环节，助推大数据应用平台的快速构建，提供丰富的大数据开发和应用工具，有效整合汇聚数据资源，提升数据应用价值。在技术型数字经济方面，软件与大数据、云计算、人工智能、区块链等新型信息技术融合创新，不断激励技术创新发展，为数字经济发展提供重要动力。在融合型数字经济方面，软件在工业中的促进作用持续加强，智能工厂、工业互联网解决方案不断拓展智能制造市场。在服务型数字经济中，依托于软件技术创新，智能水网、智能电网、智能交通、智能安防、智能医疗等一系列城市智能应用以及滴滴打车、共享单车等模式不断涌现。

展望2018年，软件将发挥其深度融合性、渗透性和耦合性作用，进一步深化与各行业领域的融合创新和转型应用，带动产品、业态、模式不断创新，刺激新需求，实现精准供给，催生分享经济、平台经济、算法经济等新型经济模式，开启数字经济发展新图景。

（六）产业生态完善展现新图景

2017 年，软件业生态体系不断完善，在人才队伍培养、标准体系建设、创新创业支撑、公共服务建设等方面取得了显著的成效，为软件产业持续健康发展提供重要保障。人才方面，软件从业人员队伍日益庞大。1—10 月，我国软件和信息技术服务业从业平均人数达到 584 万人，同比增长 2.8%。产业标准方面，《信息技术服务标准化工作五年行动计划（2016—2020 年)》和《云计算综合标准化体系建设指南》制定了信息技术服务、云计算等领域国标 10 余项。创新创业方面，随着双创模式和典型经验不断成熟，以大企业为主导的"双创"平台建设不断加快，为产业发展注入"新活力"。公共服务体系方面，软件测评、质量保障、知识产权、投融资、人才服务、企业孵化和品牌推广等专业化服务能力显著提升，基本形成了覆盖全国的产业公共服务体系。

展望 2018 年，产业生态体系建设将进一步加快，产业发展环境将更加优越。依托高校、科研机构、教育集团、行业企业的综合性人才培养体系将进一步健全，产教融合程度将持续提升。云计算、大数据、人工智能等新兴领域快速发展推动相关标准的制定和完善。在国家双创政策推动下，基于互联网等方式的创业创新活动将更加活跃，层出不穷。

二、重点行业发展展望

（一）基础软件

操作系统领域：一是跨终端 OS 平台将成为未来发展趋势。从微软产品研发路径来看，Windows 8 和 Windows 10 都强调了其操作系统在智能终端上的可操作性和易用性。Windows 10 为了扩大其兼容范围，提供了支持 Web 应用、传统桌面程序、安卓应用和 iOS 应用向 Windows 10 平台的迁移等功能。此外，谷歌也在着力推动其主导操作系统的跨平台使用，一方面，谷歌着力推动安卓适配平板电脑、VR 设备、智能手表等新计算平台，另一方面，谷歌积极探索将适用于 PC 端的 Chrome OS 推广至移动智能终端，同时，谷歌还在秘密研发一种跨平台的全能型操作系统 Fuchsia。

二是应用驱动成为 OS 演进的重要动力。作为连接底层硬件设备和上层应用软件的操作系统，其技术、功能、性能要求也在不断提升。从微软 Windows 操作系统发展历程来看，早期的产品主要关注于产品的稳定性和兼容性，而最新的 Windows 产品则开始集成应用商店，集中打造 APP 丰富的应用商店。

三是面对不同行业需求和应用场景的专业化 OS 将不断涌现。伴随信息系统的专业化发展，OS 的专业化发展水平也将不断提升。在通用型操作系统领域，由于市场格局已经基本稳定，市场后来者很难获得广阔的发展空间。但在专业领域中，由于各行各业的业务重点不同、模式不同，对于 OS 的需求也不尽相同，专业化的 OS 发展前景较为广阔。同时，伴随开源技术的不断发展，开源 OS 降低了 OS 定制研发的门槛，有力推动了专业化 OS 的发展。例如，在高性能计算领域，绝大多数计算机都使用了 Linux 为操作系统内核。专业化 OS 也是我国操作系统产业发展的重要途径，凝思科技在电力领域已经占据较大的市场份额，深度科技则在金融 ATM 机操作系统方向取得了突破。

四是网络应用模式下 OS 发展的方向有所转变。从信息系统计算平台创新的方向来看，以互联网、移动互联网为基础、基于分布式架构、能够按需提供信息技术服务的云计算平台将成为未来最为主流的计算平台，因此，操作系统也正在向云计算范式转变，未来市场的竞争将以云计算为中心的操作系统生态为主。我国企业正在积极布局发展基于云的操作系统，典型代表如阿里巴巴研发的 YunOS，其构建了基于云计算的运行环境和移动云应用框架，具有强大的兼容性和可扩展性，可用于智能手机、互联网汽车、互联网电视、智能家居、智能穿戴等多种计算平台上。

中间件领域：一是云化是中间件厂商从传统软件产品提供厂商转变为云服务提供者的必由之路。伴随着云计算的发展，云化中间件也逐渐在市场中被广泛宣传。虽然市场中关于中间件尚没有一个统一的概念，各厂商也分别有各自的对于云中间件的理解和产品。但是通常情况下，云化中间件是指一类集成了云计算能力的中间件平台，通过云化中间件能够有效整合各种计算资源，对应用服务器、消息中间件、ESB 等进行虚拟化，将各种对云计算的支撑需求整合成应用基础设施资源储备池。云化中间件是搭建云平台不可缺少的基础设施，它可以帮助用户快速搭建虚拟服务环境，给予用户能够灵活、高效地开展云应用系统的开发、部署和运营工作，便于企业快速利用云计算技术完成从传统结构向云计算架构的快速迁移。

二是移动端的发展是中间件厂商拓展市场空间的有力途径。随着移动应用渗透的领域不断拓宽，移动中间件在移动应用中扮演的作用越来越突出，移动中间件的市场需求增长迅速，厂商之间的竞争也变得愈发激烈。伴随着移动应用的发展，现阶段移动中间件也在被赋予更多的能力和期望，在传统的跨平台快速开发能力、后端整合能力、运维及管理能力之外，移动中间件产品的扩展能力与整合能力也成为用户关心的关键能力。从厂商的产品策略上看，目前移动中间件厂商正在从之前的以产品为核心向以行业解决方案为核心转变。

三是集成多功能的云平台是中间件厂商整合资源的发展重点。中间件厂商从简单的软件产品提供商转型为服务提供商中重要的标志就是开始在自己的平台上整合多种工具、多种综合问题解决方案，采用人工智能、大数据等技术的新研发产品不断整合进厂商已有的云平台，并对用户开放使用。随着开源社区的不断活跃和发展，中间件厂商学习和吸收优秀开源软件的长处，并融合进自己的产品和服务，持续提高产品的性能和易用性，这对于满足市场上越来越多的企业各种各样的服务需求有着极大的优势，同时对于开拓新兴细分领域市场有着重要的帮助。

数据库领域：一是数据库呈现出"四高"的特点，即高安全性、高可靠性、高可伸缩性和高性能。此外，数据库发展的一些新特点也应引起注意，因为它引导了未来数据库的发展趋势。即保证数据库储存的信息具有持续可用性的特点。数据库是一个企业发展的基础构架，保证信息的持续可用能够保证公司对市场做出持久的分析。数据库具有低成本和伸缩性强的特点。低成本的数据库无论是在数据库建设、维护还是在数据库的扩展等问题上，都能够为企业等相关单位节省资金。

二是数据库与互联网的结合。数据库应用已经从机房内单机管理，发展到多种网络架构模式管理（传统说法是 C/S、B/S 架构），随着外部设备运算能力逐渐强大，外部各种应用程序，经过授权可以通过各种网络（渠道）访问 DBMS，如手机 APP +4G 网络，可以把核心数据库放到机房中，外部 APP 依赖手机及移动设备的运算能力增强，已可以承担部分运算功能，大大减轻数据库集中运行负荷。这些数据库套件和各行业的应用套件捆绑起来，提高数据库的运行效率。

办公软件领域：一是办公软件将与互联网进行无缝连接。当前国际主流办公软件全面转向 XML 格式，办公软件开始实现搜索功能和互联网无缝连接，多用户在云端进行共同编辑，云端的存储和同步优化，实现在线可编辑等功能。

二是办公软件将融入更多协同软件功能。未来新的办公软件将进一步强化人和人之间在日常工作和交流中的彼此之间协同功能，如即时通信软件的整合、网络会议软件、虚拟网络平台、协同办公等。

三是办公软件将融入更多智能。随着人工智能技术的发展，智能化应用对于办公效率的提高也是优化用户体验重要手段。如提供简单的商业智能功能，智能化、可视化的快速处理图表并且人性化的总结概括。

四是办公软件将彻底迈入移动平台。移动办公的需求在当今信息交流无比重要的今天，各大办公软件公司不断推出各自软件的移动端版本，为用户提供多平台的办公处理能力，通过便捷性来争夺市场占有率，并铺设全方位的产品线。

（二）工业软件

市场规模将保持快速增长态势。2018 年我国工业软件市场规模将出现快速增长态势，据预测，2018 年我国工业软件规模将超过 1800 亿元以上。生产控制类软件随重点工业行业改造升级而加速增长，存量生产设施的自动化、数字化、智能化改造不断推进，新型智能装备研发部署不断加快。研发设计类软件应用在装备等行业带动下进一步拓展，网络化及云平台将成为市场投入的重点领域，工业云、工业大数据、工业电子商务等新业态蓬勃发展。ERP 等管理软件将进一步向云—网—端结合的新应用方向延伸，带动新一轮管理系统和软件平台市场规模增长。并且，随着《深化"互联网＋先进制造业"发展工业互联网的指导意见》的深入实施与《工业技术软件化三年行动计划（2018—2020 年）》的编制完成，以及"百万企业上云""百万工业APP"等工程的实施，工业互联网平台、工业 APP 将呈现爆发式增长态势，带动我国工业软件市场规模迅速扩大。

技术将进一步向纵深发展。生产控制系统软件技术继续向底层沉淀，包括实时操作系统、工业总线等在内的基础技术进一步发展演化，为提供更多互联互通功能做好支撑；MES 层集成技术进一步发展，面向工业互联网提供更多 API 支持。研发设计类软件将加快平台化、模块化进程，向用户开放更多 API 以支持定制化软件开发；工具软件 SaaS 化也仍是重要发展方向，新型的工业互联网平台将不断涌现。管理软件更加注重提供数据整合和分析功能，将融合云计算、大数据等相关技术，实现企业端到端数据链和服务链的集成；在此基础上，软件部署加速向云—网—端模式迁移，支持更加丰富的移动端应用功能。

市场主体将呈现多元化发展趋势。工业软件市场参与主体的类型进一步丰富，更多传统 IT 企业和工业企业将成为产业的新成员，IT 企业与工业企业合作开发软件系统并提供行业服务的案例将更多出现，加速软件向制造业省层次领域的渗透，并带动工业和软件产业的结构转型。工业企业也会主动建设自身软件能力，并借助工业互联网、工业大数据等新兴产业兴起的机遇加快推动自身软件化、服务化发展。总体看，跨界融合将重塑供需关系，市场上软件企业、工业企业的界限将逐渐模糊，第二产业和第三产业的界限将逐渐模糊，推动国民经济结构调整深入发展。

（三）信息技术服务

产业规模将延续有力增长态势。2018 年是全面贯彻落实党的十九大精神的开局之年，以"互联网＋"为核心特征的新业态发展欣欣向荣，高新技术制造业和高技术服务业投资高速发展，产业升级加快。在此背景下，我国信息技术服务业迎来信息化与工业化深度融合、企业与公共组织信息化升级、企业计算平台重构的诸多新机遇，产业步入融合拓展的新阶段，发展质量和效益有望持续提升，智能制造、智慧城市、数字经济、信息安全成为产业发展热点。预计 2018 年，我国信息技术服务业将保持 16% 以上的平稳增长。

信息技术服务内涵与外延不断深化。2018 年，随着信息技术、互联网技术的深度发展和加速渗透，信息技术服务业将加快与其他行业的融合步伐，产业边界日益模糊，新的产业组织形态和商业模式不断涌现。企业跨界发展成为常态，一方面，IT 服务企业不断加大行业融合力度，强化自主技术创新的同时着力打通细分领域市场，深化与行业客户的合同关系；另一方面，云计算的普及应用使得更多的应用能够以互联网服务的方式交付和运行，更多企业进入 IT 服务市场，加剧信息化领域竞争。

服务向泛在、融合和智能的方向演进。2018 年，企业将围绕云服务、智能技术、区块链等重点方向，加大技术创新和产品研发投入，持续拓展业务领域，提升信息技术服务能力。云服务将成为 IT 服务的首选业务模式，结合行业需求的云平台建设和服务改造创新不断加速。随着人工智能应用普及和产业拓展速度进一步加快，IT 服务融入人工智能技术成为趋势。新兴技术方面，区块链技术在金融、医疗等信息化领域具有强大的多场景应用能力，行业热度持续上升。

面向制造业的服务创新成为重要方向。2018 年，我国高度重视数字经济发展，推动互联网、大数据、人工智能和实体经济深度融合，继续做好信息化和工业化深度融合工作。随着互联网的加速普及、工业互联网的持续推进、新一代信息技术的广泛应用，制造业发展过程中信息技术服务的支撑作用和价值日益凸显。信息技术的融合应用将极大地推动制造技术、产品和模式的创新，推动制造业向网络化、数字化、智能化、绿色化转型。

（四）嵌入式软件

嵌入式系统将呈现出小型化、轻量化、低功耗化趋势。嵌入式系统由于应用环境的限制，通常都会在产品的体积、重量、功耗等因素上有较多的限制，这些因素在业内被统称为 SWaP（Size、Weight and Power）。近年来，这些因素正在变得更加关键，因为更多的嵌入式设备需要变得可移动，并保持24 小时在线。SWaP 在今后很长一段时间里都是嵌入式计算技术的挑战方向。

嵌入式系统处理器性能将不断增强，ARM 将成为发展主流。传统的嵌入式处理器通常受限于成本、功耗等因素，性能与桌面和服务器处理器相比差距较大，随着技术的发展，这一差距在逐渐缩小，例如，现在邮票大小的嵌入式计算模块，已经能够超越几年前的桌面电脑的性能。ARM 架构处理器由于其设计轻量化、低功耗、低成本、外围接口更丰富等特点，更加适合嵌入式应用，而且其软件生态环境也日趋成熟和完善，因此越来越多地取代 x86 和其他嵌入式 CPU 架构的市场份额。嵌入式计算 COM 模块（Computer On Module）中，预计 ARM 的市场份额将从 2011 年的 39% 增长到 2017 年的

65%，而 x86 则将从 2011 年的 49% 缩减到 2017 年的 27%。

融合计算成为发展趋势。嵌入式系统由于面临的应用环境比较复杂，经常需要直接与物理世界实现多层面的对接，又有体积、功耗、重量等诸多限制，因此越来越多地需要综合多种不同的计算技术来面对不同性质的信息和数据、进行不同性质的处理，才能够在最小的资源条件下实现最大的性能价格比和性能功耗比。

嵌入式系统将向各行业深度融合渗透。嵌入式软件成为数字产品的核心，在此驱使下，嵌入式接入设备亦将成为数字经济时代的主流产品。伴随硬件技术革新、微电子技术迅速发展，促使芯片功能日趋强劲，硬件平台能力增强、成本不断降低，使得嵌入式软件可靠性、实时性、可维护性得到大幅提升，在此基础上，嵌入式软件将成为产品数字化升级、智能化增值的关键技术。嵌入式软件的应用场景进一步拓宽，将全面应用于工业、家用、商业、国防以及通信领域。在信息电器领域，嵌入式软件的发展也将呈现跨越式发展，DCD、手机、MP3/MP4、彩电、汽车、掌上电脑的信息电器潜在市场广阔，信息电器平台市场目前亦不存在国外软件厂商垄断的现象，这将成为嵌入式软件的重要突破口。

（五）云计算

云计算市场格局将进一步集中。2018 年，在各巨头持续布局与激烈角逐下，全球云计算市场将进一步整合。巨头通过抱团实现优势互补，提供更优质全面的服务，有利于共同争夺市场，进一步强化其市场优势地位。用户从市场影响力、服务能力、可靠性和价格等因素考虑，也会更加倾向于选择巨头的云服务。在巨头日益强大的竞争压力下，其他云服务商的生存空间可能会越来越小，云计算市场份额将进一步向 AWS、Azure、阿里云、谷歌云、Salesforce 等巨头集中。

多云模式将得到进一步普及。多云模式是通过灵活搭配多个云厂商的产品，形成契合企业需求的最佳云服务组合，达到更低的总成本，缓解单一供应商宕机带来的风险，并减少被单一厂商绑定风险，这些优势让多云模式受到用户的青睐。云服务商顺应多云趋势推出多云管理工具，2018 年，在市场的需求下，云服务商将会推出更多多云管理工具，从而帮助用户解决异构环境中部署或迁移应用、跨云跨网络运行应用、多云运行状态监控、多云计费等长期困扰用户的问题，促进多云模式成为企业采用云服务的常态。据 IDC 数据，超过 85% 的企业将在 2018 年底前实施多云策略。

人工智能将催生新型云计算服务。人工智能具有开源特性，云端部署可加快其发展和应用，已有云计算厂商以云服务模式推出人工智能开放平台，提供人工智能服务、算法和计算能力。腾讯云、百度云、金山云均推出深度学习平台；腾讯云对外开放计算机视觉、语音识别、自然语言处理等能力；阿里云发布 ET 医疗大脑与 ET 工业大脑；京东云推出专为人工智能打造的公有云 GPU 服务。2018 年，随着人工智能的快速发展，其应用将在诸多行业领域展开，各大厂商将人工智能与云计算相结合，提供便捷、易获取的人工智能技术和能力，将成为众多用户使用和部署人工智能业务的重要方式。以推动人工智能技术创新和应用发展作为主要内容的云服务业务，将成为各大企业竞相推出的新服务，也将加快推动人工智能和云计算共赢发展。

云计算和边缘计算将迎来协同发展。边缘计算促使云计算去中心化，使云向更靠近用户的方向延伸，便于满足低时延、高带宽等新兴应用需求，而云端则更多提供对延时等要求不高的应用和边缘设备没有处理能力的计算服务，并起到协调管理作用，支撑边缘设备运行。云计算厂商对边缘计算逐渐重视，纷纷推出边缘计算相关产品和服务。随着物联网、虚拟现实、人工智能等对时效性和带宽要求高的应用发展，2018 年，主要云厂商将推出若干边缘计算解决方案，边缘计算将加快走向落地应用。

（六）大数据

产业将继续保持快速增长势头。随着新一代信息技术产业加速变革，经济社会各领域信息网络化程度不断加深，国内旺盛的应用需求和巨大的市场空间将为大数据创新提供强大驱动力，我国大数据产业发展将继续保持高速增长势头，预计大数据核心产业规模将突破 5700 亿元，未来 2—3 年的市场规模的增长率仍将保持 35% 左右。与此同时，随着我国大数据产业进入黄金发展期，企业主体的整体实力将大幅提升，产业链条将更加完善，并且产业链各环节企业布局将更趋合理，产业链协同能力将进一步增强。

大数据与其他技术及应用领域的融合渗透将更趋深入。大数据在生活类、公共服务类、行业类及新型信息产品四大重点领域的应用日益深入，人民群众日益增长的信息消费需求不断得到满足。大数据的融合渗透效应将进一步凸显，在全球生产、流通、分配、消费以及经济运行机制、社会生活方式和国家治理能力等各个方面的应用将向更深层次拓展。同时，随着大数据技术的不断发展，其与物联网、云计算、人工智能等新技术领域的联系将更加紧密，大数据向其他技术领域的融合渗透将持续深入。

技术创新依然是产业发展的主基调。随着国家层面和企业层面在技术领域的深入布局，流式大数据表示和计算模型、多流数据关联分析、实时流处理技术和支持 PB 级内存和微秒级计算响应的内存计算技术以及大数据实时采集和清洗技术、大数据语义理解和协同技术、跨时空信息感知融合方法、新型数据可视化技术等大数据领域核心关键技术将加速突破。应用需求为牵引的跨学科、跨领域交叉融合技术研究也将成为发展重点。同时，作为大数据技术创新发展的基石，开源仍然是大数据技术创新的主要途径。此外，大数据的技术与人工智能、区块链、边缘计算等技术的联系将更加紧密，融合创新不断涌现。

产业生态体系将逐步迈入成熟阶段。大数据相关政策将加快落地实施，更多创新性政策将加快出台，大数据产业发展环境将进一步优化。随着大数据人才培养途径的不断多元化发展以及培养能力、培养水平的不断增强，我国大数据人才供给质量、数量将大幅提升。同时，随着大数据公共服务机构以及大数据专业服务机构不断发展，面向大数据领域的软服务能力将不断提升。此外，随着投入力度的不断加大，标准体系建设、创新型组织建设也将取得较大进展，大数据产业生态体系将逐步迈入成熟完善阶段。

（七）信息安全

产业政策体系日趋完善，市场空间有望进一步拓展。随着 2017 年 6 月《中华人民共和国网络安全法》正式施行，以《关键信息基础设施安全保护条例》《个人信息和重要数据处境安全评估办法》《信息安全技术数据处境安全评估指南》《网络产品和服务安全审查办法（试行）》为代表的配套政策和实施细则正处于制定和完善阶段。此外，随着网络安全法及配套政策的深入推进和实施，对网络安全企业核心技术、产品和服务能力也提出了更高的标准和要求，也将进一步激发经济社会各领域的网络安全防护需求，开拓更广阔的网络信息安全市场空间。在物联网、工业互联网、智慧城市等领域的网络信息安全需求也将持续增加。

信息技术革新将进一步激发市场需求，带动产业扩容。现阶段来看，我国信息安全产业的增长动力主要源于国内信息安全产品的持续迭代，以及各行业应用领域对安全环节整体投入比例的提升。随着云计算、大数据、人工智能、区块链等新兴技术的演进和发展，这些新兴技术应用也带来了城市级的信息安全服务，以及信息安全产品的 SaaS 化，使得信息安全的客户群体和市场规模持续扩大，以云安全、工控安全、工业互联网安全、态势感知、数据安全等为代表的新兴领域成为行业新的增长点。

人工智能与信息安全融合创新将成为产业发展主流。人工智能可以应对网络泛化的数据安全，传统来看，网络边界较为清晰，守住边界即可保障网络安全，如今万物互联时代，智能终端设备和数据量呈现爆发式增长，网络泛化趋势明显，防护边界逐渐模糊，甚至消失，传统的网络安全防护手段已经无法满足泛网络化的数据安全保障。人工智能技术可以对用户进行实时行为分析，提高分析结果的准确性，同时让威胁检测更加便捷高效。此外，人工智能可以显著提升安全运维效率，以机器学习为代表的人工智能技术可以自动生成规则和提取特征，并通过对系统海量数据和安全事件的分析判断，能够更好地主动感知和预判下一次事件的发生，大幅提高网络安全防护能力和效率。2017 年 1 月，麻省理工研究出新型混杂系统，基于人工智能梳理数据，并将分析的异常行为提交给分析人员，能够检测出 85％ 的攻击，提出通过人和人工智能的协同能够构建更为强大的网络安全体系。

工业互联网建设加速将进一步拓展工控安全市场。当前发达国家工业自动化系统应用较为普及，联网的工控系统数量众多，全球工控安全市场主要集中在欧美等发达国家和地区。然而，随着我国制造强国战略的推进实施，2017 年底，国务院又发布了《关于深化"互联网＋先进制造业"发展工业互联网的指导意见》，对工业互联网安全提出了明确要求，强调"坚持工业互联网安全保障手段同步规划、同步建设、同步运行，提升工业互联网安全防护能力"。我国工业自动化、智能化发展水平将逐步提升，联网的工控系统数量将呈现高速增加，当前我国大中型工业企业数量将近 6 万家，单个企业基础工控安全的建设费用在百万级规模，预计未来我国工控安全市场的规模将达到千亿量级。

（八）人工智能

人工智能产业发展将持续加速。当前，在技术突破和应用需求的双重动力的驱动下，人工智能技术正加速向各个产业和领域渗透，产业化水平大幅提升，2018年，随着大数据、云计算、工业互联网、机器人等相关产业的不断进步，软件与互联网技术向各行各业的持续深入，我国人工智能产业市场规模将持续扩大。预计在未来5年，我国人工智能及其相关产业发展增速将达到并超过35%。从细分行业和领域来看，人工智能将改变传统终端硬件的功能和业务模式，预计2018年人工智能将成为手机标配，基于深度学习的摄像头将产业化；自动驾驶汽车技术持续推进，2018年有望量产；虚拟现实（AR）进入从软件走向硬件的拐点期，加速融合线上信息和线下操作；面向不同行业领域的智能服务则将创造出更多新的市场空间。

数字化技术有望取得突破。根据Gartner的预测，数字孪生、从云到边缘、会话式平台以及沉浸式体验被列入2018年最具发展前景的数字技术趋势名单，随着IoT的发展和人工智能芯片的普及，人与数字世界的交互方式将被改变。数字孪生以数字化方式再现真实系统或实体，允许从虚拟环境观察业务操作、运行结果，并预测优化结果，未来三到五年，IoT背景下的数字孪生尤其前途光明。边缘计算将在2018年兴起，一是手机、智能摄像头、汽车等终端AI芯片具备产业化的条件；二是IoT和5G的迅猛发展为终端AI的应用提供了网络条件；百度、阿里、华为等龙头企业提供的人工智能平台及软硬一体化解决方案使更多终端AI的现实提供了核心支撑，"AI+IoT软硬一体模式"对场景、用户、需求的理解将形成行业标杆。随着VR、AR等技术的发展，沉浸式体验技术越来越受到人们关注，虚拟、增强和混合现实则在改变人们与数字世界互动的方式，会在未来几年逐渐体现其商业价值。

人工智能各领域应用加速落地。现阶段，人工智能的发展基础已经具备，国家及各省市陆续出台多种政策，风投资金加速涌入，共同推动人工智能在诸多领域应用的加速落地。在通信领域，5G网络和物联网的发展将构建出一个万物互联的环境，移动互联网技术与智慧城市、智能家居、智慧健康紧密结合。在工业领域，工业数字化、网络化、智能化进一步推进，人工智能将被应用到生产、制造、销售等多个环节中，改进现有的制造控制、管理和保障体系。在金融领域，人工智能为金融产品开发、个性化服务、风险管理等都带来一连串变革，既可以在前端服务客户，又可以中台提供金融分析决策，还可以为后台提供风险管理。汽车领域，智能网联汽车将实现车与人、车、路、云端的信息交换、智能决策、协同控制等功能，使驾驶更加安全、高效、舒适、节能。人工智能在教育、医疗、健康、交通等领域的应用场景也将更加多样化。

（九）开源软件

企业为主导的开源软件开发与维护将成为主流。随着业界与开发者对开源软件的接受程度与认可程度的不断提升，企业对开源软件的接纳度与依存度不断增强，大量具备核心技术的软件与信息技术服务业企业已成为开源软件发展的主导力量。大量高科技企业已经将开源开放纳入核心发展战略当中，以便企业自身能更好地赢得市场竞争的胜利，典型的参与模式包括以下三种：一是开源企业自己的软件项目，通过此种方式提升自身业务能力，获得商业优势与市场份额；二是接管优秀的个人开发者项目，一旦企业发现优秀的个人开发者项目，便加大对该项目的投入，让企业自身成为推动该项目发展的主体；三是共同参与顶级项目建设，要么是通过代码贡献、要么是通过资金支持，从而谋求对项目开发或维护的更多主导权，维护企业的商业利益。展望 2018 年，企业主导的开源项目研发与维护将成为主流模式，由单一开发者完成维护的项目将逐渐成为小众，与此同时，坚持开源发展战略路线的企业之间的商业竞争将更加激烈。

开源模式在推动技术革新方面的重要地位不断凸显。近年来，每一次新兴信息技术的蓬勃发展离不开开源软件在背后的关键支撑作用。2017 年被誉为"人工智能元年"，大量的 AI 产品与场景应用呈现井喷式发展，Tensor-Flow、Caffe、PaddlePaddle 等开源的深度学习算法框架起到了极大的推动作用；与此同时，率先被利用在比特币中的区块链技术在 2017 年正式进入泡沫产生阶段，各种相关的公有链项目如雨后春笋般涌现，它们也无一例外都是基于开源技术。究其本质原因，是因为当今信息技术创新已无法由单个企业来主导实现，开源软件所倡导的合作、开放、共治的开发模式，使得技术与软件可以得到快速迭代更新，更好地服务于技术演进。展望 2018 年，开源模式对技术路线的演进方向影响将持续加深，人工智能、区块链、数字孪生等技术有望在开源模式的帮助下实现快速发展，产业模式也将逐渐形成。

开源领域的投融资、并购将更活跃。由于开源软件具有开放源代码的特点，企业在开源软件应用中的成本较低，过去少有投资者关注该领域的发展情况。但随着开源影响力逐步提升，相关的投融资案例也在逐步增多。2017年，红帽接连收购 Permabit、Kubernetes 与容器原生解决方案创新者与领导厂商 CoreOS 等多家开源软件企业，积极谋划企业转型路线。展望 2018 年，以软件企业为主的投资方将更加活跃，并带动 VC 参与开源软件的产业发展，开源领域的投融资、并购模式将更加多样。

（十）区块链

多路径技术创新持续演进。2018 年，在资本力量的推动下，大量的智力资源将集聚到区块链领域，推动区块链技术的发展和产品的成熟。从技术创新方向上来看，有两个主要的创新方向。一是针对区块链底层架构的创新，闪电网络、侧链、隔离见证、分片等新技术将更加成熟，并在主要的公有链中实现应用，此外，围绕区块链的扩展性、易用性、安全性等方面，将有望出现新的技术创新，促进整个区块链技术体系的完善。二是围绕区块链行业应用的创新，随着大量的行业企业的加入，如何将区块链技术和行业业务紧密结合起来，充分发挥区块链的技术特点来革新行业业务将是未来区块链技术创新的一个重要方向。

跨领域企业主体加速汇集。2018 年，随着区块链技术逐渐走向成熟，金融等行业领域形成一些有效的应用案例，区块链将吸引更多的行业关注，更多的企业将涌入区块链技术和应用创新当中，为区块链的发展增添强劲动能。一是在金融行业领域之外将有更多的行业领军企业布局开展区块链应用，能源、食品、药品、物流、零售等行业企业有望成为区块链应用创新的重要成员。二是伴随互联网企业的加速布局，传统软件和信息技术服务企业、电子信息制造企业也将依托其已有的软件技术优势和开发资源，加快研发区块链相关产品和解决方案。预计 2018 年，大量的互联网企业将在区块链公有链等领域加速布局，而手机、可穿戴设备、机顶盒等一批硬件制造企业将开发出基于区块链技术的新一代硬件产品。

　　泛场景行业应用深入推进。2018 年，在金融领域区块链应用将持续深入，除数字货币之外，在跨境支付与结算、票据与供应链金融、证券发行与结算和客户征信与反欺诈等领域有望形成典型的应用模式，推动金融领域的效率提升和业务创新。此外，在非金融行业，以构建新信用体系为核心的区块链应用也将不断涌现，有望在供应链管理、智能合约等典型应用场景中形成可复制、可推广的典型应用。此外，随着区块链底层技术的不断成熟，基于区块链的智能合约应用将有望加速发展，去中心化应用程序（Dapp）将有望成为行业关注的焦点，有望催生出除比特币之外的新的爆款应用。

后　记

《中国软件产业发展蓝皮书（2017—2018）》由赛迪智库软件产业研究所编撰完成，力求为中央及各级地方政府、相关企业及研究人员把握产业发展脉络、研判软件和信息技术服务业前沿趋势提供参考。

本书由曲大伟担任主编，潘文统稿。主要分为综合篇、行业篇、区域篇、园区篇、企业篇、政策篇、热点篇和展望篇八个部分，各篇章撰写人员如下：

前言：蒲松涛；综合篇：蒲松涛；行业篇和企业篇：韩健、蒲松涛、钟新龙、王宇霞、杨婉云、刘倩、何明智、许亚倩、黄文鸿；区域篇：吕海霞、刘倩、王宇霞、许亚倩；园区篇：吕海霞、杨婉云、钟新龙、何明智、许亚倩、黄文鸿；政策篇：黄文鸿；热点篇：杨婉云、何明智；展望篇：韩健、蒲松涛、钟新龙、王宇霞、杨婉云、刘倩、何明智、许亚倩、黄文鸿。在研究和编写过程中，本书得到了工业和信息化部信息化和软件服务业司领导以及行业协会等专家的大力支持和指导，在此一并表示诚挚的感谢。

本书虽经过研究人员和专家的严谨思考和不懈努力，但由于能力和水平所限，疏漏和不足之处在所难免，敬请广大读者和专家批评指正。同时，希望本书的出版，能为我国软件服务业管理工作和软件服务相关产业的健康发展提供有力支撑。